高速公路施工与养护管理

贺　伟　卢俊杰　张剑锋　主编

中国石化出版社

图书在版编目(CIP)数据

高速公路施工与养护管理 / 贺伟，卢俊杰，张剑锋主编．—北京：中国石化出版社，2022.12
ISBN 978-7-5114-6920-5

Ⅰ．①高… Ⅱ．①贺… ②卢… ③张… Ⅲ．①高速公路-工程施工-研究②高速公路-公路养护-研究 Ⅳ．①U412.36

中国版本图书馆 CIP 数据核字(2022)第 253998 号

中国石化出版社出版发行
地址：北京市东城区安定门外大街 58 号
邮编：100011　电话：(010)57512500
发行部电话：(010)57512575
http://www.sinopec-press.com
E-mail：press@sinopec.com
北京力信诚印刷有限公司印刷
全国各地新华书店经销
*
787×1092 毫米 16 开本 11.75 印张 278 千字
2023 年 3 月第 1 版　2023 年 3 月第 1 次印刷
定价：98.00 元

《高速公路施工与养护管理》
编　委　会

主　编　贺　伟　陕西路桥集团有限公司
卢俊杰　广州市泰和混凝土有限公司
张剑锋　保利长大工程有限公司

副主编　漆小军　四川中方信工程建设有限公司
陈　付　中交路桥北方工程有限公司
曾　涛　昭通高速公路建设养护工程有限公司

编　委　杨明新　深圳市市政工程质量安全监督总站

前言

目前，随着公路里程的增加，公路养护管理机构也呈现多元化发展趋势，我国公路养护管理机构的建立基本上得到了保障。此外，我国公路管理部门围绕地方发展特点制定了公路养护管理措施，要从制度上保证公路养护管理的安全，保证公路养护管理的各个环节能够发挥相应的作用，为当地经济发展发挥积极作用。

新形势下，高速公路养护管理的站区服务水平、安全设施标准和路况技术指标等不断发展，越来越面向市场化、专业化和机械化，高速公路养护质量的考核和判断标准也随之更加的量化和细化，因此，现代化、科学化的高速公路养护管理措施显得尤为重要。在新的历史时期，我们必须重视和加强公路养护管理，努力构建科学高效的现代公路管理体制，发展公平竞争、规范有序的公路养护工程市场，努力实现公路养护的科学化、现代化。

本书共8章，内容涵盖了绪论、高速公路软土地基处理、高速公路水泥混凝土路面、高速公路沥青路面、高速公路沿线设施、高速公路养护管理、高速公路养护技术、高速公路施工与养护管理成功案例，是编者长期实践经验的总结和提炼。

全书专业覆盖广、理论联系实践、内容丰富、结构严谨，从多角度分析了高速公路的施工技术，对高速公路后期的养护管理进行了深入探讨，全面贯彻落实《公路桥梁养护管理制度》，坚持“预防为主，防治结合”的原则，通过施工技术和养护管理架构，确保公路安全畅通。适合从事高速公路施工与养护管理的广大专业技术人员阅读和借鉴。

在编写过程中，本书参考了许多同行的著作，在此一并表示诚挚的感谢。热忱希望读者对本书中的不足之处提出宝贵意见。

目录

第一章 绪 论

第一节 高速公路国内外发展趋势

一、国外发展现状及研究

1. 欧洲发展现状的研究

作为世界上经济发展水平最高的地区，欧洲各国都在努力改善其交通条件，以适应高速发展的经济。高速公路具有高车速、巨大通行能力、不易堵车、运营成本低以及事故率少的特点，因此得到了各国人们的青睐。在法国，公路分为三类：国道和高速公路、省道和市政道路。高速公路的基本标准是：满足一定的速度、完全转换和完全关闭。高速公路的特许经营权由国家设备部在公开招标的情况下授予。费用表由国家与特许经营公司协商并经国家批准后确定。运营期结束时，特许经营公司必须将道路恢复原状。公路养护制度相对简单。非特许经营公路由政府委托专业公司进行养护，费用由政府承担。特许高速公路由特许公司负责日常维护和小修，大中修由合作社或专业协会承担，费用由通行费收入支付。为了配合高度发达的高速公路，其配套服务设施建设也极为完善。法国高速公路配备了先进的通信和监控系统，可以快速、准确地监控道路交通，实时发布交通信息。此外，欧洲还有其他形式的高速公路建设和管理方法，其中之一是国家直接投资、建设和管理。实施这样的管理方式的高速公路大多是免费高速公路。例如，意大利的免费高速公路由公共事务和技术部管理。例如，西班牙收费公路的建设和管理是以公路联盟的形式组织和实施的。道路联盟在50/70km外设立行政办事处，以便于进行全面道路管理。经过多年的高速公路建设和发展，欧洲国家形成了较为苛刻的高速公路设计理论和较为完善的设计规范。他们对设计速度、设计模式、设计交通量和通行能力有详细的规定。理论研究中，采用动态全景透视检查线形组合，采用街道透视，分析研究线形几何要素和组合，运用坐标透视原理，根据车辆在道路上的行驶位置、线形几何状态确定的视轴方向和视轴长度进行研究。在全球经济一体化时代，一些欧洲国家目前正在发展区域经济，更好地利用道路优势，以通过连接道路来加强国际关系。例如，3200km的高速公路经过欧洲，东到维也纳，西到西班牙瓦伦西亚，途经荷兰、法国等国家。横贯欧洲，道路总长2100km的高速公路，北至丹麦哥本哈根，南至德国和奥地利，再南至罗马，可以说，所有的高速公路都给欧洲乃至世界带来了巨大的社会效益和经济效益。

2. 美国高速公路的发展状况

在美国高速公路被称为Freeway或者Expressway。20世纪40年代开始，美国开始大规模建设高速公路。特别是二战后，由于美国汽车工业和交通运输业的快速发展，其高速公路建设取得了显著进步，一跃成为迄今为止世界上高速公路数量最多、路网最发达、设备最齐全的国家。据统计显示，目前，美国高速公路全长约 10 万 km，遍布美国大大小小各个州，承载着美国绝大多数的交通量。其中纽约到洛杉矶高速公路全长 4556km，被认为是世界上最长的高速公路之一。美国作为联邦制资本主义国家，高速公路的建设和管理具有自己的特点。道路法规和标准由联邦政府统一，设计标准根据各州实际情况确定。例如，在 1940 年代，颁布了主要道路建设的辅助措施。20 世纪 70 年代，为突出能源发展和环保要求，通过《公共交通发展法》，20 世纪 90 年代，通过《冰茶法》，维护和扩大现有交通系统，确保国家和公众安全，并强调交通科技进步。根据国会通过的立法，联邦政府在全国范围内统一规划联邦公路网和州干线公路网，保证整个交通畅通，而联邦政府和州政府则根据实际情况进行建设。在高速公路建设中，政府采取自己的征地方式，分阶段实施，满足未来公路发展建设的需要，避免因交通量增加征地和新高速公路建设造成的巨大经济和环境浪费。强调公路发展和环境保护也是美国公路建设的重要特征。在道路线形、结构设计和布局等方面充分体现环保特点，在路易斯安那州修建 34km 长的桥梁，保护沼泽在生态平衡中的作用等，由专业监理工程师负责。在高速公路管理方面，美国经常采用业主项目管理模式，这是 FIDIC 条款管理模式的深化。在具体实施过程中，业主或其代表应指导工程设计、环保移民安置方案和监理工程师，通过监理工程师管理承包商。在业主的统一领导下，工程设计、环保、工程监理等部门相互配合，取得了最佳工程竣工成果。此外，伙伴关系管理模式也是美国高速公路管理的管理模式，是指业主与承包商之间建立互信、合作的长期合作关系。但无论采用何种管理模式，都会通过严格科学的项目管理，以最快的速度和最低的成本实现经济效益和社会效益的最大化。

除此之外，美国的高速公路服务配套设施也非常完善，其建立了交通监控和信息系统与高度发展的高速公路建设相适应，这一配套设施可以对高速公路上的所有车辆进行实时监控，并判断路面情况，并且将这些信息进一步上传到计算系统进行相应的处理，最后将交通抢断统计发送给公众以及相关部门，以便于对交通进行合理的调节和管控，确保高速公路交通的良性发展，控制车流量、缓解交通压力，避免塞车现象的发生，不仅如此，这样还有利于在发生交通事故时，该系统凭借先进的通信手段在极短的时间内协调医疗救助、消防和警察等有关部门的工作，将损失降低到最低的限度。

二、我国的高速公路发展

我国的高速公路发展始于 1988 年 10 月沪嘉高速公路的通车，从此开启了我国高速公路发展新局面。随着高速公路建成通车和部分在建公路项目建成通车，我国公路运输规模快速增长。近年来，交通运输部不断提高社会效益和经济效益，并且按照程序化、规范化、科学化的方式开展路网设计和工程建设，这在解决道路混运问题、提高道路通行能力、改善投资环境、促进经济发展等方面发挥了积极作用。

1. 我国高速公路技术研究的现状

随着我国高速公路的发展，诸多高校在高速公路建设的前期工作的研究上也有所积累，并结合近年来我国高速公路发展的现实问题，提出了一些明智实用的研究方法和设计方法。

这些研究为现有标准和规范的制定提供了坚实的基础。但由于我国公路建设起步较晚，这些研究并未纳入一体化设计路径，高速公路线性组合设计的理论核心和参考框架尚未建立。尤其是中国目前的交通构成和交通管理实践与国外研究明显不同，直接借鉴国外研究成果困难重重。目前，因高速公路不合理适配造成的交通事故数量仍然很高，造成的经济损失令人震惊。高速公路线形设计的研究和应用还存在一些不足，因此对我国高速公路线形设计的线形设计进行深入研究是十分必要的。

2. 我国高速公路的建设及存在的问题

（1）管理体制不合理。我国对高速公路运输管理尚未形成一种科学、规范的管理体制结构，其突出表现为：①职责不明确，交通部门和公安部门在对高速公路的管理上存在诸如职责交叉、不明确的情况，导致出现事故时双方相互推卸责任；②对高速公路的管理按行政区划设置管理机构，当高速公路跨越多个省市时，因经济利益关系常常出现各自为政的现象，给高速公路全线的统一管理带来诸多困难。

（2）管理规则不准确。现行规定过于笼统、不完整，导致实施过程中适应性差、管理不力。在没有统一的法律的情况下，类似案件在不同地方的处理结果差异很大，难以维护双方的合法权益。

（3）建设理念和服务意识落后。目前，我国在高速公路的建设和管理中存在着严重的重建设和轻管理现象，造成了相当大的资源浪费。例如，在一些地方，大型监控维护设备往往部分闲置甚至部分瘫痪，导致国家投资严重浪费或建设资源不足，难以部署一些紧急运营和控制的设备。在公路管理中，地方政府往往忽视对运输车辆的各项服务，如公路管理队伍素质差，从而难以保证良好的服务。

第二节 高速公路施工组织调查

高速公路施工存在周期长、工程量大的特点，因此在实际的施工中不可能一次性结束，需要分多个阶段，这也就造成了施工中出现施工混乱、没有良好秩序的情况，不但影响了质量，也降低了工作效率。因此，为了提高高速公路施工质量和工作效率，就必须结合项目来对施工进行优化组织。

一、高速公路施工特点分析

（1）施工作业面长。高速公路施工组织作业面长，工程建设容易受到沿线地理地势环境、水文地质状况的影响，因此便会给工程管理带来一定的挑战。

（2）由于高速公路项目工程量大，企业一般都会采取工程分项施工，不同专业交叉作业，彼此之间关系密切，管理工作必须统筹调整，有序实现。

（3）高速公路建设时间长，特别是一些大型设计项目的建设需要几年时间，管理设计项目的工作量大，管理人员要做好长期的管理准备。公路项目建设中突发性因素的出现，难免容易对管理产生负面影响。高速公路工程作为我国的基础设施项目之一，关系到国家生产生活的安全稳定运行，因此对高速公路建设的质量安全标准要求较高。这样，高速公路的建设既要在一定程度上满足项目的建设要求，又要立足于社会整体，适应道路交通社会经济发展的需要，保障稳定安全使用。

二、高速公路施工组织存在的问题

(1) 施工组织设计问题分析。作为整个工程科学组织管理的重要依据，高速工程建设的组织规划是很重要的。然而，在目前的道路建设组织中，施工企业忽略了最初的组织设计，没有按照设计标准进行具体的组织设计工作，存在设计内容不完整、设计格式不规范等问题。此外，施工企业不注重组织准备，大量施工组织成立后在实践中无法有效落实，可行性和功能性较差。

(2) 施工组织设计中未实施严格的控制机制。施工组织设计在公路工程的实施中起着非常重要的指导作用，因此需要确保施工组织设计的科学有效性。这就要求在建筑组织设计中积极引入监管机制，以便发挥有效的监管作用。基于以上分析，目前的公路施工组织没有类似的监督机制。没有审查施工组织的编制，这与项目密切相关，很容易出现问题，延误工期，影响工程质量。

(3) 建设组织的准备工日趋形式化。公路建设组织形式化倾向严重是普遍存在的问题。施工单位、相关管理单位要接受监管检查并组织筹备工作，但是诸多施工单位并未意识到这项工作的重要性，未与项目一起进行量化分析，导致施工组织筹备工作在实际施工中无法有效进行。

三、高速公路施工组织具体设计内容分析

(1) 施工组织设计过程分析。施工单位的设计过程需要明确设计内容、规范场地布置、资源配置、施工工程、施工管理等方面。编制施工计划一般来说也是按照填表和文字的形式来表达。为提高施工组织编制的科学化水平，需要加强对施工组织编制的实际分析，根据工程建设概况确定施工进度、施工方案、施工方案的布置。总体而言，必须按照规范的流程进行施工组织编制，才能有效提高施工组织编制的科学性。

(2) 施工组织编制技术经济指标。当前高速公路工程项目施工组织编制所依据的技术经济指标主要分为工程项目效益建设指标、工程建设具体时间段指标、工程建设质量指标、工程安全管理指标以及工程环保指标。只有将各个指标体现在组织编制中，才能够切实保证施工组织可行性最大化实现。

(3) 施工组织编制要点。在高速公路工程建设组织编制过程中，编制的重点是制定一套标准化的质量建设制度和计划，结合质量建设目标，有效推动实战项目高质量建设。此外，在当前的道路建设中，土木工程的质量已成为各建筑公司竞争的主要方式。因此，要严格结合实际施工质量要求和标准编制施工组织，科学编制施工工艺、建筑材料和施工设备方案，全面贯彻质量施工标准。

四、高速公路施工质量提升策略分析

(1) 有效实施工程质量控制理论。在高速公路施工质量控制过程中，我们应积极按照现代技术质量控制理论去施工。一方面，实施风险评估、预防和控制工作，要从项目本身、自然和社会条件入手，根据风险分析方法评估风险，提前制定风险防范措施和计划，以便

有效应对突发事件。另一方面，施工质量管控全过程实现，改变以往过度注重施工过程质量管控的理念，能够从组织设计阶段引入监管机制，为质量管理发挥有效的辅助管理作用。

(2) 建设一支高水平的施工队伍。一方面，提高公路施工质量必须按照初步的组织和准备计划进行，减少制度与世纪施工之间的误差。另一方面，施工中必须组织一支高水平的施工队伍，并且在施工中对施工人员实时进行培训，做好施工指导，做好施工指导管理。聘请专家学者和高级技术人员深入到工程实际中，对技术人员进行科学化的指导，发现问题，及时改进。

(3) 加强施工监理。高速公路施工技术应用广泛，施工方案实施复杂。要提高工程施工质量，必须不断加强施工监理。要发挥有效的监管作用，就要建立动态监管体系，充分发挥实时监管作用的潜力，在促进项目质量建设方面发挥有效作用。

第三节　施工前阶段的施工组织

随着公路建设的快速发展，对其施工组织的研究变得越来越重要。本节将更详细地讨论这方面。施工组织分为三个阶段：施工组织研究、施工前阶段的施工组织工作和施工阶段的施工组织规划。建筑组织研究是所有建筑组织工作的初始阶段，在此阶段收集和研究基本信息，以创建建筑组织文件。初步阶段的施工工作明确了道路施工的任务和施工过程的组织原则，并对施工准备和施工进度进行了详细分析。施工阶段的建筑组织设计是建筑组织工作的正式施工部分，是前两部分的具体实施，也是整个建筑组织工作的核心部分。它包括两个方面：临时房屋的设计和交通组织计划。事实上，建设预算是与建设工程同时进行的，预算的准确性对建设工程有很大影响；由于施工预算的复杂性，预算分类有助于了解整个施工预算。

一、施工前阶段的施工组织工作

（一）公路施工组织的任务

公路施工要多快好省地完成施工生产任务必须有科学的施工组织，合理地解决好一系列问题。其具体任务是：

(1) 确定开工前必须完成的各项准备工作；

(2) 计算工程数量、合理部署施工力量，确定劳动力、机械台班、各种材料、构件等的需要量和供应方案；

(3) 确定施工方案，选择施工机具；

(4) 安排施工顺序，编制施工进度计划；

(5) 确定工地上的设备停放场、料场、仓库、办公室、场地等的平面布置；

(6) 制定确保工程质量及安全生产的有效技术措施。

（二）施工过程的组织原则

公路工程项目的施工过程组织，包括空间组织和时间组织两个方面的问题。施工过程的空间组织主要是研究和解决加工厂内部或施工现场各施工作业单位(工序)的设置、分布，以及原材料、半成品、构件等的运输路线问题。施工过程的时间组织主要解决工程项目的施工作业方式，以及施工作业单位(工序)的排序和衔接问题。影响施工过程组织的因素很多，如施工性质、施工生产类型、建筑产品结构、材料及半成品性质、机械设备条件、自然条件等，施工过程的组织变化因素多，困难较大，因此，科学、合理地组织施工过程则更为重要。其原则上可归纳为：

1. 施工过程的连续性(时间、空间)

连续性是指产品施工过程的各阶段、各工序的进行在时间上是紧密衔接的，不发生种种不合理的中断现象，表现为劳动对象始终处于被加工状态，或者在进行检验，或者处于自然过程中。保持和提高施工过程的连续性，可以缩短建设周期，减少在制品数量，节省流动资金，可以避免产品在停放等待时可能引起的损失，对提高劳动生产率，具有很大的经济意义。

2. 施工过程的协调性(人、机、材料供应)

施工过程的协调性也叫比例性，它是指产品施工各阶段、各工序之间，在施工能力上要保持一定的比例关系，各施工环节的工人数、生产效率、设备数量等都必须互相协调，不发生脱节和比例失调现象。协调性是保证施工顺序进行的前提，使施工过程中人力和设备得到充分利用，避免产品在各个施工阶段和工序之间的停顿和等待，从而缩短施工周期。施工过程的协调性在很大程度上取决于施工组织设计的正确性。

3. 施工过程的均衡性(速度)

施工过程中的均衡性又称节奏性，是指企业的各个施工环节都按照施工生产计划的要求，工作负荷保持相对稳定，不发生时松时紧、前松后紧等现象。均衡施工能充分利用设备和工时，避免突击赶工造成的各种损失，有利于保证施工质量、降低成本、有利于劳动力和机械的调配。

4. 施工过程的经济性

施工过程组织除满足技术要求外，必须讲究经济效益。上述的连续性、协调性和均衡性，最终都要通过经济效益集中反映出来。

上述合理组织施工过程的四个方面是相互制约，互为条件的。在进行施工组织时，必须保证全面符合上述四个方面的要求，不可偏颇一方。

(三) 施工方案

施工方案的选择是施工组织设计中最重要的环节之一，是决定整个工程全局的关键。因为施工方案一经决定，则整个工程施工的进程、人力和机械的需要和布置、工程质量及施工安全、工程成本、现场的完善等也就随之被规定下来。施工组织的各个方面都无一不与施工方案发生联系而受到重大影响。施工方案的优劣，在很大程度上决定了施工组织设计的质量和施工任务完成的好坏。选择施工方案的基本要求是：切实可行；施工期限满足业主要求；确保工程质量和施工安全；经济合理，工料消耗和施工费用最低。施工方案包括的内容很多，概括起来主要有四项，施工方法的确定、施工机具的选择、施工顺序的安排、流水施工、作业方式的组织。前二项属于施工方案的技术方面，后两项属于施工方案的组织方面。

1. 施工方法的确定

各个施工过程均可以采用各种不同的方法进行施工，而每一种方法都有其各自的优点和缺点，我们的任务在于从若干能实行的施工方法中，选择适于本工程的最先进、最合理、最经济的施工方法，达到降低工程成本和提高劳动生产率的预期效果。

确定施工方法主要是针对本工程的主导施工过程而言。在进行此项工作时，要注意突出重点，凡采用新技术、新工艺和对本工程的施工质量起关键作用的项目，或技术较为复杂，工人操作不够熟练的工序，在施工方案中均应详细说明施工方法和技术措施，必要时单独编制施工作业设计；对于常见的一般结构形式，工人已熟练掌握的常规做法，则可不必详述。

在拟定施工方法的同时，还应明确指出该施工项目的质量标准及确保质量与安全的措施。施工方法的确定取决于工程特点、工期要求、施工条件等因素，所以，各种不同类型工程的施工方法有很大差异。对于同一种工程，其施工作业方法也有很多种可供选择，例如：沥青表面处治路面施工，可采用层铺法和拌和法两种，T型梁安装可采用木扒杆、单导梁、架桥机等多种方法。方法很多，但究竟采用何种方法，将对施工方案产生巨大影响。

2. 施工机具的选择

施工方法一经确定，机具的选择就应以满足它的需求为基本依据。但是，在现代化的施工条件下，许多时候是以选择施工机具为主而来确定施工方法的，所以施工机具的选择往往成为主要的问题。在选择施工机具时，应注意以下几点：

(1) 只能在现有的或可能获得的机械中进行选择。尽管某种机械在各方面都是适合的，但如不可能得到，就不能作为一个供选择的方案。

(2) 所选择的机具必须满足施工的需要，但又要避免大机小用。

(3) 选择机具时，要考虑互相配套，充分发挥主机的作用。如在土方工程施工中，用自卸车的数量必须保证挖土机能连续不断地工作而不致因等车停歇。同时，汽车的容量也必须与挖土机斗容相匹配，以保证充分发挥挖土机的效力。

(4) 在选择施工机具时，必须从全局出发，不仅要考虑到在本工程或某分部工程施工中使用，还要考虑到同一现场上其他工程或其他分部分项工程是否也可以使用。

(三) 施工顺序安排

施工顺序是多种多样的，但它也有一定的规律可循，我们要紧紧抓住决定施工顺序的基本因素，仔细分析各种不同施工顺序的前提条件和实施效果，做出最佳的施工顺序安排。

安排施工顺序的原则是：

(1) 必须符合工艺的要求。公路工程项目各施工过程之间存在一定的工艺顺序关系，例如钻孔后必须尽快地灌注水下混凝土，否则就要塌孔，所以两道工序必须紧密衔接。

(2) 必须使施工顺序与施工方法和施工机具相协调。例如，现浇钢筋混凝土上部构造的施工顺序与采用架桥机进行装配化施工顺序就显然不相同，所以，施工方法不同，采用的机具设备不同，其施工顺序也必然不同。

(3) 必然考虑施工质量的要求。在安排施工顺序时，要以确保施工质量作为前提条件，影响工程质量时，要重新安排或者采取必要的技术措施。

(4) 必须考虑水文、地质、气候的影响。安排施工顺序时，必须充分考虑洪水、雨季、冬季、季风、不良地质地段等因素的影响，有的因素对施工顺序的安排起着决定作用，如桥梁下部工程一般应安排在汛期之前或之后完成。

(5) 必须考虑影响全局的关键工程的合理施工顺序。例如，路线工程中的某大桥、某隧道、某深堑，若不在前期完工，将导致其他工程不能施工(如无法运输材料、机具、工期太长等)，此时即应集中力量攻克关键工程。

(6) 必须遵从合理组织施工过程的基本原则。即符合施工过程的连续性、施工过程的协调性、施工过程的均衡性、施工过程的经济性。

(7) 必须考虑安全生产的要求。

(8) 应能使工期最短。

(四) 施工进度计划的编制

划分施工项目，确定施工方法。

在编制单位工程施工进度计划时，首先要划分施工基础上的细目，即划分为若干种工序、操作，并填入相应的栏内。划分时应注意：

(1) 划分施工项目应与施工方法相一致，使进度计划能够完全符合施工实际进展情况，真正起到指导施工的作用。

(2) 划分施工项目的粗细程度一般要按施工定额(施工图阶段按预算定额)的细目和子目来填列，这样既简明清晰，又便于查定额计算。

(3) 施工项目在进度计划表内填写时，应按工程的施工顺序排列(指横道图)，而且应首先安排好主导工程。

(4) 施工项目的划分一定要结合工程结构特点仔细分项填写，切不可漏填，以免影响进度计划的准确性。选择施工方法首先要考虑工程的特点和机具的性能，其次要考虑施工单位所具有的机具条件和技术状况，最后还要考虑技术操作上的合理性。确定施工方法后，还应根据具体条件选择最先进的合理的施工组织方法。

(五) 计算工程量与劳动量

1. 工程数量计算

施工进度计划基本上列好以后，即可根据施工图纸及有关工程数理的计算规则，按照施工顺序的排列，分别计算各个施工过程的工程数量并填入表中。工程数量的计算单位，应与相应定额的计量单位相一致。

2. 劳动量计算

所谓劳动量，就是施工过程的工程量与相应的时间定额的乘积。或者是劳动力数量与生产周期的乘积，机械台数与生产周期的乘积。人工操作时称劳动量，机械操作时又称作业量。劳动量可按下式计算：

$$D=\frac{Q}{C}\text{或 }D=Q\times S$$

式中 D——劳动量(工日或台班)；

Q——工程量；

C——产量定额；

S——时间定额。

劳动量的计量单位，对于人工为“工日”，对于机械则为“台班”。

受施工条件或施工单位人力、设备数量的限制，从而对生产周期起控制作用的那个劳动量称为主导劳动量。一般取生产周期较长的劳动量作为主导劳动量。在人员、机械数量不变时，采用二班制或三班制将会缩短施工过程的生产周期。当主导劳动量生产周期过于突出时，就可以采用二班或三班制作业缩短生产周期。

3. 生产周期计算

由于要求工期不同和施工条件的差异，其具体计算方法有以下两种：

(1) 以施工单位现有的人力、机械的实际生产能力以及工作面大小，来确定完成该劳动量所需的时间(周期)。一般可按下式计算：

$$t=\frac{D}{R\times n}$$

式中　t——生产周期、即持续天数(日)；

D——劳动量(工日或台班)；

R——人数或机械台数；

n——生产工作班制数。

(2) 根据规定的工期来确定施工队(班组)人数或机械台数。在某些情况下，可以根据已规定的或后续工序需要的工期，来计算在一班制、二班制或三班制条件下，完成劳动量所需作业队的人数或机械台数。一般按下式计算：

$$R=\frac{D}{t\times n}$$

第四节　施工阶段施工组织

施工阶段的施工组织设计是执行施工组织的设计。应根据建筑组织计划和规划阶段的设计数据、施工期要求和承包商的具体情况以及施工定额或历史统计定额编制，它未包含在规划文件中，但代表了确保施工组织计划在设计阶段实施的措施，是经济和项目管理的重要组成部分。

施工阶段施工组织设计的内容目前尚无正式成文规定，由施工单位根据企业的实际情况和习惯编制，其主要内容一般应包括：

(1) 对设计阶段施工组织计划的内容、要求、表格等按照施工单位的具体情况设计、核实，根据指导实施的要求将设计编制对象进一步细分，时间计划一般到月或旬，劳动组织方面可以班为对象。

(2) 实施性的开工前准备工作。

(3) 在设计阶段施工组织计划编制的“材料计划表”的基础上，进一步编制材料供应图表。

（4）运输组织计划。

（5）附属企业及自办材料的开采和加工计划。

（6）供水、供电、供热及供气。

（7）实施性施工组织设计的技术组织措施计划。

（8）制订相应的管理制度，如建设监理制度，或施工安全、质量管理制度。

（9）临时设施布设和开工前准备，应着重解决如工棚、仓库、料场及加工场地、施工用水、供电、通信设备等问题。

（一）工地加工场地

工地加工场地施工组织的任务是确定建筑面积和结构形式，通常参照有关资料或按经验确定，也可以按以下公式计算。

$$F=\frac{K\times Q}{T\times S\times a}$$

式中 F——所需建筑面积，m^2；

Q——加工总量，m^3，t……等；

K——不均衡系数，取1.3~1.5；

T——加工总工期，月；

s——每平方米场地的月平均产量；

a——场地或建筑面积利用系数，取0.6~0.7。

水泥混凝土搅拌站面积用下式计算：

$$F=N\times A$$

式中 F——搅抖站面积，m^2；

A——每台搅抖机所需的面积，m^2；

N——搅抖机制台数，按下式计算；

$$N=\frac{Q\times K}{T\times R}$$

式中 Q——混凝土总量，m^2；

K——不均衡系数，取1.5；

T——混凝土工程施工总工作日；

R——混凝土搅拌机台班产量。

大型沥青混凝土拌和设备的场地面积，根据设备说明书的要求确定。

上述建筑场地的结构形式应根据当地条件和使用期限而定。使用年限短的用简易结构，如油毡或草屋面的竹木结构；使用年限长的则可采用瓦屋面的砖木结构或活动房屋。

（二）临时仓库

工地临时仓库分为转运仓库、中心仓库和现场仓库等，其施工组织的任务是：确定材料储备量和仓库面积，选择仓库位置和进行仓库设计等。

1. 确定建筑材料储备量

材料储备量既要考虑保证连续施工的需要，又要避免材料积压，使仓库面积增大。对于场地狭小、运输方便的现场可少储存；对供应不易保证、运输困难、受季节影响大的材料可多储存些。常用材料，如砂、石、水泥、钢材、木材等的储备量可按式计算：

$$P = T_e \frac{Q_i \times K}{T}$$

式中 P——材料储备量，m^3、t 等；

T_e——储备期，d，按材料来源确定，一般不小于 10d；

Q_i——材料、半成品的总需要量；

T——有关项目施工的总工作日；

K——材料使用不均匀系数，取 1.2~1.5。

对于不经常使用或储备期长的材料，可按年度需用量的某一百分比储备。

2. 确定仓库面积

一般的仓库面积可按下式计算：

$$F = \frac{P}{q \times K}$$

式中 F——仓库总面积，m^2；

P——仓库材料储备量；

K——仓库面积利用系数（考虑人行道和车道所占面积），一般为 0.5~0.8。特殊材料，如爆炸品、易燃或易腐蚀品的仓库面积，按有关安全要求确定。

在设计仓库时，除满足仓库总面积外，还要正确地确定仓库的平面尺寸，即仓库的长度和宽度。仓库的长度应满足装卸要求，宽度要考虑材料存放方式、使用方便。

（三）临时房屋建筑

此类临时建筑的建筑面积主要取决于建筑工地的人数，包括职工和家属人数。建筑面积按下式确定：

$$S = N \times P$$

式中 S——建筑面积，m^2；

N——工地人数；

P——建筑面积指标。

在做施工组织设计时，应利用工地附近的现有建筑物，或提前修建能利用的永久房屋，如道班房、加油站等，不足部分修建临时建筑。

临时建筑应按节约、适用、装拆方便的原则设计，其结构形式按当地气候、材料来源和工期长短确定。临时建筑有帐篷、活动房屋和就地取材的简易工棚等。

（四）工地临时供水、供电和供热

这里应解决的主要问题有：确定用量、选择供应来源，设计管线网络等。如需工地自行解决供应来源，还需确定相应的设备。

第五节 高速公路养护的概念与基本要求

高速公路作为一个完整的大流量的系统并充满现代技术的交通载体，与公共道路有着显著的不同。随着高速公路建设的不断发展，交通运输业对高速公路运营质量提出了更高的要求。为确保为道路使用者提高良好路况，已成为项目维护的一项主要任务。在设计道路使用寿命期间，它通常保持良好状态，在道路寿命期间的日常维护尤为重要。

一、高速公路养护的概念与基本要求

（一）概念

高速公路维护是指通过管理数据库和高效的道路和桥梁评估和预测系统，创建高质量和高效的机械化维护方法。在这个基础上，养护单位不断引进新技术和新工艺，以最经济的方式确保路面的平整度以及各种空间的完整性，以提高高速公路的耐久性和抗灾能力。为保持高速公路的良好状态，防止其使用质量恶化，为高速公路使用者提供良好的服务，高速公路的养护需符合高标准、高质量、高效率和高机动性的要求，并且遵循“预防、预防和控制相结合”的原则，采取适当的技术措施，遵守日常维护，及时维修，保持高速公路经常处于良好状态，使其畅通、清洁、美观，从而延长道路使用寿命。

（二）基本要求

高速公路投入运营后会随着使用时间的移长出现一定程度的受损，加之环境和气候的影响对公路的影响和腐蚀作用都会在一定程度上破坏公路，所以高速公路的养护是高速公路管理工作的重要组成部分。为了保证高速公路快速、畅通、安全、舒适、景观、环保、经济的使用功能，保持高速公路的原设计状态，必须采取合理的养护措施，坚持“预防为主，防治结合”的方针，采取合理的养护技术和措施，进行经常性、及时性、长期性、预防性、高质量的养护维修。其目的是能够经常保证公路上的各种工程及设施，如路基、路面、桥涵、隧道、挡土墙、防护坡、绿化以及护栏、照明、标志、监控设施等处于完好状态。

二、高速公路养护管理工作的重要性

道路作为高速公路的重要使用部分，道路维修养护对提高高速公路的服务水平有着重要的作用。首先，为了保持道路的整洁、平整，确保高速公路的服务质量、提高服务水平，必须进行及时有效的检修，及时发现坏死路段，最终提高公路的经济效益和社会效益。其次，为确保高速公路上良好的行车环境，要正确了解和评估养护现场的状况和养护水平，及时安排日常养护、专项养护和抢修工作。保护研究可用于建立最先进的数据库，生成有关高速公路使用和管理的完整科学和技术信息，并分析和准备数据以支持决策。但是许多技术资料和养护信息在公路投入运营初期容易被监管者忽视，所以很难在公路养护中发挥应有的作用。及时发现并更换因结构性或其他原因导致的道路、设施的先天性缺陷。一般来说，公路在施工过程中投产后，在实际使用中经常会因为道路排水、路堤防护、下水道施工、标志拆除、施工活动等各种原因出现问题，这些问题只能通过后续的修复来解决，维护和分步操作。预防道路和植物病害，及时管理损坏的道路和设施，尽可能延长道路和设施的使用寿命，延迟维护周期，降低运营和管理成本。由于高速公路具有高速、高载、畅通的特点，早期养护可以防止小病害的蔓延，所以高速公路往往保持原有的技术状态和标准。减少或消除对使用者的损害，以及因道路和设施维护不当造成的损害，避免不必要的诉讼。

（一）公路养护水平

公路的养护水平评价指标：好路率和养护水平综合值。

1. 好路率

好路率的计算公式

$$Q=[(L_Y+L_L)/L]\times 100\%$$

式中 L——公路总里程；

L_Y——优等公路里程；

L_L——良等公路里程。

2. 养护质量综合值

养护质量综合值 P 的计算式

$$P=(4L_Y+3L_L+2L_C+L_{CH})/L$$

式中 L——公路总里程；

L_Y——优等公路里程；

L_L——良等公路里程；

L_C——次等公路里程；

L_{CH}——差等公路里程。

（二）公路养护水平对汽车使用性能的影响

据试验统计数据得知，公路养护水平与汽车运行油耗、维护费用、大修间隔里程之间有关系。

1. 与油耗的关系

公路养护水平与油耗之间呈指数方程关系

$$Q=Ae^{-BX}$$

式中 Q——一定车速下汽车等速百公里油耗，L/100km；

X——路面分值（见表 1-1）；

A、B——回归系数（见表 1-2）。

表 1-1 公路养护等级评分值

公路养护等级	总分	路面分
优	>90	>45
良	>75	>38
次	>60	/
差	>60	/

表 1–2 路面分与油耗关系的指数回归

车速/(km/h)	A	B	相关系数 R
50	34.1376	0.00483	−0.7191
40	29.9342	0.00287	−0.7461
30	30.0541	0.00323	−0.8117
20	28.1121	0.00323	−0.8602

2. 与车辆养护费用的关系。

公路养护水平与车辆养护费用之间呈对数方程关系，即

$$Y=A-B\times\ln X$$

式中 Y——每公里养护费用，元/km；

X——道路养护综合值。

若道路养护综合值由 2.48 提高到 2.78，车辆养护费用可减少 22%，即加强道路养护，可节约车辆维护费用。

3. 与车辆大修里程的关系；

公路养护水平与车辆大修里程之间呈线性方程关系，即

$$Y=-A+BX$$

式中 Y——汽车大修里程，10km；

X——好路率,%。

三、高速公路养护性能评价

高速公路路面性能评价是路面养护维修决策、道路经济分析的基础。路面性能评价模块根据收集的路面数据，判断目前路面状况是否满足交通要求；所得结果将作为采取养护或改建措施以及采取何种措施的依据。高速公路养护管理系统辅助决策的好坏，很大程度上取决于养护管理系统对路面性能的评价。

(一) 路面服务性能指数 PSI

路面的服务能力这一概念是在 AASHO 道路实验时由 Carey 和 Irick 提出来，在这之前，路面设计中并没有人们普遍接受的关于使用性能的定义。把服务能力作为路面设计的一个因素，是 AASHO 设计方法的一个显著特点。

路面服务性能指数 PSI 的基本方程式如下式线性形式：

$$\mathrm{PSI}=A_0+(A_1R_1+A_2R_2+\cdots)+(B_1D_1+B_2D_2+\cdots)$$

式中 R_1、R_2……——断面平整度的函数；

D_1、D_2……——表面损坏的函数。

(1) 方程是建立在道路试验评定组评价的基础上。由于车辆、公路性能和行驶速度变化很大，今天人们对服务能力的感受与 30 年前是不大相同的。

(2) 方程不仅包括行驶性能，还包括表面损坏情况。对路面统计管理部门来说，最好将行驶质量和表面破损分开。因此，需要研究新的路面评定方法，使路面的客观评定直接并合理地与人们对行驶质量的感觉联系起来。

(3) 道路试验中所用的断面仪已不再使用。若是采用AASHO原始的PSI方程，而确定平整度的方法又不同时，误差将成倍增加。解决这一问题的最好办法是组织一个新的路面评定组，再将评定结果直接与感兴趣的特定平整度联系起来。

(二) 分项—综合指标评价方法

对于路面使用性能，通常从行使质量、路面损坏状况、结构承载能力和安全性能这四个方面进行评价。

1. 路面损坏状况评价

一般采用路面状况指数PCI来对路面损坏状况进行评价。扣分法是确定路面状况指数PCI的常用方法。对不同的损坏类型、严重程度和范围规定不同的扣分值，按路段的损坏状况累计扣分值后，以剩余的数值表征路面的完好程度，评价路面的好坏。我国在"七五"国家攻关期间根据北京市和广东省的路面状况，也利用这种扣分方法开发了路面状况指数PCI模型。路面损坏状况评价指标作为评价路面质量的重要指标之一，无论在网级还是在项目级的管理系统中，它都起着重要的作用。在许多地方和城市的路面管理系统中，路面损坏状况指标通常作为唯一的路面质量评价指标。在这些地方因为设备、费用等原因而导致平整度、抗滑能力的检测比较困难。

2. 路面行驶质量评价

路面行驶质量同路面的平整度、车辆的动态响应以及乘客对舒适性的要求和对颠簸的接受能力有关。行驶质量通常采用汇总众多乘客的主观评价意见计算出评分值。将各路段的评分值与各路段实测的平整度指标通过回归分析建立主观评分同客观测量的相互关系。因此，可以根据路面平整度的客观测量结果得到对路面行驶质量的统一评价。路面行驶质量通常以质量指数RQI描述。RQI一般按5、10和100分制来计分。我国《公路养护技术规范》(JTG H10—2009)规定RQI=11.75-0.75IRI。在网级系统中，平整度并不需要很高的数据精度。通过对路网的平整度调查，可以进行整个路网的需求评估和制定养护维修资金的投资计划。而在项目级的系统中，就需要很精确的路面性能评估。在项目级的管理系统中，平整度数据通常作为养护维修质量控制、周期性路面性能预估和维修方案评估的依据。

3. 路面结构性能评价

路面结构性能评价的目的是评估现有路面的承载能力和确定路面的剩余寿命。所谓路面的剩余寿命实指路面在达到预定的损坏状况之前还能使用的年数和能承受标准轴载累计作用次数。依据剩余寿命的长短，可以判断路面结构的完好程度及损坏发展的速率，可以确定是否需要采取改建措施并进行加铺层改建设计。

结构承载能力一般通过路段代表弯沉与设计弯沉的关系变化来进行评价。对于高速公路，路段代表弯沉应采用自动弯沉检测车进行测量，各测点间的间距通常为100m。通过各测点的平均值加2倍的标准差，计算出路段的代表弯沉值。我国对现有路面的承载能力可用结构能力指数SAI(Structure Adequacy Index)作为评价指标。SAI主要与设计容许弯沉值、路段代表弯沉值和年平均日交通量(AADT)有关，如下式所示。

SAI=f(路面允许弯沉、路段代表弯沉、AADT)

式中，SAI可用5分制、10分制和100分制来表示。对于我国，采用100分制更符合人们的使用习惯。在式中，路面允许弯沉和路段代表弯沉是影响SAI的主要因素。在我国《公路养护技术规范》(JTG H10—2009)中，它们的比值被称为路面强度系数SSI。对于高速公路而言，不同的路面结构强度等级，应对应不同的SSI和SAL。

4. 路面安全性能的评价

对于路面安全性能的评价一般只考虑抗滑能力。然而影响路面安全性能实际包括以下几个方面：① 抗滑能力；②车辙(因为车辙可以造成路面积水，使得汽车有发生水上漂移的危险)；③路面的反光；④车道分界；⑤外来障碍物。

影响路面抗滑能力的因素包括：路面特性(粗构造、细构造)、油和水对路面的污染、车辆参数(主要是轮胎)和驾驶因素(行车速度)等。

路面的抗滑能力可采用摆式摩擦系数测定仪(摆式仪)或横向摩擦系数测定车(SCRIM)检测。对于高速公路宜采用横向摩擦系数测定车(SCRIM)测定。

5. 路面性能综合评价

路面性能评价通常有两个主要目标：①在网级系统中，进行项目和处治对策的选择；②在项目级系统中，确定特定的养护维修需求。对于路面综合指标，并没有一套简单的工程公式可以利用。一般根据主观经验方法或者社会科学技术来开发综合指标公式。综合指标需要考虑路面的各种单项性能并以加权组合的形式组合各种单项特性指标。

四、高速公路养护管理系统

(一) 养护管理系统的定义

路面管理系统(Pavement Management System，PMS)各国有不同的定义，在美国各州公路和运输工作者协会(AASHTO)的路面管理系统指南中，把PMS定义为：用于决策者在公路评价养护中寻求投资有效分配方案的工具。实际上，我国目前对路面管理系统的需求还主要集中在路面养护管理方面，即路面养护管理系统。路面养护管理系统是指最有效地利用现有资金，使公路网中的路面处于最佳的服务水平或产生最大的经济效益。路面养护管理系统既与路面设计和施工有区别，也与传统的公路管理不同。它是综合运用路面专业知识，用系统工程等方法，借助计算机处理与路面养护活动有关的问题。路面养护管理系统可以认为是路面管理系统的子系统，两者的最终目标是一致的。两者均可以划分为网级和项目级两种系统，分别适应不同管理层次的需要，具有不同的功能和结构。

(二) 养护管理系统的层次

路面管理系统可划分为网级路面养护管理系统和项目级路面养护管理系统两类，分别适用于不同的管理层次，具有不同的功能和结构。网级系统是涉及整个路网的、用于指定路网养护政策、确定路网养护需求和养护费用优化分配的宏观分析系统；项目级系统则是根据网级系统的决策，以路段为对象，从技术和经济的角度分析养护方案的系统。网级路面管理系统的范围，包括一个地区(省、市)的公路网或一大批工程项目。它的主要任务是为管理部门进行关键性的行政决策提供对策，网级路面管理系统一般由数据库、使用性能评价模型、对策分析模型、使用性能预估模型、分析模型和优化模型等部分组成。项目级路面管理系统仅针对一个工程项目，它的主要任务是为管理部门对某一工程进行技术决策时提供对策，以选择费用-效益最佳的方案。它以数据库为核心，通过对与路面相关的各种数据的采集形成数据库，利用这些数据进行路面使用性能评价，得出各种相关的使用性能指数，通过这些指数确定路面所处的损坏状况，由此给出各路段的养护、改建方案，对各方案加以经济分析比较，得出适合该路段的费用-效益最佳方案。当数据积累到足够程度后，便可以建立路面使用性能预估模型，对路面的各项使用性能指标进行预估。

五、高速公路机械化养护

（一）养护机械化的概念

养护机械化是指养护作业中全部主要和辅助的繁重劳动过程均由技术参数互相协调的配套机械系统完成，这一机械系统能在给定的作业条件下以最佳的技术经济指标保证该养护作业的质量和速度，高速公路养护的显著特点，即快捷、安全、养护质量高，对行车影响小。而机械化养护的特点又可归结为“安、快、好、省”，即安全、快速、质量好、降低养护作业成本，可以满足高速公路养护的要求。

发展高速公路养护机械化的一个主要问题即“养护机械的配置”的问题。就机械化养护来说，机械要按全面养护的要求进行选型、配备，要适应养护路段地理环境和路面结构的特点，并且要使机械的功能和生产能力配套，对于机械化养护公司而言，重点是提高公路大中修、路面病害处理的机械化程度，以提高路面维修和养护的质量。

（二）我国公路养护机械化的发展概况

改革开放以后，我国开始引进、吸收国外先进的公路养护技术和养护机械。进入 20 世纪 90 年代后，特别是高速公路的发展，为引进先进的养护机械创造了机遇。我国现有 300 多家生产筑路机械的企业，其中有的生产公路建设用的施工机械，有的生产各种小型公路养护机械和少量大型的公路养护机械。总体上看，我国的养护机械无论是产品性能，还是品种、数量、质量都难以满足我国高等级公路维修养护作业的需要，部分类型的公路养护机械国内还不能自主生产。

（三）我国高等级公路养护机械的主要差距

（1）产品品种少、规格不齐全；

（2）缺少养护机械专用底盘；

（3）产品自动化程度不高。

六、高速公路养护工作的特点

1. 养护实施的强制性

由于我国高速公路既是国家基础设施，又具有收费的特性，因此，保证高速公路良好的使用性能和优秀的服务水平，就成了养护管理的首要任务。养护工作的任何懈怠和疏忽不仅会对道路及其设施本身造成潜在危害，也会对高速行车的驾乘人员构成严重生命威胁。因此，高速公路应当是建立在法律、法规基础上的强制性养护。

2. 养护对象的广泛性、全面性

高速公路的养护不仅包括道路、桥梁等主要的设施，还应包括交通工程设施，比如监控、通信、照明、绿化以及园林等，养护如果不能全面，那么高速公路原本的使用质量也将随之下降。所以高速公路的养护不能只局限于一处，而应该全面考虑，针对不同的地区、不同的设施配备合适的专业人员进行养护，并形成合理的养护体系。

3. 综合养护成本高、人员素质要求高

由于高速公路建设标准高、养护范围广、材料选用较精、机械规模及使用比例较大、施工程序复杂，且保护措施较全、现代化设施较多等原因，使高速公路养护管理的成本要比一般公路高出许多。高速公路的养护投入换来的是道路及设施的长久完好，是服务水平的不断提高，是通行费收益和社会效益的双重回报。

从事养护的作业人员、管理人员必须对养护对象的技术构成十分熟悉，必须具备高素质。

4. 养护技术的专业性和复杂性

高速公路养护除需要具备机械化、专业化技术外，还需要随着养护管理的发展不断探索新技术、新工艺和新材料。其中如路面高强修补、桥梁伸缩缝修复、护栏快速更换、通道防渗处理、土工合成材料综合使用等，都是今后高速公路养护管理中普遍遇到并需要认真研究的课题。同时，在养护检测手段上，也要不断配备现代化设备，以适应高速公路长距离、多点位的快速检测及分析方式。养护工作涉及的学科领域比较宽泛，科技含量高、技术工艺复杂。

5. 养护作业方式的机动性与时效性

与一般公路养护相比，高速公路因其重要性以及从承担的交通量而言，其养护非常注重时效性，同时要求快捷机动、实用高效，养护工艺、操作规程程序性强，养护作业实施时需特别设置交通安全管制区段。

七、我国高速公路养护管理目前存在的主要问题

由于我国高速公路的建设发展异常迅猛，传统的、长期计划经济体制下的经验型养护管理模式已不能适应其发展要求，目前暴露出的问题集中反映在以下几个方面。

（一）养护管理体制不顺

合理的高速公路养护体制可以有效促进公路养护，延长公路的使用寿命，但是在我国并没有非常行之有效的公路养护体制，比如我国当前还采用事业型的管理体制，这并不能够反映高速公路的社会化大生产的商品需求，而且养护所需要的资金也是国家拨款的形式，这些都在一定程度上限制了高速公路养护体制的创新，进一步影响了高速公路的作用的发挥。

（二）养护运行机制落后，“重建轻养”思想严重

对养护管理强制性要求缺乏足够的认识及有效的法律约束；养护资金投入不足，对科技进步重视不够，尚未建立起完善的现代企业制度。

（三）缺少养护定额与规范

全国或地方统一的服务配额和高速路养护功能的技术规范尚未出台，养护规划成本缺乏严格的标准，且任意性较大；不符合高速公路综合养护客观要求的一般道路养护“好路率”指标，不能提高评价养护质量。

（四）养护机械配套率不足，养护科技含量低

尽管在一些地方，部分高速公路配备进口高性能综合养护机械，但机械适应性较差，机械性能开发严重不足，使用频率低，存在设备闲置浪费现象严重；大部分维修业务将继续接管传统手工维修车间的生产组织。国外现有的新技术、新工艺、新材料还处于试验阶段，尚未得到广泛推广和使用。

（五）养护管理人员总体素质普遍偏低

目前我国对于高速公路的养护工作并没有非常重视，对养护人员的专业性要求不高，而且一些专业的养护人员可能因为工作环境的原因并未投入到养护工作中去，加之缺乏实时的培训，所以目前养护管理人员的素质普遍偏低。

八、高速公路工程日常养护原则

（一）坚持预防性养护原则

高速公路道路、桥梁的预防性养护至关重要。尤其是在道路、桥梁病害高发期即春融、雨季之前，若没有及时实施预防性养护，到了病害高发期往往很难实现及时维修，并且将要投入更大的人力、物力，同时也很难取得良好的维修效果。因此，必须加强日常巡查和检测，在道路、桥梁病害的初发时期就开展养护维修，避免病害的进一步扩展，从而实现经济节约和确保养护及时的目标。

（二）定期开展路面、桥梁检测

定期开展道路桥梁检测：一是系统收集管段内桥梁技术数据，上报省局建立高速公路桥梁数据库，为桥梁的养护维修管理提供科学依据。检查确定桥梁各部损坏程度及实际承载力，对桥梁的受损状况作安全性评估，保障高速公路安全畅通。二是了解高速公路路面使用性能状况，对路面实行动态跟踪管理。对路面三大指标：弯沉、平整度、车辙与构造深度(摩擦系数)进行全线检测，以上这些基础工作对高速公路养护管理具有相当重要的指导意义。

（三）坚持路面、桥梁养护为重点

桥梁、路面的完好是保证高速公路安全畅通的首要条件。随着高速公路使用年限、交通流量增长，尤其是超限、超载车辆的严重破坏，高速公路桥梁、路面的各类病害大量出现，技术指标急剧下降。甚至产生安全危害，因此必须以桥梁、路面养护为重点。

（四）确保工程养护的及时性

由于高速公路具有高速度、大容量的特征，日常养护项目、路面病害维修与防撞护栏维修、绿化等项目要保证及时高效。同时，针对各种突发事件，工程养护部门要建立一套全天候的快速反应机制，制订相应的应急措施，随叫随到、随时抢修，确保高速公路畅通。

（五）加强安全生产教育，确保无责任性事故

由于养护作业多是在通行状态下实施，具有一定的危险性，必须加强安全教育，重视安全生产。养护人员需着装上路作业；路上施工时摆放交通安全标牌及设施；施工作业车辆应有安全警示标志等，确保施工作业的安全。

第六节 高速公路养护管理工作的重要性

目前，我国高速公路养护管理正处于高速发展的关键时期，认真研究高速公路养护管理的发展趋势，逐步建立起适应社会主义市场经济运行规律的新型高速公路养护模式尤其显得重要。这需要我们不断分析探讨高速公路养护管理现状中出现的各种问题，提高我国高速公路养护管理水平，使高速公路能更好地为国民经济服务。

一、高速公路养护管理的重要性

（一）社会责任的要求

高速公路是国家重要的交通基础设施和公共机构，它不仅是国民经济的经济活动之一，也是国防装备的重要组成部分，致力于为汽车提供高效服务。因此，无论是由该部管理的非运营项目还是由该公司管理的商业项目，它都有类似的公共服务。正是这一特点决定了高速公路领导的社会责任。这就要求具备良好的路况，为社会提供安全、快速、舒适、经济、优美的驾驶环境。为了满足这一需求，我们需要依靠维护管理。

（二）经济效益的需要

不论是经营性的还是非经营性的高速公路，都涉及成本或经费问题，经济效益要求经营运管理中要多收钱、少花钱或迟花钱。这就要求经营者（或管理者）必须保持路容整洁，保证安全畅通，以吸引和消化更多的车流；要求经营者（或管理者）尽量保持路产价值，防止或减缓其衰减，预防或及时维修病害，推迟大修周期，努力使全寿命成本（或经营期总成本）最低。要达到这个目的，也必须依靠养护管理来实现。

（三）专业特点的规定

高速公路养护的主要工作是清洁、保养和维修。从专业技术层面上讲，以下几项也体现了高速公路养护管理的重要性：一是保持路容整洁，确保视线良好和行车舒适。二是预防或延迟病害的出现，保持状态完好。三是弥补先天质量缺陷和设计缺陷，恢复、改进、完善道路设施。四是及时维修病害或排除设施故障，确保道路安全畅通。五是清理路障、抢险救灾，维持安全、畅通。六是保持沿线景观，保护生态环境。

二、高速公路养护管理存在的主要问题

（一）高速公路养护管理制度缺失

在这里，“制度”指高速公路养护管理的制度安排，包括行业法规及管理制度、企业管理制度及其工作流程；“缺失”则指制度的不足，包括空白、不配套、不切实际和构建滞后等。现行的与养护有关的行业法规及管理制度，部级以上的有：国家《公路法》（2017）、国务院《收费公路管理条例》（2004），交通部的《公路养护工程管理办法》（2018）等，上述法规和管理制度，对各级交通主管部门和公路经营管理单位的权利、义务以及工作要求，做了原则性的规定。从国家和政府主管部门的工作出发，这算是“制度基本健全”了。然而，这

些法规和制度存在一些不足，即除了交通部的《高速公路养护质量检评方法》外，几乎都是以普通公路为主、高速公路参照执行的，或两者共用的。

（二）资金需求量大而投入不足

高速公路的养护费用主要由三部分构成：每日常规养护费用、桥梁加固所需费用以及大规模修缮所需的费用。高速公路养护的资金需求是由路况质量决定的。由于缺乏省级统计数据，以及“省高”项目的地理分布、时间表和总体规模，所以无法作为评估全省维护需求的基础。

（三）高速公路养护管理人员力量薄弱

不论高速公路还是普通公路，养护力量薄弱是全国性的，包括养护工程的管理、设计、施工都较薄弱。各高速公路营运公司中，从事养护管理的人员，通车初期，基本上是留守建设收尾的人员兼职，或建设管理机构的“残兵末将”，或是后期就地发掘、安置的各类人士，总体上其专业技术水平较低、养护经验缺乏，又缺乏必要的培训和指导，团队力量是比较薄弱的。而设计和施工总体上也同样存在经验缺乏的问题。

（四）高速公路养护管理设施及手段落后

高速公路养护管理手段存在四大问题，专业养护服务点不足、养护设备陈旧、养护方法不科学、管理手段落后。首先专业服务点严重不足。维修单位不得不租用附近的房子来打理，或者找个地方(桥下、旧棚等)临时施工，既不安全也不规范。二是设备简单或陈旧，施工机械化程度低，工程质量不高。三是保养方法不科学。经常忽略预防性维护和早期维护，被动管护方式“有缺陷才修复”成本高，但影响小，不能降低生命周期成本，促进正向维护周期。四是管理手段落后。没有运用现代信息化和智能化技术，仍然采用传统的人工办公方式，数据保留和管理落后，经常因人员流动而丢失。

三、提高高速公路养护管理的途径

（一）强化政府宏观调控，集中统一管理

政府宏观调控，是指政府在宏观层次上发挥作用：即政府运用经济、法律和必要的行政手段，对高速公路的发展规划、建设计划、投资、运营以及法规、产业政策进行指导、协调、监督和服务。高速公路的发展规划应服从于和服务于国家政治、经济和军事的战略需要、产业结构调整需要和交通运输发展需要，因此，政府必须对其进行总体规划。对经济活动进行宏观调控，是市场经济体制下政府的主要职能，尤其对高速公路这种基础设施的调控更是必不可少的。正是基于高速公路行业具有基础性、公益性以及自然垄断性等特征，政府必须对高速公路的发展速度、规模、布局进行宏观调控，并运用政府职能为高速公路的建设和运营创造有利条件，使高速公路的管理协调、灵活、高效，促进高速公路不断发展。

（二）深化公路养护体制改革，获取养护资金的最大效益

改革公路养护体制，加快公路养护产业结构调整，提高公路养护机械化水平，改变原有的管理体制，走专业化、市场化道路。今后，养护管理部门要重点关注调查后的养护决策、路况的边检和评估、养护任务招标的组织和控制、养护影响的事后评价。通过开放维修市场、规范运营，政府可以以最少的投入实现维修效益最大化的目标。国外的公路养护维修工作往往是专业的养护维修公司，效率和质量都有所提高，值得借鉴。建立有效的路面养护管理体系，使路面养护管理体系能够有效利用道路养护投资，使道路管理部门以最低的投资成本达到最佳养护效果。

（三）加大专业技术人才的培养，提高专业化养护水平

高速道路养护技术具有技术性强、机械性强的特点，所以，养护人员需要有较高的专业性，也要加强对工作人员的培训，让他们能够掌握更多的最新的知识和技术，使维修养护团队能力强、全面、训练有素。同时，每年在毕业生中招聘一些专业人才，充实维修管理团队。当然对这些人的要求也必须要有，比如不仅需要了解自己的专业，还需要了解计算机管理系统。这样，就可以解决公路养护管理中的各种问题，把我们的公路养护管理工作提高到一个新的水平。

（四）加快高速公路养护作业手段机械化进程

实施公路养护管理机械化是确保公路安全的必要前提，也是提高公路养护管理水平的重要保证。我国高速公路交通流量逐年增加，交通拥堵加剧，给公路养护管理带来了巨大挑战和压力。为了避免道路养护造成的交通堵塞，必须引进最先进的技术和设备。因此，实施维护机制是一种总的趋势。这就要求我们的服务和管理人员专攻业务，不仅能够使用机械设备，而且能够充分发挥其功能，提高机械设备的效率，减少设备闲置时间，提高我们的维护和管理水平。

第二章 高速公路软土地基处理

第一节 概 述

软土路基对路面的破坏性很大，对软土地基的研究越来越受到人们的重视。随着科学技术的不断发展，新材料、新工艺的发展，软土地基的处理方法将越来越多，这将更有利于高速公路路基的处理，并将充分发挥高速公路的优势。

一、软土路基的危害

考虑到软土给地板带来以下问题：首先，它带来了稳定性和阻力问题。如果软底土的抗压强度不足以承受地板的外部荷载或底土两侧的压力，则软底土将因压力过大而局部或整体受损，导致地板坍塌或路堤坍塌和桥台破坏。其次，它会导致地板的沉降和变形。如果软土地基在外荷载作用下产生过大的沉降变形，将影响道路的正常使用。特别是，当出现过度不规则沉降时，将导致地板开裂和损坏，或结构和路堤之间连接处的不均匀沉降，最终导致运河凹陷，沉降缝将逐渐加宽而漏水，导致路面发生损坏等。

二、目前我国公路软土地基处理情况

高速公路地基研究已成为高速公路建设的重点课题，其具体施工技术已达到一定水平。然而，由于其独特的困难性，软土地基在当前的施工质量控制中仍然存在不足。

（1）在地质勘探阶段，孔深达不到要求或孔间距过大，将导致土壤地下层勘察不彻底，或通过地表现象判断地质条件。一般来说，同一地区的地下地质条件差异很大，错误的判断会导致地质调查数据不正确。

（2）计算机技术促进了各行业的快速发展，但模拟分析和数值计算技术在软土地基中的应用并不广泛。虽然有理论，但实际应用效果并不突出。

（3）透水性较差。通常，软土的含水量很大，但其透水性很小。因此，土壤在加载后将形成较高的孔隙水压力，这将阻止地基压实。

（4）未对公路所在区域的地质条件进行科学勘察，未根据实际情况选择合适的软土地基处理方法，影响公路软土地基处理质量。

（5）软土地基处理不全面，或处理方法不正确，导致使用后公路反复受力造成不均匀沉降和地基裂缝，应重新进行路基加固处理。

（6）高压缩性。我国粉土和黏性土的压缩系数一般大于0.5Pa，压缩性高，容易产生不均匀沉降和路基裂缝。

（7）施工工艺控制不严，没有合理的质量控制，导致选用的建筑材料或施工工艺不能

满足实际要求，从而影响整个工程的质量。

三、高速公路软土地基施工技术的控制原则及标准

（一）性能要求

如果现场土壤具有黏性，可采用压实法以外的其他处理方法；如果软土层较薄，通常只需采用简单的表面处理方法。如果软土层较厚，则需要在表面处理的基础上采用其他处理方法。

（二）强度要求

公路基础是承受荷载的基础部分，它长时间处于工作状态，必须有足够的强度来应对超重负载的强制压缩。高速公路地基在外荷载作用下的变形在可接受范围内，软土地基对此要求更为严格。其阻力指数是衡量公路软基性能的决定性因素。

（三）与施工条件和周围环境有关的要求

针对不同的施工条件，采取不同的软基处理方法，结合场地周边环境，从实际出发制定有效的施工方案，从而大大提高公路工程的施工质量。

（四）水稳定性要求

当高速公路软土地基的基础完成时，后续的实际性能是检测质量的最终手段。然而，在地下水和地表水的作用下，软土地基的强度和压实度会不同程度地减弱，必须达到一定的水稳定性才能将其控制在偏差范围内。水稳定性是研究公路软土地形的重要指标。

（五）道路分类要求

道路等级越高，对道路平整度的要求越高。因此，有必要采取有效的处理措施，在施工过程中有效处理软土。

第二节　垫层与浅层处治

一、软基垫层及浅层处治施工规范要求

（1）垫层与浅层处治应达到增加地表强度，防止地基局部剪切变形的目的。

（2）软土、泥沼地区采用换填地基时，其填筑、施工及检验应遵照部颁《公路路基施工技术规范》（JTG/T 3610—2019）的规定。

二、抛石挤淤施工应符合的要求

（1）使用不易风化石料挤淤，片石大小随泥炭稠度而定。对于容易流动的泥炭或淤泥，片石宜稍小些，但不宜小于 30cm，且小于 30cm 粒径含量不得超过 20%。

（2）当软土地层平坦时，抛投应沿路中线向前抛填，再渐次向两侧扩展。软土地层横坡陡于 1∶10 时，应自高侧向低侧抛投，并在低侧边部多抛投，使低侧边部约有 2m 宽的平台顶面。

(3) 片石抛出软土面后，应用较小石块填塞垫平，用重型机械碾压紧密，然后在其上设反滤层，再行填土。

三、砂(砾)垫层施工应符合的要求

(1) 砂垫层材料宜采用洁净中、粗砂，含泥量不应大于3%，并将其中植物、杂质除尽。

(2) 摊铺后适当洒水，分层压实，压实厚度宜为15~20cm。如采用砂砾石，应无粗细粒料分离现象。

(3) 砂垫层宽度应宽出路基边脚2m，两侧端以片石护砌或采用其他方式防护，以免砂料流失。

(4) 对砂垫层、砂桩、砂井用砂的要求：进场砂要求采用级配良好的中粗砂，大于0.5mm的砂含量占总重量的50%以上，含泥量小于3%，渗透系数不小于5×10^{-3}cm/s。砂在进场前，承包人必须自检，进行以下试验：

① 砂筛分试验，砂料必须为中粗砂，大于0.5mm的砂含量占总重量的50%以上；

② 砂含泥量试验，含泥量小于3%；

③ 砂的渗透试验，渗透系数不小于5×10^{-3}cm/s；

④ 砂的最大干密度试验。达不到以上标准，不得使用。

1) 砂垫层用砂，每个砂场的砂必须在进场前进行试。验检查，合格才能进场，在同一砂场进的同一批砂，每5000m³检查一次，监理再按以上频率的20%抽检，如监理工程师对承包人进的砂直观性差，可要求承包人一起抽检。合格方可使用，否则要求承包人清理不合格砂出场。

2) 砂桩及砂井用砂，每次进场前都要检查，合格进入场内的砂子流量相同，每2000m³检查一次，由工程师监督员把关，再以20%以上的频率抽查；工程督察如对承建商是否须检查砂子的外观有疑问，应与承建商一同检查，以便进行抽查，而不是要求承建商将有瑕疵的砂子移出工地；监理工程师须立即通知承办商清除地盘上没有地盘视图及含有过量泥土的砂粒；如发现泥土，监理工程师须立即通知承办商，无条件清除地盘上的不合规格砂粒，如果承包商不履行其职责，则严厉处罚承包商，并对承包商进行必要的纠正。

第三节　土工合成材料施工

土工合成材料是土木工程中使用的合成材料的总称，它使用合成聚合物(如塑料、化学纤维、合成橡胶等)作为原料来制造各种类型的产品，这些产品放置在内部、表面或各种土体之间，以加固或保护土体。

一、土工织物

土工布制造工艺是将聚合物原料加工成丝绸、短纤维、线材或带材，然后制成具有平面结构的土工布。土工布按制造方法可分为有纺(织造)土工织物和无纺(非织造)土工织物。机织土工布由两组正交或斜向的经纬平行线组成。非织造土工布是通过加工定向或随

机排列的纤维制成的。根据光纤连接方法的不同，可分为化学连接(黏合剂)、热连接和机械连接。

土工布的突出优点是重量轻、整体连续性好(可大面积整体制作)、施工方便、抗拉强度高、耐腐蚀性和耐微生物侵蚀性好。缺点是未经特殊处理，抗紫外线能力低。如果暴露在室外，很容易在直接紫外线辐射下老化，但如果不直接暴露，抗老化和耐久性仍然很高。

二、土工格栅

土工格栅与其他土工材料相比，它具有独特的性能和效果。土工格栅常被用作加固土的钢筋或复合材料。由大量一个或多个较简单的结构元素组成的大分子，每个元素包含多个相互连接的原子，高分子中包含的原子总数通常超过数万个，而这些原子通过共价键与材料的钢筋结合。土工格栅分为玻璃纤维和聚酯纤维两类。

(一) 塑料类

这种土工格栅是由拉伸形成的正方形或矩形聚合物网，根据制造时拉伸方向的不同，可分为单向拉伸和双向拉伸。它是在挤出的聚合物板(原料主要是聚丙烯或高密度聚乙烯)上钻孔，然后在加热条件下进行定向拉伸。单向延伸网格仅通过沿板的长度拉伸制成，而双向延伸网格通过沿垂直于其长度的方向拉伸单向延伸网格制成。由于在土工格栅制造过程中，聚合物会随着加热时间的延长而重新组织和定向，因此分子链之间的结合力会增强，从而达到提高其阻力的目的。其延伸率仅为原板的10%~15%。如果在土工格栅中添加炭黑等抗老化材料，则其具有更好的耐酸、耐碱、耐腐蚀和耐老化等耐久性能。

(二) 玻璃纤维类

这种土工格栅由高强度玻璃纤维制成，有时与压敏自黏黏合剂和沥青表面浸渍处理相结合，使格栅和沥青地板紧密结合。随着土工格栅中土石方相互连接力的增加，土石方之间的摩擦系数显著增加(高达0.8~1.0)。由于格栅与地面之间的强大摩擦力和咬合力，嵌入地面的土工格栅的提升阻力显著增加，因此它是一种良好的加固材料。

同时，土工格栅是一种轻质柔性平网材料，易于现场切割和连接，也可以重叠和搭接。施工简单，不需要专门的施工机械和专业技术人员。

(三) 土工格栅施工要点

1. 施工现场

必须压实、平整、水平，并清除尖峰和突起。

2. 格栅铺设

在平整压实的地方，安装的格栅的主应力方向(纵向)应垂直于路堤轴线的方向。放置位置应平坦、无褶皱，并尽可能紧密。用钉子和土石渣固定。放置网格的主张力方向最好是无接头的总长度。框架之间的连接可以手动打开并叠加，叠加宽度不小于10cm。如果网格安装在两个以上的层上，则层之间的接缝必须按比例缩放。铺设大表面后，应整体调整其平面。填充土层后，在碾压前，应手动或再次使用机具张拉格栅，且力应均匀，使格栅在地面上处于直线张拉状态。

3. 填料选择

应根据设计要求选择填料。实践证明，除冻土、沼泽土、生活垃圾、白垩土和硅藻土外，它还可用作填料。然而，砾石土和砂土具有稳定的力学性能，受含水量的影响较小，因此应首选它们。填料颗粒尺寸不应超过 15cm，并注意填料分级控制，以确保压实重量。

4. 填筑、摊铺、压实

格栅铺设就位后，应及时填筑、覆盖。暴露时间不得超过 48h。也可以采用铺设和填充流操作方法。首先在两端铺设填料，固定网格，然后将其推到中间。滚动顺序是从两侧到中间。碾压时，压路机不能直接接触钢筋，一般不允许车辆驶入未压缩的钢筋中，以避免钢筋移位。每层压实度为 20~30cm。压实度必须满足设计要求，这也是加筋土工程成败的关键。

5. 防排水措施

在加筋土工程中，应做好墙内外排水处理；做好足部防护和防侵蚀工作；应在土壤中确定过滤和排水措施。如有必要，应定义玻璃纤维土工布和土工格栅。它们是优良的土工合成材料，用于地板加固、旧路加固、路基加固和软土地基。它已成为沥青路面反射裂缝处理中不可替代的材料。本产品是由高强度无碱玻璃纤维经国际先进的经编工艺和表面涂层处理而成的半刚性产品。抗拉强度高，经纬度伸长率低，具有耐高温、耐寒、耐老化、耐腐蚀等优良性能，广泛应用于沥青路面加固、水泥路面及路基、铁路路基、路堤边坡防护、机场跑道、防沙治沙等工程项目。

根据设计要求的宽度，将土工格栅放置在平底持力层上，顶部和底部土工格栅填料不存在各种刺穿土工格栅的情况。铺设土工格栅时，高强度方向应垂直于路堤轴线。土工格栅水平放置。放置时，拧紧并拉直，以避免褶皱、变形或孔洞。土工格栅应采用搭接法沿纵向拼接，搭接宽度不得小于 20cm。铺设土工格栅后，手动放置顶部填料并及时完成支座，以避免长期暴露。然后用机器运输、整平和轧制材料。机械摊铺和支承应从两侧向中间进行，并保持压实度，以满足规范要求。

第四节　竖向排水体施工

垂直排水体通常适用于处理含水量高、透水性差的软黏土底部。对于淤泥质和淤泥质两种类型的软土，可与加载预压或真空预压组合使用，并应保证足够的预压周期。然而，荷载预压适用于工期紧张的背景施工，而真空预压适用于工期紧张的背景施工。垂直排水体的施工类型包括砂井、填充砂井、塑料排水板等。在施工过程中，砂井和填充砂井通常由浸渍管杆建造，塑料排水板可以通过插入机器建造。钢管内径应略大于填好的砂的直径约 10mm，以避免在拔钢管时拔出砂袋；塑料排水板可采用矩形截面无缝钢管或圆形截面无缝钢管。这三种排水方式在排水体施工期间，必须配备能够检测排水体施工深度的测量仪器。以下是采用塑料排水边缘和真空预压技术进行地下施工的一些要点。

一、材料要求

塑料排水板又称塑料排水带，可采用谐波形或波浪形截面。中间夹着一块塑料网片，经加工后压制成一定形状。其横截面形状类似于交叉的“蜂窝”，具有渗透性。它是排水板的主要结构和排水通道。上下表面包裹土工布作为过滤层。塑料网板将渗透水从过滤层向上排出，使土壤颗粒之间的体积逐渐变小，土壤相互固结。施工期间，应根据设计要求和现场水文地质条件选择适用的排水板类型，并应具有足够的抗破坏能力和垂直排水能力，其他质量应符合设计或规范要求。

二、塑料排水板施工技术

（1）塑料排水板不应长时间暴露在阳光下或放置在室外。如果将其堆放在室外，则应使用彩条覆盖，以防止塑料板的性能恶化、性能损失以及严重情况下排水功能的丧失。当储存期超过 1 年或发现老化时，应在使用前进行现场测试和检查。

（2）临时运至施工现场的塑料排水板应放置在较高的地方，妥善放置并用布覆盖，以避免被雨水弄湿和阳光暴晒。

（3）插入排水板时，应先放置并固定桩靴，使桩靴底部与钢板紧密贴合，以防止泥浆进入排水板通道或损坏排水板表面的过滤层，同时防止泥浆挤入管道，导致排水板黏附在钢管内壁上，导致在拔管时将排水板拉出。插入过程中，排水板不应变形，滤层不应损坏和污染。

（4）排水板用靴固定时，一端折叠长度应控制在 15~20cm 范围内。

（5）如果在施工过程中需要拉长塑料排水板，可以通过焊机将两块板的搭接边缘加热并熔合在一起（使用热熔原理）；或者用塑料排水板的专用胶将其均匀涂抹在两块板的颈部边缘，然后紧固。这两种方法可根据实际工程情况进行选择。颈部长度不应小于 20cm，然后用滤水材料紧紧缠绕，然后用细铁丝或绳子绑紧。

（6）塑料排水板的工作原理：插入软土地基的塑料排水板通过真空加载或顶部预加载进行预加载，使软土中的空水沿排水板的通道上升，排入置于顶部的砂垫层或水平排水管，然后从路基边沟或两侧排水沟排出，从而在短时间内实现软基的固结，从而提高地基的强度和承载力，确保路基的稳定性。

（7）塑料排水板施工顺序：①整平原土；②铺设底部砂垫；③定位插入机；④通过导管穿透塑料管靴排水板；⑤将塑料排水板与桩尖连接，钻紧管靴并对准桩位；⑥提起套管；⑦切割塑料排水板；⑧将插入机移至下一个位置；⑨铺设顶部砂垫。

（8）施工期间配备的设备包括：挖掘机、插板机、振动锤、套管和绞车。

（9）施工过程中应注意的要点：①在施工过程中，应严格控制塑料排水板的返还。发生回流时，其长度不应超过 50cm，有回流的排水板数量不应超过配置总数的 5%，回流应在现场收集必须重新界定该地区的范围，及时发现原因，制定切实可行的措施，防止回返。②在安装过程中，随时用经纬仪、吊线和钢尺测量外壳的垂直度，偏差不应大于 1.5%。③塑料排水板的调整标高应按设计要求控制。当调整标高不能满足设计要求时，应及时联系现场监理和设计单位。④切割塑料排水板时，应确保砂垫上方的渗漏长度不小于 20cm，以防止塑料板随基础沉降在砂垫下方。用钢尺测量塑料排水板的外露长度，允许偏差不应大于 10cm。

三、真空预压施工技术

真空预压浸入需要加固的软土基质的垂直下水道管道(塑料排水板)，然后在顶部表面铺设一层砂层，然后保持覆盖材料的密封性以与大气隔离，用真空泵产生负压(相对于外部大气压)，负压通过砂垫沿垂直排水沟向下，在负压作用下，孔隙水通过管道从土壤中渗出上升到砂垫或水平排污管上，土粒间空隙体积减小相互压实，强度增大，增加了土荷载。真空预压施工由排水、密封、真空和抽吸四个环节组成。主要建筑构件包括：①真空管道由主管道和过滤管道组成，该管道由塑料管制成，在管壁上钻一段距离，管壁表面覆盖有滤水器，然后放置在干燥器垫上，与主歧管连接，形成回路，上面覆盖着20cm厚的砂子。真空管道连接途中安装阀门以控制水流。②密封材料采用抗老化性能好、韧性好、抗穿刺能力强的不透气材料，其厚度宜为1.2~1.4cm。密封材料相互连接采用热熔搭接处理，搭接宽度应不小于1.5cm，四边压入沟内，沟宽度为60~80cm，深度为1.2~1.5m，并用土填埋压实，确保不漏气。③真空泵抽气时必须达到一定强度的真空吸力，数量可根据现场情况确定，当达到设计或规范规定要求时，可停止抽气。

第五节　振冲碎石桩施工

第四系后形成的湖沼相沉积物-淤泥和淤泥质土，天然含水量高、天然孔隙比大，抗剪强度低、压缩系数高、渗透系数小、地基承载能力低，土体沉降变形较大，且稳定沉降时间较长，需人工处理；饱和细粒砂和部分轻黏土在静荷载下强度较高，但在动荷载作用下可能形成液化或强地震变形，土壤可能因液化而流失，此类地基也是需要人工处理的土体。振动冲击碎石柱是加强软土处理的好方法，具有技术先进、经济、施工安全、质量可靠等优点，能满足一般工程要求。

一、振冲碎石桩加固地基的原理

振冲碎石桩是利用管状机械设备制成的桩，可产生水平振动，在高压水下振动和撞击，在软黏土地基上形成孔洞，然后用砾石或卵石等材料批量填充孔洞。桩和原始土层形成复合地基，以提高地基承载力并降低压缩性。碎石桩的承载力和布置在很大程度上取决于周围软土对碎石桩的围堵，如果周围软土太弱，则对碎石桩的围堵效果较差。振冲法同时具有位移效应和压实效应。振冲置换法主要适用于黏土，也可以在砂土中制作碎石桩，但此时压实效果远优于置换效果。碎石桩复合基桩穿过土壤的整个软弱层，当其到达相对坚硬的层时，桩起到应力集中的作用；当叠层未达到相对较硬的层时，叠层起到应力扩散和均匀分布的作用。由于复合地基中的碎石桩由粗粒材料组成，因此可以加速排水固结。

二、振冲碎石桩设计

根据施工实际，将软黏土埋藏在不同的深度，对桩长进行分类。确定每段桩的桩长、桩径、间距等要素，并确定桩的形状。为了控制施工质量，施工前需做2~3个试桩，通过实验确定制桩工艺。打桩时，必须保证桩连续工作，压缩均匀，桩径不小于设计尺寸，桩体密度达到密度要求。

（1）桩长及桩径。根据加固路段软弱土层厚度现场实际情况，确定桩长深入持力层长度。碎石桩桩径一般取30~80cm，主要根据地基土的土质情况及成桩设备确定。

（2）桩距布置。桩的孔位一般按正三角形或正方形布置。

三、振冲碎石桩施工

1. 施工前准备

了解施工图纸和施工工艺，提出保证质量的措施。排列堆栈的位置。根据设计图纸在现场设置，杆位偏差应符合技术要求。

2. 施工工艺

（1）施工顺序。振冲桩一般采用“由里向外”顺序施工，或“由一边向另一边”的顺序施工。这种顺序易挤走部分软土，便于制桩。在强度较低的软土地基中施工时，为减少制桩过程对桩间土的扰动，宜采用间隔的方式施工。

（2）填料方式。振冲成孔后即向桩孔内填料制桩。一般有两种填料方式：一是将振冲器提出孔口，向孔内倒入填料，再下振冲器至填料中振冲密实，待达到设计要求后，又提出振冲器下料振密，如此反复直至制桩完毕；二是振冲器不提出孔口，仅上提30~50cm，离开原已振密过的桩次，即向孔内连续不断地回填石料，直至该次桩体振冲密实达到设计要求后，再上提30~50cm，连续填料振冲密实，重复上述步骤，自下而上逐段制桩直至孔口。前者为间断填料法，操作较繁琐，适合小型工程人工推车填料。后者为连续填料法，操作方便，适合机械化作业。

（3）施工作业。振冲碎石桩施工的工序可分为造孔、清孔、填料和振密及桩体顶部处理等。

（4）褥垫层设置。由广义虎克定律得知：桩体变形模量是桩体受到的综合应力与竖向应变的比值。说明使桩、土协调工作，应力分配合理比较简便有效的方法就是合理铺设垫层。在荷载作用下垫层可以通过碎石的流动补偿性调整桩、土应力分配和复合地基变形，使基础-垫层-复合地基共同作用。

碎石垫层厚度与复合地基工作性状：《建筑地基处理技术规范》(JGJ 79—2012)规定在振冲碎石桩桩顶应铺设一层20~50cm厚的碎石垫层，而其他有关规范却未有此项要求。据有关复合地基的研究与模型实验得知，随着垫层厚度的增加，桩的上部应力减小，桩上的最大应力不发生在桩顶，而是发生在桩下一定深度，并随着垫层厚度的增加沿深度方向向下移动，向下移动远大于垫层的增加；土的上部张力增加，然后沿深度迅速衰减，并且随着上部荷载的增加，这种现象更加明显。这样，桩地应力比最大值的位置可以沿深度方向向下移动，而桩周围土壤的约束力随着深度的增加而增加，避免剪切破坏和膨胀。但是，在一定的垫层厚度下，上部桩张力的降低和上部土壤张力的增加趋于平缓，这表明复合地基有一个合理的垫层厚度，可以有效地发挥桩和土壤的承载力。一般认为，衬垫的合理厚度为30~50cm。增加厚度在技术上不再重要，在经济上也不再不合理。

碎石桩复合地基垫层影响因素：①置换率：较高的置换率可以达到更高的复合地基承载力；②桩径：同等桩间距情况下，大的桩径必然具有较大的置换率；③桩身强度(或密实度)：桩体越密实，其应力集中效果越明显，复合地基性能越好，但达到桩身高强度又要以土体的强烈扰动为代价，因此实际工程中也不是桩身强度越高越好；④桩体连续性：桩体的连续性在控制碎石桩质量中是至关重要的，桩体连续性差的桩其实是对原地基土的一种严重破坏；⑤桩长：规范要求“当相对硬层埋深不大时，应按相对硬层埋深确定”，基于我国施工工艺、施工技术和施工队伍的实际情况，设计桩长不宜超过 12.0m(有抗剪要求除外)。

四、施工质量控制

桩体的质量控制：桩数、桩长、桩偏位及桩径控制。

1. 桩数

放线布桩时应严格按照设计图纸进行，并在某桩位上画上标志。制桩作业应详细对桩号进行记录，掌握现场的施工情况。在班后及时进行复核，同时在图纸当中将已经打的桩数标记出来，如果出现漏桩的情况，要及时地对其进行补充。

2. 桩长

振冲器贯入地下的深度可由导杆上的刻度标出，当造孔达到设计深度时，孔口指挥即予以记录。由孔底逐段制桩达孔口成桩，故造孔深度即为桩长，桩长偏差不大于 10cm。

3. 桩位偏移控制

施工中孔口指挥与吊车司机应精心操作，布桩时严格对准桩位标记，使桩位偏差小于规范规定的$(1/5 \sim 2/5)d$(d 为碎石桩的平均桩径)。

4. 桩径偏差控制

振冲碎石桩能够很好地对软土地基进行加固，结合相关研究：振冲碎石桩复合地基，在技术方面足够先进，并且经济上科学合理，能保证施工的安全性、具有可靠的质量，但无论哪种地基处理方法都有其局限性，以及优势与劣势，根据土种类与物理力学性能的差异性，不存在普遍适用的方法。振冲碎石桩地基处理的加固效果在施工完成后并不能得到全部发挥。地基处理一般是隐蔽工程，无法对其加固效果进行检验，完成处理工作后，应采用某些方法来进行检验。碎石桩复合地基的检验，一般利用大型载荷试验的方法，虽然具备较高的精度，但是需要耗费大量时间，以及花费大量成本，试验中还存在大量的堆载物，一般工程难以满足。采用动力触探、标贯、室内土工试验的方法是经济可行的，能满足一般工程的需要。

第六节　粉喷桩施工

一、喷桩(地基处理)设计

粉喷桩的全称为粉体喷射搅拌桩，系通过专有深层喷射搅拌机械将粉体加固材料，即水泥用压缩空气喷射至被加固深层软土中，通过强制地将水泥和土进行搅拌，使其混合凝固，形成高强度的圆柱状加固体粉喷桩，以加强软土地基的强度，该圆柱状的加固体(粉喷桩)代替了软泥土中相同体积的软黏土，产生一定的置换效果，由它与桩间土共同支撑上部荷载，组成混合地基。粉末桩是加固软土、水泥为固化剂的基础，通过机械强制搅拌，形成水泥土。刚性桩和柔性桩之间粉末桩的强度和刚度，其容量接近软土，但比重稍大，在无侧向限制的龄期内抗压强度随灌浆量的增加而增加，桩的强度随搅拌质量而变化。其对土壤固化的反应大约需要 90d 才能完成后期和中尺度桩的形成过程，因此以 90d 强度为标准强度，实际 90d 后强度继续缓慢增大，这最终会使软土承受巩固(但不是桩基)的综合荷载(约为原来土地基数的 50~300 倍)，解决路堤可能沉降、不稳定和桥梁脱落不良等问题。我们有海上干线，粉末桩设计桩 50cm，桩间距 1.2m，采用特雷夫法，桩深 4~7m。根据现场软弱土水泥不同渗透系数的试验结果，计算出水泥的容量为 13.3%，水泥每延米 50kg，水泥 4258 普通硅酸盐水泥。

二、粉喷桩的施工

(1) 水泥进料时，应有制造商的质量控制委员会颁布的质量证书。严禁使用低质量的过期水泥或低质量的潮湿、损坏或变质水泥。

(2) 喷粉施工现场必须提前平整，地面和地下的所有障碍物(包括石块、树根和垃圾)必须清除，施工设置必须准确。当场地较低时，应使用黏性土填充，不允许使用各种类型的填料。当表面太软时，必须采取措施防止施工机械失稳。

(3) 特别值得注意的是，在大中型桥头粉喷桩施工过程中，应保留桥台位置的弃桩位置。

(4) 粉喷桩施工阶段及技术。①深层搅拌机就位，根据平面布置图对立柱进行编号，并根据施工流程的布置将搅拌机与立柱位置对齐。②启动混凝土搅拌机，快速钻至 50cm，然后启动空压机喷射压缩空气，以免钻孔时堵塞喷灰门。同时，可以使用压缩空气来降低负载扭矩，使钻孔顺利。通过钻孔，将加筋土现场混合和压碎，预混合并沉入设计深度，然后将前旋转端混合并喷涂干粉水泥。③采用反转缓慢提升，使土壤与水泥充分混合，达到设计喷粉量的要求，反复搅拌下沉至设计杆长的 1/3，反复搅拌提升。④在两个交错的快速释放循环和缓慢提升后，钻头最终提升到杆塔顶部的高度。此时，关闭水泥输送装置，原地旋转一分钟，清除管道中残留的灰烬，然后继续提升至地面，电杆成型完成。⑤在电杆的粉末喷涂过程中，当发现粉末喷涂量不足或出现故障时停止，则必须重新引导、重新喷涂和重新混合整个烟囱，重新引导中的粉末喷涂量不得低于设计数量。

三、粉喷桩的过程控制

粉末喷桩作业开始前，应进行桩试，掌握工地施工技术和各种技术参数，掌握上下升降难度，确定适当的处理措施，校准送灰泵数量，钻机搅拌泵送后的粉尘喷雾时间，以及浸泡速度、粉末搅拌速度、回收率等。一旦确定了这些参数，就可以开始实际施工的具体阶段，这就需要在施工过程中对这些参数进行有效监测。

四、粉喷桩施工的质量控制

(1) 为保证施工质量，制定施工组织方案，做好开工前的技术宣传工作。在施工过程中，如果地质条件发生变化，应加强施工过程中的复喷和搅拌控制，以确保成桩的均匀性。

（2）随时检查钻头的平整度、垂直度和钻孔深度。

（3）随时检查喷灰深度和挡灰面标高。

（4）随时检查重复搅拌深度，控制搅拌速度。

（5）随时检查管道压力、空压机压力和喷灰砂浆压力。

（6）随时再次检查喷洒的水泥量和剩余量。

（7）严格控制喷粉时间和停粉。每个电池应在开钻后连续运行，不得中断粉末喷涂。电池必须同时完成。严禁在未喷涂粉末的情况下起吊钻杆。

（8）应确保贮灰罐中用于堆料的粉末量增加 50kg，粉末喷涂堆料机械应配备能够显示粉末喷涂量的测量装置。

（9）施工过程中喷粉不足时，应将整根桩补灰，搅拌后再次喷粉。

（10）当出现停电、机械故障等原因，停止喷粉时，应及时记录中断的深度，并在 12h 内采取适当的补充喷粉措施。

（11）随时重新检查电池位置，以避免人为或机器造成电池位置偏差。

（12）混合物均匀，冷凝液不松散，细胞均匀，无颈部和凹陷。

（13）掌握各种土壤条件下钻孔和提升的难度以及粉末喷涂的情况，以确定适当的技术调整措施。

（14）成桩质量检查：成桩 7d 后，进行开挖检查和自检，目测成桩情况，搅拌均匀，开挖桩外表面呈螺旋状，外观层为硬质水泥壳。28d 后，应对细胞样本进行未指定的抗压强度破坏试验，以检查细胞体的整体质量和强度、细胞体的内部均匀性、细胞芯的孔隙度和压实度，以及每个截面后细胞组顶部的平整度情况。

（15）检测项目：桩位误差不大于 10cm，深度误差不大于 5cm，水泥用量误差不大于 5%，垂直度偏差不大于桩长的 1%。当粉末喷涂池预混合和下沉时，严禁用水清洗。

通过以上方面的分析，粉喷桩处理桥头及高填方软土地基的不均匀沉降是非常有效的，不仅加速了地基的固结和稳定，而且加速了路基的整体稳定性，保证了质量，节约了成本，缩短了施工周期，对施工非常有利。

第七节 高压喷射注浆法施工

高压旋转桩（高压射流喷射）用钻机将灌注管用喷嘴钻进给定的地面位置，用高压设备使悬浮液或水变成 20MPa 左右的喷嘴流，冲击破坏地面。当能量大、速度快、动压脉冲射流超过土体结构强度时，土体颗粒会从土体上排出。一部分带有松散溶液的小颗粒被抛到表面，其余颗粒在射流冲击力、离心力和重力作用下与悬浮液混合，按一定比例和溶液质量有规律地构造。悬浮液凝结后在土壤中形成硬化，孔的形状与喷射流的方向有关，它们通常分为两种灌浆形式：旋转喷射和定向喷射。涡流喷涂、一侧喷射、旋转抬升、密封呈圆柱形支承，主要是加固地基，提高土体抗剪强度，改变土体变形性质，使其直接受上级结构荷载的影响，不致产生断裂或过度变形；还可以安排闭合窗帘截流地下水，控制砂流。喷淋时，喷嘴一侧向上喷淋，喷淋方向不变，密封形式如壁，常用于保护地基不渗滤，改善地基土质，稳定边坡，现阶段在加固桥梁软地基方面逐渐流行起来。通常采用旋转灌浆法作为加固基底，使固体在地面变成均匀的圆柱体或异形圆柱体。

当前，高压旋喷注浆法的基本种类有：单管法、二重管法、三重管法和多重管法等四种方法。它们各有特点，可根据工程要求和土质选用。

一、单管法

单管旋转喷射灌浆法是利用钻孔机等设备将安装在灌浆管（单管）底侧的专用喷嘴放置在土层的预定深度，然后使用高压泥浆泵等设备将喷嘴中的泥浆喷射到冲击和破坏土体的压力约为20MPa。同时，在填充管的旋转和提升运动的帮助下，泥浆与从土体上落下的土壤混合，并在一定时间后固化，在土壤中形成固结的圆柱体。

二、二重管法

使用双通道的双加注管。当双填料管钻至土层的预定深度时，通过管道底部的双同轴喷嘴，高压泥浆射流和空气的流动同时被喷射，以破坏土体。也就是说，高压发生器作为高压污泥泵喷射压力约为20MPa的泥浆，并通过内部喷嘴高速喷射。并使用约0.7MPa的压力从外部喷嘴排出压缩空气。在高压泥浆流及其外圈周围气流的共同作用下，破坏地面的能量显著增加，喷嘴在喷射过程中旋转并上升，最终在地面形成一个固结的圆柱体。固结体的直径很明显增长。

三、主要特征

高压喷射注浆法的主要特征如下：

1. 范围广泛

旋转喷射灌浆法通过高压射流直接破坏和加固土壤，显著改善固结体质量。它不仅可以在项目施工前使用，也可以在项目施工期间使用，尤其是在项目竣工后，显示出不损坏建筑物上部结构、不影响运营和使用的优点。

2. 施工简单

旋喷灌浆施工时，只需在地面层钻一个孔径为50mm或300mm的小孔，然后在地面上喷射成直径为0.4～4.0m的固结体，使其接近建筑物的现有基础即可新建建筑物。此外，它可以灵活成形，不仅可以在整个孔长度内形成圆柱形固结体，而且只能作为一个截面使用，就像孔中间的任何部分一样。

3. 结构形状可控制

为满足工程需要，在喷射灌浆过程中，可以调整喷射速度和提升速度，增加或减少喷射压力，或改变喷嘴开口以改变流量，使固结体成为工程所需的形状。

4. 可垂直或倾斜水平喷涂

通常，垂直喷射灌浆用于地面，而倾斜和水平喷射灌浆也可用于隧道、矿井和道路、地下铁路等的施工。

5. 耐久性好

软弱地基加固一般可以预期达到稳定的加固效果和良好的耐久性，可用于永久性建筑。

6. 材料来源广，价格低

粉状糊状物主要是水泥，辅以化学材料。除了在需要快速调整和超早期阻力时使用化学材料外，一般地下工程中还使用了425种材料广泛、价格低廉的普通硅酸盐水泥。如果地下水流速快或含有腐蚀性元素，土壤含水量高或要求固结阻力高，可根据工程需要在水泥中加入适量的混合物，以达到快速调节、高强度、抗冻、耐腐蚀，膏体无沉淀。此外，可以在水泥中加入一定量的粉煤灰，这不仅可以利用残余材料，还可以降低砂浆材料的成本。

7. 膏体浓度，损耗小

喷射过程中，除一小部分泥浆由于喷射参数不当而沿管壁上升到地面外，大多数泥浆集中在射流的破坏范围内，很少流向地面上较远的地方。

8. 设备简单，管理方便

整套高压喷射灌浆设备结构紧凑、体积小、流动性强、占地少。能够在狭窄和低洼的地方工作。施工管理很简单：在喷涂过程中，通过喷涂压力、泥浆吸收量和浆体状态测量可以间接了解喷射灌浆的效果和存在的问题，从而及时调整喷射灌浆的参数或改变过程，以确保固结质量。

9. 安全生产

高压设备配备安全阀或自动关闭装置。当压力超过规定值时，阀门将自动开启、排放和降压或自动停止，以免因堵塞孔和压力升高而引起爆炸事故。高压软管(高压软管包裹在19mm三层钢丝内，安全使用压力40MPa，破裂压力120MPa)，不易损坏。只要按照规定进行维护和管理，就可以说是安全的。

10. 无污染

施工期间，机械和工具的振动很小，噪声也很低，不会给周围建筑物带来振动影响，不存在污染水域和饮用水源的问题。

四、适用范围

1. 适用土质条件

高压喷射灌浆地基加固技术主要适用于第四系冲(洪)积层、残积层、人工填土等软土层。这些地层是建筑物基础经常出现病害并需要治疗的地层。

我国实践证明，砂土、黏性土、黄土和粉土均可采用喷射加固，效果良好。解决了小颗粒土不易灌浆加固的问题。然而，对于砾石直径非常大、砾石含量很多和纤维量很大的腐殖质土壤，喷射质量稍差，有时甚至低于静压灌浆的效果。

五、施工

(一) 施工前，应先做好的准备工作

(1) 收集和了解相关施工图、工程地质报告、土工实验报告和地下管线、构造物等资料；

(2) 编制施工组织设计或施工概况；

(3) 原材料、半成品和成品的检验;

(4) 施工机械设备的调试;

(5) 必要的成桩试验。

(二) 施工程序

钻孔、贯入喷射注浆管至钻孔底设计标高后喷射注浆，当压力流量达到规定值后，随即旋转和提升，进行自下而上喷射。高压旋喷桩施工程序。

(1) 钻机就位。喷射注浆施工的第一道工序就是将使用的钻机安置在设计的孔位上，使钻孔头对准孔中心。同时为保证钻孔达到设计要求的垂直度，钻机就位后，必须做水平校正，使其钻杆轴线垂直对准钻孔中心位置。喷射注浆管的允许倾斜度不得大于1.5%。

(2) 钻孔。钻孔应力求向预定地层注入喷射管。钻孔方式多种多样，取决于地层地质条件、加固深度、设备条件。通常，单管纤维素采用76台以上旋转振动装置，钻孔深度可达30m以上，尝试用标准渗透率小于40的砂质和黏土时，遇到较硬的地层，以前用于地质钻孔装置钻孔。一般来说，地质钻孔是在双管和三管喷嘴施工过程中进行的。钻孔位置和计算井位的偏差不得超过50mm。

(3) 插管。插管是将喷射注浆管插入地层预定的深度，使用76型振动钻机钻孔时，插管与钻孔两道工序合二为一，即钻孔完毕，插管作业同时完成。使用地质钻机钻孔完毕，必须拔出岩芯管，并换上喷射注浆管插入预定深度。在插管过程中，为防止泥沙堵塞喷嘴，可边射水、边插管，水压力一般不超过1MPa。如压力过高，则易将孔壁射塌。

(4) 喷射注浆。当喷射注浆插入预定深度后，由下而上进行喷射注浆。值班技术人员必须时刻注意检查浆液初凝时间、注浆流量、风量、压力、旋转提升速度等参数是否符合设计要求，并且随时做好记录，绘制过程曲线。当浆液初凝时间超过20h时，应停止使用该水泥(正常水灰比1∶1)，初凝时间为15h左右。

(5) 冲洗。施工完毕，应把注浆管等机具冲洗干净，管内机内不得残存水泥浆。通常把浆液换成水，在地面上喷射，以便把泥浆泵、注浆管和软管内的浆液全部排出。

(6) 移动工具。把钻机等机具设备移到新孔位上。

(三) 喷射施工工艺

虽然土壤类型和压实度、地下水、土壤颗粒的化学和电气特性等因素不再像静压灌浆那样对喷射灌浆产生定性影响，但它们在一定程度上具有定量关系。

为了在影响因素众多的情况下达到理想的喷涂效果，有必要采取必要的措施来解决施工过程中出现的问题。

1. 喷射深层长桩

对于深桩注入，根据地质底土、地质剖面和地下水，在不同深度，选择相应的注入参数，得到均匀致密的长桩。对于深层固体土体，可采用增加压力和流量或适当降低转速和提升速度等方法。

2. 冒浆处理

在喷射混凝土的过程中，沿填充管壁的土壤中经常会出现一定数量的土壤颗粒。泌水量(包含土壤、水和砂浆颗粒)低于腻子量的20%是正常的。如果超过20%或没有出血，必须找出原因并采取相应措施。

(1)过量的主要原因是有效喷射范围与灌浆量不对应，并且灌浆量大大超过钢筋混凝土固结所需的灌浆量。减少泥浆用量的措施有：①提高注入压力；②正确减小喷嘴开度；③加速旋转和提升。如果能够快速过滤和沉淀以去除杂质并调节浓度，则土壤中的残留物可以回收。但回收的污水中不可避免地有砂粒，只有在三重喷射灌浆法的管道中才能再次灌浆。

(2) 如果该层间隙较大，可采取的措施是：①在填充液中加入适量的促进剂，缩短凝结时间，使浆液在一定土层内固化；②增加空间段的灌浆量，填充空间后继续正常喷射灌浆。

(3) 通常，基坑沿杆位方向开挖，以便将排出的泥浆储存在沟槽中，避免污染环境。

第八节　灌浆法施工

灌浆法就是依据物理化学原理，利用机械设备将具有固化和抗渗性能的浆液填入某种介质的间隙(孔隙或裂隙等)或结构面内，并使之在一定范围内扩散和固化，以达到提高地基强度、降低渗透性、改善地基物理力学性质的一种方法。针对灌浆法适用土类广泛(如砂及砂砾石、湿陷性黄土、软黏土等)的特点，为方便读者，本节的叙述涵盖上述土质，而统称为软弱地基。

一、灌浆材料选择

通常灌浆材料分为粒状砂浆、不稳定粒状材料、无机化学材料和有机化学溶液。不同类型的水泥材料，其性能和适用范围也不同，颗粒状材料主要由硅酸盐水泥、黏土、粉尘等组成。其他来源丰富，价格低廉，操作简单，广泛应用于地基水泥浆加固。但由于其颗粒体积大，不易加油，不宜用于防止渗滤、固井中灌浆。化学纤维素通常被引入，主要是为了防止过滤，加强贴片。但它既昂贵又难建造。高等级道路弱土固结通常不使用化学材料，而是使用颗粒材料，如水泥浆、水泥粉煤浆。

(一) 水泥浆

水泥浆是通过添加水泥基水制备的浆。根据项目需要添加某些添加剂(促进剂、早期抗阻剂、悬浮溶剂等)，以改变糊的性能。用于水泥浆体的水泥主要是硅酸盐水泥、矿渣水泥等，其来源丰富、价格低廉、固体强度高、防水性好、制浆工艺简单、操作方便。然而，水泥颗粒细度粗，可灌性差，渗透性差。在渗透过程中，很难向岩层中注入细颗粒粉砂层(<0.25mm)和小裂缝。析水性很大，稳定性很差。

(二) 水泥粉煤灰浆

水泥粉煤灰浆主要由水泥和粉煤灰组成。飞轮灰作为灌浆材料掺入普通水泥中，主要用于节约水泥和降低成本。粉煤灰水泥浆的突出优点是，粉煤灰可以增加浆体中的酸性氧化物含量，它们可以与水泥水化释放的部分氢氧化钙反应，生成相对稳定的低水合钙，如水化硅酸钙和水化铝酸钙，从而提高膏体组合的耐腐蚀性和渗透防护帷幕的耐久性。一般情况下，粉煤灰中的 SiO_2、Al_2O_3和 CaO 等含量应大于85%~95%，烧失量不宜大于4%~8%，否则，对灌浆将产生不良后果。粉煤灰在浆液中含量过大，其结石体的强度大大降低。

（三）材料配比

依据软土地基灌浆工程实际和已有的研究资料，建议采用水灰比为0.8∶1或者1∶1的浆液，对于水泥粉煤灰浆也可采用0.8∶1或者1∶1的水灰比，粉煤灰的含量可占20%~30%。灌浆施工过程中，宜先注入少量稀浆［水灰比在(4∶1)~(1∶1)之间］，后注入稠浆［水灰比(0.8∶1)~(1∶1)］。当地下砂粒层孔隙较大时，水灰比可提高到(5∶1)~(1∶1)之间。

二、加固机理

（一）劈裂灌浆

劈裂灌浆是指在压力作用下，浆液克服地层的初始应力和抗拉强度，导致岩石和土壤结构的破坏和扰动，使其沿垂直于小主张力的平面破裂，打开地层中的原始裂缝或孔隙，并形成新的裂缝或孔隙。劈裂灌浆技术已越来越多地用于提高基础的承载能力和消除沉降。

（二）压密灌浆

在压力下，用极浓的悬浮液通过钻孔灌入地下的泥浆进行密封，在泥浆点对土壤进行密封，在水泥管端面附近形成“浆”，当泥浆直径超过一小时时，灌浆压力主要沿井的径向或水平方向传播。随着溶液中气泡尺寸的增大，顶部产生较大的荷载，使地面被抬起。通过合理利用灌浆压力并产生适当的提升力，可以在相当精确的范围内修复正在下沉的建筑物。简单地说，压密灌浆是用浓砂浆代替致密砂浆并用致密土压实的过程。密封砂浆的主要特点是在较弱的地面上具有更有效的性能。这种规律最常用于中砂土，黏性土集中，如果有适当的排水条件，可以使用适当的排污系统，如果由于排水不良，可能导致土壤水压过高，则必须使用极低的灌浆速率。

三、设计计算

（一）灌浆方案选择

高等级公路软弱地基的灌浆处理，对于强度很低的淤泥层采用压密灌浆；对于较硬的亚黏土为霹裂灌浆；对沙粒层为渗透灌浆。灌浆类型可以单独应用，也可能两三种类型综合应用，彼此相辅相成，从而形成渗透—劈裂—充直—置换—压密—复合的作用。

垂直河床方向对软弱土壤基底的力最大，土壤不易分割，平行于地层方向的力最小。土壤易沿地层产生弹性分割，尤其是不同岩性地层界面更容易发生断裂，地层斜向地层方向的力处于中间。地层之间也会有一些差异。因此，只有部分软弱土层具有强解理，被泥浆填充，形成与地层产状基本一致的泥浆脉固结体，形成土体骨架。然后，灌浆继续，土体的泥浆消耗量、泥浆流入量和泥浆速度逐渐降低，表明土体中的孔隙趋于填充。由于周围土层中液体的不断扰动和压缩，土壤颗粒移动和重组，泥浆中的水泥颗粒缓慢吸收周围的水，这更有利于土壤的排水和脱水，形成复合地基，并伴随着上升的传递径向应力。这样一来，砂浆不仅可以加固土壤的软弱层，还可以纠正结构的不均匀沉降。砂浆方案的选择是砂浆施工中首先要解决的问题。一般来说，砂浆方法和砂浆材料的选择应放在首位，同时应综合考虑工程地质条件和工程性质。根据优质道路工程的实践经验，灌浆方案的选择一般遵循以下主要原则：

（1）高等级公路上的弱土水泥浆通常要么用在水泥浆中，要么用在水泥粉浆中。

（2）当弱土上部有结壳时，用作压实层；在没有这种结壳或发育不良的情况下，可以在表面形成厚度约为 0.5m 的黏土层，用作密封，或者在每年的土压之后形成一层风压。

（3）对于表层碎石较多的较弱土层，一般应采用自上而下的分段灌浆法，对于表层碎石较少或无的较弱土层，一般采用自上而下的破碎灌浆法。

（二）浆液扩散半径

浆液的扩散半径是一个重要参数，可以根据理论公式估算。如果所选参数接近实际情况，则计算值具有一定的参考价值；当地基条件复杂或计算参数不易选择时，应通过现场灌浆试验确定。对于土壤的黏性层，由于地层的小孔，砂浆无法穿透，只能通过分割注入砂浆。在砂浆设计和施工中，可用“有效砂浆半径”表示扩散范围。对于土壤的砂层，由于形成的孔隙较大，纸浆主要填充和固结，其扩散半径远大于黏性土中的扩散半径。砂浆的有效扩散应根据现场试验确定。根据以往工程资料，黏土层的有效扩散半径为 0.3~0.8m。在砂浆施工过程中，可以参考砂浆压力、砂浆胶结时间、砂浆体积、砂浆浓度等来控制“砂浆扩散半径”。

（三）灌浆压力

灌浆压力是溶液扩散充填和能量密封的刺激因素。在保证灌浆质量的前提下，压力大、扩散距离大，有助于提高土体强度；如果压力超过带电地层的重量和强度，则可能导致地基及其上部结构的破坏。因此，在施工中，作为地面允许灌浆压力的基本原则是，不破坏地层结构或只造成局部和小破坏。灌浆压力值取决于地层结构、初始灌浆位置、灌浆顺序和方法，有些因素难以准确获得，因此在处理土浆之前，需要通过现场灌浆试验确定，以获得施工所需数据。灌浆试验中，通常采用增压递增法得到灌装压力与灌浆量的关系曲线，当压力增加到某一数值时，表明地层结构断裂或孔隙度大小膨胀，从而，可以利用此刻的压力作为确定灌浆允许压力的依据。

（四）灌浆量

在正常情况下理论上注入的耗浆量，应充填到颗粒之间的孔隙中，或沿层理或裂隙劈裂式注入。

（五）灌浆孔的布置

其布置方式浆液扩散半径(R)确定后，灌浆孔距(L)取值范围也就确定了，其取值范围在 $R \leqslant L \leqslant 2R$ 之间。

公路软弱地基灌浆设计一般为多排灌浆孔，不同排上的灌浆设计一般有两种布置方式，一种为矩形排列，即前排孔与后排孔沿公路轴线方向上平行；另一种为三角形排列，即前排孔的位置与后排孔的位置沿公路轴线方向上错开 1/2 的孔距。在灌浆孔距取值范围内，合理的孔距可以保证工程质量，降低工程造价，孔距选择应注意以下几点：①孔距应依据土层性质和构造物来确定，当软弱地基中砂层较厚或层理较发育时，L 在 $1.5R \sim 2R$ 之间；

当软弱土层中砂层理不发育时，L 取值在 $1R$~$1.5R$ 之间。桥头、涵洞等构造物部位 L 取值应偏小一些。②公路软弱土层灌浆治理宜采用多排灌浆空，排距宜与孔距相等，布孔原则以三角形方式为主，矩形方式为次。

四、灌浆效果

灌浆效果和灌浆质量的概念并不完全相同。灌浆质量一般是指灌浆施工是否严格按照设计和施工规范进行，而灌浆效果是指灌浆后地基土物理力学性质的改善程度。通常可以在重新振动完成后 28d 进行重新振动器效果检查。检查方法如下：

(1) 计算水泥浆体积。灌浆过程中的自动流量和压力曲线可用于分析，以判断灌浆效果。

(2) 采用静力触探试验测试加固前后土体力学指标的变化，以了解加固效果。

(3) 进行现场抽水试验，测量加筋土的渗透系数。

(4) 通过现场静载试验测量加固后的承载力和土壤变形模量。

(5) 动拉伸模量和加筋土剪切模量通过钻孔飞溅拉伸试验测定。

(6) 通过贯入模式或便携式贯入试验测量加筋土的力学性能。该方法可以直接获得砂浆前后的现场强度，以进行比较。

(7) 进行内部实验。通过加固前后土体物理力学指标的对比试验，评价加固效果。

(8) 采用 γ 射线密度技术。它属于一种物理检测方法。可在现场测量土壤密度，以说明灌浆效果。

(9) 使用电阻率法。比较灌浆前后测得的土壤电阻率，并根据电阻率解释土壤孔隙中是否存在泥浆。

在上述方法中，动力触探试验和静力触探试验是最简单、最实用的方法。通常，检查点为灌浆孔数量的 2%~5%。如果检查点的不合格率等于或大于 20%，或检查点的平均值小于 20%，但不能满足设计要求，应在确认设计原则正确后，在不合格灌浆区域重复灌浆。

第九节　强夯法施工

强夯方法包括用固定重量反复将液压锤提升到一定高度，液压锤自由下落。基于其产生的巨大冲击和振动能量，它可以提高基础的承载力并改善其特性。这种新的地基处理方法是法国在 20 世纪 60 年代发明的。目前，它主要用于公路工程中结构物的地基处理、软土地基处理等工程，尚未广泛应用于高填方软土地基的施工。目前，我们对强夯法在高填方中的应用进行了一些探索。

一、试验段施工步骤

（一）准备工作

(1) 对原地面进行初步压实。

(2) 施工放样：施工前先进行坡脚线的准确施测。

（3）选择填实：填实选用K15+320～K15+520段挖方材料作为填料，土质为砂土，液限33.0，塑限29.0，塑性指数4.0，夹带部分砾粒，粒径5～15mm，含量在0～25%，有少量20～25cm的巨粒料。经试验，填实最大干密度为1.87g/cm^3，最佳含水量13.1%。为保证填实含水量，填筑前在料场即进行了挖坑、放水、焖料的工作。

（二）施工机械

强夯设备1台，锤重17t，锤底面积为51m^2，圆形，设备上4个排气孔。最大单台能为27.49kN/m。320推土机1台，东方红75kW推土机1台，PC400挖掘机1台，卡玛斯自卸车10台，东风水车1台，以满足材料运输、摊铺、洒水需要。

（三）施工程序

1. 处理原地面

（1）对原地面草皮和腐殖土进行彻底的清理，对局部低洼部分进行回填，利用压路机进行碾压，确保强夯机能够正常工作，最大回填高度要小于1.5m。

（2）按1∶200比例对强夯场地平面图进行测绘。

（3）根据所测平面图，在图上布设两遍主夯的夯击点。

（4）结合图纸中的夯击点位置，到实地放线，打护桩，有部分夯击点位置要结合实际情况做出调整，调整的点要再次在平面图上标出，确保放第二遍主夯点时能够准确。

（5）确定锤吊高度，根据锤重通过计算夯击能为200t·m时，锤吊高度为11.76m，对钢丝绳起吊时的拉伸进行考虑，将夯锤高度定为12m。

（6）按正确强夯程序，共分3遍夯击原地面。

2. 填筑第一层

（1）在处理好的原地面上分层回填，每层厚度不大于0.5m，回填好后，用推土机进行整平，18～21t静压稳压一遍，然后回填下一层。

（2）回填和整平过程中要根据填料的含水量大小酌情洒水。

（3）总回填厚度按照最厚处5m控制。

（4）因地形条件问题，此处需着重注意回填过程中的汛排水工作，以防填实被水浸泡。

3. 强夯施工

（1）起重机就位，使夯锤对准夯点位置。

（2）测量夯前锤顶高程。

（3）将夯锤吊到预定高度（12m），在夯锤脱钩自由下落后，放下吊钩，测量锤顶高程，当发现因坑底倾斜而造成夯锤歪斜时，应及时将坑底整平。

（4）重复上述步骤（2）（3），按规定的夯击次数及控制标准，完成一个夯点的夯击，然后进行检测，看是否达到要求，否则再进行夯击。

（5）换夯点，重复上述步骤（1）～（4），直到完成第一遍全部夯点的夯击。

（6）用推土机将夯坑填平，测量场地高程。

（7）按上述（1）～（6）步骤逐次完成第二遍夯击，最后用低能量满夯，将场地表层松土夯实，夯击时要求锤落距6m，每夯点夯3锤，锤与锤搭接。并测量夯实场地高程，计算总体沉降量。

二、强夯法施工中注意的几个要点

（1）夯击次数：根据单台最后三击平均沉降量小于 4cm 控制。

（2）夯击点布置：夯点间距第一遍为 5m，第二遍也是 5m，按梅花形布设夯点。

（3）第一、二遍主夯完成后，对全部场地进行低能量夯击，夯锤高度按 6m 控制，主要目的是使表层 1~2m 范围内的土层得以夯实，故必须锤锤相切。

三、检测手段及方法

（1）沉降量检测：用水准仪塔尺配合小钢尺测量。

（2）测点位置选择：根据填筑面积和锤击点位置布置。

（3）松铺厚度和压实厚度根据抄平记录计算得出。

（4）为验证按沉降量控制后，其内部压实度是否可以达到要求，在 3 遍夯击完成后，挖坑每 50cm 一层，用灌砂法逐层检测压实度，直至满足填筑前的原地面压实质量控制指标。在施工中采用灌砂法同时检测试样含石量大小，换算该点压实度，进行压实度的测试与评定。

（5）为保证挖坑逐层检测的代表性，在同一工作面，不同位置共挖两个试坑进行检测，将其结果进行对比。

四、施工过程中采取的质量保证措施

（1）开夯前需要利用钢尺量来检查夯锤和落距，保证单击夯击能量满足要求。

（2）强夯施工中夯击点放线经常出现错误情况。所以，在进行夯击之前，需要复核夯点放线，夯完后对夯坑位置进行检查，应及时纠正偏差或漏夯情况。

（3）实际施工中，要利用水平仪对每个夯击点沉降量进行测量，而水平仪与夯击点距离较小，为明确对夯台振动产生的针对水平仪的影响，专门采用全站仪对其进行对比观测，经对比确认水平仪在夯击点 15~20m 以外时，夯击振动对其影响不大，满足观测精度要求。

（4）施工中根据设计和试验要求，对夯点的夯击次数进行检查以及测定对应的沉夯量，并对其进行详细记录。

（5）因为强夯施工具有特殊性，施工中的参数和施工步骤能否满足设计要求需要，在施工结束后一般难以检查，所以需要在施工中详细记录各项参数和施工情况。

（6）实现施工、测量、试验人员的紧密配合。

（7）选择专门人员负责相应工作，对各方关系进行协调。

（8）严格控制夯点、夯台次数和落距，避免出现夯能、少夯、漏夯的现象。

（9）由于强夯在路基施工中没有得到广泛的应用，相关实践经验较少，试验段施工过程中，要求施工人员必须形成严谨的态度，对施工过程进行详细的记录，认真分析出现的问题，在实践的过程中总结经验，掌握准确的大面积施工资料。

五、试验段结束

通过对施工原始记录进行分析，挖坑对各层压实度进行试验，得出相关结论：

(1) 含水量在很大程度上影响强夯填筑路堤的质量，填筑前需要提前水焖料。料场的填实，提升填料的含水量，具有很好的效果。进行挖坑检验时，含水量均向最佳含水量靠近，检测压实度均达 90%以上。

(2) 强夯对最佳深度的影响，集中在压实后表面以上 2. 0~3. 5m，压实度可达到 93%以上，往下压实度开始依次减少。在 3. 5~4m 之间压实度亦可达到 92%。表层 50cm 范围内是松散的状态，无法对实度进行测压。

(3) 第一遍主夯时，每夯击点夯击 15~17 锤可将沉降量控制在 4cm 以内；第二遍主夯，每夯击点夯击 12~13 锤可将沉降量控制在 4cm 以内。夯击点靠近边坡时，沉降较难控制，夯击点居中时沉降量较易控制。

(4) 强夯要求填筑的超填宽度较大，一般需超填 4~5m 之间，才可保证下层土的压实度。

六、强夯法的优缺点

强夯法具有以下优点：

(1) 不要求严密的填料粒径。对于普通的路基填筑，如果填料中存在粒径为 20cm 的砾料，在摊铺碾压时会出现一些问题，强夯施工的骨料粒径可达到 40~50cm，砾料通过强夯夯实后大部分被击碎与土结合。

(2) 有效提升了施工的整体速度，虽然提高了压路机碾压比较单位工程量的造价，但在缩短工期方面，带来了显著的效益。

(3) 在高填方施工中，用强夯夯实路基，因为其具有很深的影响深度，可加大填料与原地面的结合。

主要的缺点是机具比较庞大，针对复杂地形，不容易进场。

第十节　粉煤灰路堤施工

飞轮灰是燃煤后通过烟气从锅炉中提取的粉末残渣。它是一种人工火山灰材料，具有弱胶凝值(或没有胶凝值)，但当有粉末和水时，它可以在室温下与氢氧化钙反应形成胶凝化合物。粉煤灰是量最大的工业废弃物之一，在所有煤炭副产品中占很大比例。我国是煤炭资源的消耗大国。70%的煤炭用于火力发电，不可避免地会产生大量粉煤灰。如果不加以处理，它将污染河流和大气，吞没肥沃的土地，并造成严重破坏。因此，粉煤灰的有效利用越来越受到各国的重视。飞轮灰是电厂的废弃物，不仅占用土地资源，而且对环境有一定影响。近年来，在我国的铁路和公路建设中，飞轮灰被用于高速公路或铁路路基的填筑，飞轮灰被大量广泛使用，大大减少了贷款用地，保护了国家耕地，大大降低了工程成本，取得了巨大的经济效益，解决了社会和环境问题。大规模利用粉煤灰填充商业垃圾，对振兴垃圾的回收利用、保护环境、节约土地、开发道路建设材料的新来源，甚至对区域经济的可持续发展具有非常重要的经济效益和社会意义。

一、基的施工技术要求

（一）沙丘特性

山西粉煤灰资源丰富，利用粉煤灰作为路堤，减少土坑需求是解决土体问题的有效措施。粉尘渗透系数高，渗透性好，雨季破坏小，是一种理想的轻质材料，对减少路堤吃水、提高地基荷载和稳定性具有重要意义。

1. 防尘堤的优点

（1）粉煤灰堆填路堤，其特点是灰分含量大、马背爬坡快、投资少、经济效益显著。

（2）粉煤灰具有重量轻、强度高、压缩性小、固结速度快等特点。这有助于提高路面的稳定性。

（3）粉煤灰沙堤可在减少污染、保护环境、节省土地及开拓新的建材来源等方面，带来可观的经济及社会效益。

2. 沙丘的缺点

（1）粉尘附着力小，毛细管水影响较大，对路堤和边坡的稳定性产生不利影响，对水稳定性低。

（2）粉尘运输和施工时容易产生粉尘，会对环境造成新的污染。

（二）粉煤灰路堤施工技术

施工工艺流程为：①施工准备→②施工测量放样→③清表、填前碾压→④原材料试验→⑤铺筑试验段→⑥洒水闷料→⑦包边土、粉煤灰运输→⑧摊铺整平→⑨碾压成型。

1. 施工准备

进行施工测量放样、清表、填前碾压、原材料试验。

2. 施工测量放样

恢复路基中线并按 20m 加密中桩，测标高，放出粉煤灰填筑边桩和包边土坡脚桩，桩上注明桩号，标上填筑高度。

3. 清表和填前碾压

清除填方范围内的草皮、树根、淤泥、积水，并翻松，平整压实地基，经监理工程师检查认可，实测填前标高后，方能上粉煤灰填筑路基。

4. 原材料试验

选择符合质量要求的粉煤灰和土，提前做好标准击实试验，并经监理工程师批准。粉煤灰烧失量宜小于 20%，烧失量超过标准的粉煤灰应做对比试验，分析论证后方可采用。粉煤灰的粒径宜在 0. 001~1. 18mm 之间，小于 0. 075mm 的颗粒含量宜大于 45%。粉煤灰中不得含团块、腐殖质及其他杂质。包边土和顶面封层用土，宜采用塑性指数不小于 12 的黏性土。

5. 铺筑试验段

铺筑长度不小于 200m 的粉煤灰填筑试验段，试验段的铺筑主要为以后的施工提供依据。试验段铺筑主要得出以下数据：一是粉煤灰、包边土运输车辆的数量和摊铺、压实机械的摊铺压实速度相匹配。二是路基填料达到压实度的碾压遍数及最佳压实机具组合。三是粉煤灰、包边土的松铺系数。

6. 洒水闷料

（1）粉煤灰应在储灰场内洒水闷料，根据粉煤灰的特征，洒水量应超过最佳含水量2%~3%，以避免运输过程中扬尘。

（2）粉煤灰含水量的调节宜在堆料场或路基上进行。过湿的粉煤灰应堆高沥干或在路基上翻晒，过干的粉煤灰应在摊铺前2~3d在堆料场中洒水闷料，视运输距离和气候条件将含水量调节到略高于最佳含水量范围。

（3）堆料场应设有洒水设备，以利控制、调节粉煤灰的含水量，并防止干灰扬尘污染环境。

7. 包边土和粉煤灰的运输

（1）在运输、处理和堆放粉煤灰时，应采取有效措施，防止粉尘泄漏和污染环境；运输方式要因地制宜，需要采用自卸车公路运输和机械化汽车装载，减少过境环节，降低运输成本；应防止粉尘污染或运输过程中的损耗。装载时，小车上的灰烬被装载机构灌满，并用防水油布盖住。中转站灰堆填地点必须是固体的。灰尘储存的地方必须在地面上加固，排水会很好地流动。大型集尘场应设有雨水收集池，堆填区应安装水浇设备，以防止干粉排放。

（2）粉煤灰的颗粒组成以及最大干密度和最佳含水量有显著差别的灰源应分别编号堆放、分段填筑、分段检测。

（3）粉煤灰含水量的控制。粉煤灰必须在现场进行调整和制备，然后运到现场直接摊铺和碾压，以提高工作效率。如果粉煤灰含水量过高，应将其堆放在灰库中，以调整含水量。如果粉煤灰含水量过低，可采用饮用水等指标合格的水进行湿润处理。在可疑水源的情况下，主管部门负责在识别后核实和确定选择。当含水量调整到接近最佳含水量（最大值与最佳值之差控制在5%~8%）时，将其运输至施工段进行干燥。

（4）包边土（5%石灰土）和隔离层用土。采用塑性指数不小于12的黏性土，宜采用厂拌拌和。调节其含水量至最佳含水量附近后（最大值与最佳值之差控制在2%~3%），再运到施工路段。

8. 摊铺整平

（1）在铺设粉煤灰仓前，首先检查底部支承，使绝缘层底部拱顶横向倾角不少于3%，达到规定的密封水平。然后根据试验现场确定的方案，对路堤的石灰线、侧线、土坡线、盲渠位置等进行测量和取样。根据铺筑物的高度和坡度，以及道路两侧路堤角的线路铺设情况，铺筑物的宽度应保证出坡后的干净宽度，同时应根据设计要求准备排水盲板。排水盲沟的水平间隔为10~15m，垂直间隔为1.0~1.5m，与鳕鱼形状相交，路基底部可适当增加盲沟数量，但应防止地表水灌溉；砾石屏障不低于3%。为隔热层和排水盲沟采用碎石、渣等材料，颗粒最大尺寸不得超过8cm，5mm以下细材料不超过50%，污垢含量应小于5%。

（2）根据设计要求，修建侧灰和粉煤灰覆盖路堤。粉煤路堤岸边坡采用2m厚的厚壳，顶层采用50cm厚的厚壳，侧壁和粉土堤同时施工。需要密切协同，准确地将弹壳宽度、灰尘和灰烬进行人工抢修，用装载机和自卸车装载灰尘进入施工路段，借助推土机、平地机。应在路堤中心和路堤边缘设置路堤的控制厚度，以控制断裂厚度。

（3）粉煤灰必须使用推土机和平地机摊铺，不得采用人工摊铺。具体应采用滚摊法摊铺作业，即分两次摊铺，第一次摊铺 7~8cm 厚。作业方法为：自卸车从一侧上料后原路退出→推土机及时推平→后来的自卸车就始终在铺过新料的灰面上行走，确保不损坏压好的灰面；第二次摊铺即按正常的路基填筑方式上料。

（4）先摊铺包边土（5%石灰土），松铺平整后测其含水量，并调整至最佳含水量附近（最大值与最佳值之差控制在 2%）。

（5）摊铺平整后应及时检测含水量，含水量应略高于最佳含水量，以达到 1.0~1.1 倍的最佳含水量为宜，其加水计算公式为：

$$Q=L\times B\times H\rho_{\mathrm{Lw}}+0.01w_0\times 0.01(w_1-w_0)$$

式中 Q——所需加水量，kg；

L——路段长度，m；

B——路段宽度，m；

H——松铺厚度，m；

ρ_{Lw}——松铺湿密度，kg/m^3；

w_0——粉煤灰原始含水量，%；

w_1——粉煤灰要求达到的含水量，%。

注意一定要保证洒水的均匀程度，对于局部含水量偏大的地方，要采取翻晒或挖换处理。

（6）当测定包边土（5%石灰土）与粉煤灰的含水量符合要求后，用 8~12t 胶轮压路机快速静压，并对粉煤灰与包边土（5%石灰土）同时用平地机找平。直线段内由两侧向路中心刮平，曲线段内侧向外侧刮平，刮平后宜做不小于 2%的横坡度以利排水。

9. 碾压成型

（1）粉煤灰路堤采用水平分层填筑施工。当填筑分为多个作业段时，第一个填筑段必须按 1∶1 的坡度分步分层，使各压实层相互重叠连接，重叠长度大于 150cm，以保证相邻作业段接缝范围的密实度。

（2）铺筑顶层时，建议采取灌溉、行驶路径控制、排气车速度控制、U 形转弯和紧急制动等措施，以防止压实层松动。如果暂时无法及时填充顶层，则禁止通过车辆和喷水，以防止表面干燥和融化。当施工间隔较长时，路堤上表面应覆盖适当厚度的封闭压实土层，水平覆盖层略大于路拱。

（3）摊铺后，必须及时碾压粉煤灰，使摊铺和层压在同一天完成。

（4）粉煤灰压实必须遵循先轻后重、先低后高的原则，必须采用大吨位振动压路机或振动羊脚振动压路机碾压。

（5）应使用小型便携式振动压路机和蛙式压实机压实桥台、涵洞和局部道路角落附近无法用压路机压实到规定压实度的部分。

（6）每层粉煤灰压实完成后，应按规范要求及时检查压实度。只有在满足规定要求后才能填充下一层，并且必须随时测量地板系数。

(7) 在粉煤灰路堤碾压过程中，必须确保周围土壤(5%钙质土壤)的压实质量，并达到规定的压实度。

二、粉煤灰路堤成型段的维护

(1) 雨天摊铺飞灰时，应设置3%的横坡，并及时做好护坡收集槽。同时，应开挖边坡防护的临时排水护城河，以清除灰面上的积水，以免影响上层地板，并用彩色布覆盖。

(2) 如果检查后达到要求压实度的粉煤灰压实层不能立即用于新的粉煤灰层，则应禁止或限制车辆循环，并应喷洒足够的水将其湿润，以防止表面干燥和松动，必须及时用彩布覆盖。

(3) 当粉煤灰路堤无法继续施工或由于某种原因无法长时间填充顶层时，必须用土壤覆盖表面并压实，并且必须制作道路拱的横坡，以便于表面排水。地下排水系统必须保持完好，并加强日常维护工作。恢复施工前，如果路堤受损，必须按照设计要求进行修复。

三、粉煤灰路堤施工中应注意的问题

(1) 当粉尘和灰烬与混凝土结构、金属结构等接触时，应尽量减少粉尘和灰烬。其他最好在结构表面均匀涂一层沥青，以防止腐蚀。

(2) 应将同一施工现场的粉煤灰用在同一灰块中，坚决阻止其在同一施工现场混合，主要原因是不同灰分的粉煤灰密封标准不同，难以控制。

(3) 为减少建筑地盘的中间污染，应尽量关闭临时堆填区。如有需要，应在建筑工地的背风处选装灰堆。堆放部位应具有良好的排水性能，应覆盖塑料薄膜、油布等物品。

(4) 现场施工人员应配备防尘服、呼吸器、护目镜等。

第三章　高速公路水泥混凝土路面

第一节　概　　述

水泥混凝土路面结构为：15cm 水泥稳定碎石(水泥 5%)；灰土 30cm(灰分 10%)；总厚度：53cm。

一、灰土基层

施工顺序：铺土→铺设灰烬→混合和喷洒→滚动→初始固化。施工要点：土料应经过筛选，土粒径不超过 1.5cm，筛余时间清理运输。根据设计厚度，石灰可与素土配合均匀，控制虚铺厚度，达到设计厚度和标高，并根据道路宽度铺开道路施工边线，从而制成路缘石。

干拌后，洒水渗透 2~3h，然后湿拌，湿拌 2~3 次，使石灰土混合均匀，颜色一致。混合料的含水量应控制在 18%~20%，以便混合料紧密包装并轻轻分散。灰土机械压实后，现场试验人员将立即按规定检查样品，并随时测量其标高和平整度。如果不符合要求，则进行压力或返工。

二、水泥稳定碎石层

水泥稳定碎石层按设计要求将碎石与水泥的比例混合均匀(水泥 5%)，用压路机充分碾压，确保压实。

三、水泥混凝土路面

根据设计要求，设置伸缩缝，分块浇筑混凝土。浇筑时要振捣密实，尤其是转角处要加强振捣，保证混凝土质量。连续浇筑混凝土路面时，填缝板应提前埋入混凝土中。根据设计坡度制浆抹面，达到一定强度后，用压路机将混凝土压实成型，并覆盖草席养护。在使用混凝土路面之前，必须检查试块的强度。当抗压强度达到 75%时，可以开放交通。质量要求：混凝土路面表面无裂缝、剥落、麻面和砂粒等缺陷，接缝高差高度不得大于 2mm，纵、横向接缝必须沿全长，并上下贯通。纵横平直度允许偏差：20m 长纵缝不大于 20mm，路宽横缝不大于 10mm。

第二节　水泥混凝土路面结构形式、适用场合及施工方式选择

一、素混凝土(普通混凝土)路面

所谓素混凝土路面是指除接缝区域(有时设置荷载传递装置)和局部范围(如阳井盖周围或表面转角等)外，没有钢筋的混凝土路面。混凝土面板的弯曲和抗拉强度应满足设计要求，因此，混凝土材料组成、配合比设计，必须符合板材要求以及弯曲和拉伸强度要求。混凝土表面应光滑、耐磨、光滑。混凝土面板的平面尺寸一般为矩形，其纵、横向接缝应垂直相交，横向接缝两侧的纵向接缝不得错位，纵向接缝间距(即板宽)可根据路面宽度和各车道宽度确定，其最大间距不得大于4.5m。混凝土板厚度根据交通等级而变化，但规定了最小厚度规格。素混凝土路面根据温度应力和施工工艺要求设置纵横缝。纵向和横向接缝间距由面板的平面尺寸决定。各种接头的结构和构造都有一定的要求。素混凝土路面面板在设计接缝和棱角时，应根据设计计算设置传力杆、拉杆、钢筋和角钢筋。素混凝土路面应具有足够的耐久性，面板必须设置在牢固耐用的基础上，以确保素混凝土路面满足行车要求。

二、钢筋混凝土路面

当混凝土面板的平面尺寸较大时，或当预计路基或基层可能产生不均匀沉降时，或当地下设施埋在板下时，应使用钢筋混凝土路面。设置加强筋的主要目的是控制裂纹间隙的开口量，将裂纹板拉在一起，使表层板取决于断裂面。将骨料锁紧拉在一起，以确保结构强度，而不是增加板的弯曲强度。因此，钢筋混凝土表层的厚度与素混凝土(无钢筋)表层的厚度相同。为了使板尽可能分散，建议使用小直径钢筋。纵向和横向钢筋的直径应相同。由于荷载的主要作用是闭合裂缝，只要有足够厚度的保护层，其在板中的垂直位置就不重要。钢筋混凝土板的接缝间距(即板的长度)一般为13~22m，最大不应超过30m。必须在收缩缝中设置传力杆。其他接缝与素混凝土路面相同。

三、连续钢筋混凝土路面

我国除少量试验工程外，还没有根据发达国家的经验在实践中应用，近年来，不断加强钢筋混凝土路面的应用，为提高混凝土路面质量，改造旧水泥混凝土路面性能取得了显著成果。为了适应我国高等级公路发展的需要，我国将对钢筋混凝土路面进行分流式路面设计。由于连续钢筋混凝土路面使用更多钢材，成本更高，因此，在目前情况下，建议仅在公路支线和路面工程中使用。连续钢筋混凝土路面一般不使用横向接缝(施工缝和特殊情况下必须胀缝除外)和大量的钢筋混凝土面层。该表层在温度和湿度变化引起的内应力作用下会产生许多横向裂纹，裂纹被分离。然而，由于许多纵向连续钢筋的配置，这些横向裂缝不会张开，并使碎屑侵入或使混凝土剥落，因此，不会影响打桩的使用质量。对于连续钢筋混凝土路面，纵向钢筋的数量取决于裂缝的宽度。钢筋数量越多，间隙宽度和间距越

小。横向钢筋的数量非常少，主要目的是保持纵向钢筋之间距离，纵向和横向钢筋需要使用螺纹钢筋，以确保混凝土和钢筋之间有足够的握力。连续钢筋混凝土板中的钢筋不是根据荷载应力设计的，因此混凝土板结构的厚度可以根据素混凝土板的计算方法确定。由于未考虑温度应力的组合，因此可以适当降低板厚度，按素混凝土路面厚度 85~90 使用。浇筑中断时，还应设置连续的钢筋混凝土板施工缝。施工缝采用平缝形式，用拉杆加固，使混凝土板加固成一个连续的整体。由于连续钢筋混凝土路面无接缝(施工缝除外)，因此，在长板端部、桥头连接处，或与其他道路纵向接缝处均设置伸缩缝，用于伸缩混凝土。

四、钢纤维混凝土路面

钢纤维混凝土是一种性能优良的新型路面材料。它可以显著提高混凝土的抗拉强度、抗折强度、抗冻性、抗冲击性、耐磨性和抗疲劳性。钢纤维混凝土在路面工程中的应用可以明显减少厚度，改善路面性能。国外钢纤维混凝土主要用于汽车站、收费站、重型车辆路面和旧路面加铺。钢纤维混凝土的性能不仅与基体混凝土有关，还受钢纤维种类、方向性、长径比和掺量的影响。钢纤维的比例通常用体积比表示，即 1m 钢纤维混凝土中所含钢纤维的体积百分比。由于原材料和加工工艺的不同，钢纤维材料种类繁多。应使用剪切或熔拉钢纤维铺设路面。根据大量实验研究，纤维直径在 0.4~0.7mm 范围内，长度为直径的 50~70 倍。粗骨料的最大粒径对钢纤维混凝土中纤维的夹持力有很大影响，粒径过大对弯曲强度和抗拉强度有显著影响。大粒径骨料的混凝土一般用于大坝等大体积素混凝土部位，但不得超过 20mm。钢筋纤维混凝土配合比的设计方法和步骤与普通混凝土基本相同。钢纤维的掺量是根据混凝土的体积百分比计算的，一般采用 1.0%~1.2%，在交通繁忙的道路上取上限。为了确保施工过程中纹理均匀且无离析，骨料应连续级配。试验研究表明，钢纤维混凝土的抗弯和抗拉强度是普通混凝土的 1.5~2.0 倍，影响因素较多。钢纤维混凝土路面的厚度通常通过试算确定。根据工程实践，为保证施工质量，满足路面功能要求，面板最小厚度为 10cm。需要指出的是，当钢纤维混凝土路面用于新项目时，设计厚度通常比普通混凝土路面薄，因此要求基层结构具有足够的稳定性，通常使用水泥或石灰稳定粒料基层，以防止泥浆或细料流失现象。钢纤维混凝土路面的接缝设置在各国并不统一。意大利为 15~20m，挪威、比利时等国为 10~15m，美国则采用了高达 50m 的接缝。在中国，现行规范中规定，焊缝距离为 15~20m。设置伸缩缝和施工缝的原则与普通混凝土路面相同，但其施工没有成熟经验。有些接缝处没有提供接缝枕设置相应的传力杆；有的规定在接头两侧做成厚端式，并加一个力杆。

五、碾压混凝土路面

碾压混凝土是一种低含水率、高密度、高强度的水泥混凝土，采用振动碾压施工技术。与普通混凝土路面相比，碾压混凝土路面可以节省大量水泥，施工进度快，养护时间短，强度高，具有较高的社会效益和经济效益。目前，我国道路上经常采用碾压混凝土在下层、上层铺设普通混凝土路面或在碾压混凝土路面上铺设沥青磨耗层路面，这种路面被称为复合路面。然而，根据我国水泥混凝土路面的施工水平，全厚度碾压混凝土路面的平整度难以满足规范的要求。因此，目前生产实践中主要采用碾压混凝土复合路面，以确保达到现行规范规定的平整度要求。

根据室内试验结果，结合 KB 法理论，根据密度、强度和工作度计算碾压混凝土骨料的级配范围。骨料的最大粒径为 40mm 和 20mm。生产实践表明，后者在强度、工作度、路面平整度等方面更为合适。当碾压混凝土路面分为 2 层时，下集料最大粒径可达 40mm，厚度一般为总厚度的 2/3；上部骨料的最大粒径为 20mm，厚度为总厚度的 1/3，不小于 8mm。如果采用两层摊铺工艺，可以在下层碾压混凝土中掺入一定量的粉煤灰，这不仅可以降低工程成本，而且不能降低水化热，提高工作程度，提高抗冻抗渗作用。碾压混凝土混合料有两个基本要求：①应为密实填充型，即粗骨料间隙应尽量用砂浆填充，细骨料间隙应尽量用砂浆填充；②保证施工的碾压，即在施工过程中，不仅要使路面碾压到最大密度，还要使泥浆平整，保证路面的平整度要求。碾压混凝土面板的厚度通过试算确定。使用普通混凝土板厚度的试验算法。厚度的试算方法基本相同。但这主要取决于荷载疲劳应力不超过混凝土设计弯曲强度和抗拉强度的原则。碾压混凝土路面由振动压路机形成。因此，这种施工方法给拉杆和拉杆的设置带来了困难。国外未设置碾压混凝土接缝。碾压混凝土路面的接缝设置原则与普通混凝土道路相同，但考虑到碾压混凝土的干缩和温度收缩小于普通混凝土，收缩缝间距可以适当增加。根据国内外对碾压混凝土路面收缩缝间距的研究，我国现行水泥混凝土路面设计规范规定收缩缝间距为 10~15m。纵向接缝根据道路宽度和施工路面宽度设置。当摊铺宽度小于路面宽度时，应设置带有拉杆的平缝形式的纵向施工缝。当一次摊铺宽度大于 4. 5m 时，应设置带拉杆的假缝形式的纵向收缩缝，纵向缝应平行于线路中线。横向接缝：横向施工缝中尽量采用收缩缝或伸缩缝。前者为带力棒的平缝形式，后者为膨胀缝形式。在特殊情况下，使用带横拉杆的榫槽接缝。伸缩缝设置：除夏季施工的板材外，且厚度大于或等于 200mm 的板材不能设置伸缩缝，其他季节施工时应设置伸缩缝。伸缩缝间距一般为 100~200m。混凝土板边缘与相邻桥梁等结构接触或板厚变化或竖曲线，一般也设置伸缩缝。横向收缩缝为假缝，可等距或变间距布置，一般无传力杆。

对于超重和重交通等级的混凝土路面，横向伸缩缝设置传力杆。当根据传力杆确定的板厚混凝土板的自由边缘无法设置时，应增加边缘钢筋和自由板角度，上部加角钢筋。混凝土表层应具有较高的粗糙度，即应具有较高的抗滑性，以提高行车安全性。因此，可以通过开槽、压槽、拉槽或拔毛方法形成一定的结构深度。

第三节　水泥混凝土路面的施工方式选择

由于混凝土路面坚固耐用，能够适应现代高速、重载和密集汽车运输的要求，且维护成本较低，因此得到了广泛的应用。

一、准备

（一）测量放样

根据设计图纸，现场放样道路中心线和边桩，直线段每 20m 设一桩，平曲线每 10m 设一桩，报监理工程师审查。同时填写放样记录，在路肩两侧边缘设置指示桩。每道工序施工前，在两侧指示桩上用明显标记标出边缘的设计高度。同时，增加平曲线的五个元素和竖曲线的变化点，并将缓和曲线和圆曲线作为放样的关键点，以实现“精确计算和放置”“线条一丝不苟”，确保放样质量。

（二）使用模板安装

在好的放样桩和侧桩弹出墨线中，作为模板安装线，模板是根据预先标定的位置安装在底座上的，钢的两端进入底座，以固定位置。模板安装长度不小于150m，纵向长度要求接近基层，不得漏浆。如果有间隙，用水泥砂浆填充。槽钢的纵向通道被锁定，接缝用胶带紧密黏合，以免漏浆，接缝在任何方向都不活跃。由钢筋或角钢制成的模板支架两端连接水平支架和斜支架，然后将钢筋放入底座，固定水平支架和斜支架，以便安装模板。施工中严格控制槽钢顶面的标高和水平位置，如不符合要求，应立即调整。模板的平面位置和标高控制非常重要(标高和水平坡度误差±15mm，±0.25%)，上部机械找平和修整在操作时无位移且不干扰工作，稍有歪斜和不平将反映在表层，以避免边缘线不平，不允许出现厚度和表面波不均匀的现象。

（三）安装传力杆和拉杆

模板安装后，在横向伸缩缝位置需要设置传力杆，设计的横向传力杆采用$\phi30$，传力杆长度40cm，设计间距30cm，传力杆伸缩缝在8mm钢板中做法根据电钻钻孔$\phi35$圆孔的设计间距和高度，模板安装，在需要传力杆的伸缩缝上设置传力杆。伸缩缝传动杆的方法是在嵌缝板上预留一个圆孔供传动杆穿过，传动杆的两端固定在加固支架上，支架插入底座中。对于设置在混凝土板间断浇筑结束处的伸缩缝，宜采用槽钢固定传力安装方式。传动杆和拉杆涂有一层防锈漆。注：刷传力杆时，只刷一半传力杆加3cm，拉杆只刷中间。在横向膨胀节处的传力杆一端设置有长度为10cm的塑料套筒。塑料套筒一端封闭，另一端设置7cm传力杆，留3cm间隙填充海绵。塑料套筒内径应比传力杆大1~1.5mm，塑料套筒壁厚不应小于2mm。

二、混凝土搅拌运输

（1）混凝土采用带自动计量装置的混凝土搅拌机集中拌和。各种计量器具经计量局鉴定后使用。进料程序：砂→石→水泥→加水，搅拌时间应符合设计和规范要求。成品混合物基于全表面砂浆和均匀的颜色混合。在整个搅拌过程中，严格控制搅拌速度、混凝土水灰比和混凝土坍落度。

（2）混凝土罐车运输至施工现场，安排专人检测混凝土的坍落度，当坍落度控制在70~90mm时，摊铺坍落度控制在50~70mm，并做好记录。坍落度过大，容易引起混凝土干缩开裂。混凝土要求在卸料后45min内运至施工现场。

（3）防止混凝土运输过程中漏浆、漏料、污染路面，途中不得随意拖延。

（4）运输车辆在模板或导线区域内掉头或行为不端时，禁止与模板和基准线碰撞。一旦发生碰撞，应通知技术人员重新测量并及时纠正偏差。

（5）车辆倒车卸货时，有专人指挥卸货。卸载应到位。

三、摊铺与振动

1. 摊铺

混凝土混合料运至摊铺现场后，坍落度合格后方可摊铺。混凝土出罐车后，人工进行初平，用铁锹对模板侧面进行铲平，根据混凝土板厚度的 1.12 控制虚铺高度。

2. 振捣

混合料摊铺均匀后，用三辊轴插入振动器配合操作。混凝土振捣首先用振捣棒间歇插入振捣，每次移动距离不宜超过振捣棒有效半径的 1.5 倍，且不大于 500mm，振捣时间为 15~30s。其运行速度以混凝土表面不漏粗骨料、表面不起泡和出水泥浆为准。其次是三辊矫平作业：三辊采用正向振动和反向静态辊作业，碾压次数约为 2~3 次。在三辊竖井的作业中，有专人处理前方混凝土的高度情况，当其过高时用人工铲除，当竖井下方有间隙时，采用混凝土填筑。滚压后，用调平轴滚压平整，直至平整度达到要求，即平整度小于或等于 5mm。三辊找平前表面过厚、过薄的砂浆刮平并丢弃。然后用 6m 长的刮刀，在纵向上精平修整，刮刀精平修整次数为 2~3 次。

3. 收面

三辊轴振捣完成后，表面按 6m 深，纵向两次进行找平整理，真空脱水后用真空泵抽掉，然后用圆盘精整机，来回 2~3 次抹光，抹光后完成作业，清除边界、接缝，清除黏液，修补缺边、缺角，如果在石膏中留下痕迹，则人工将光线压平。

4. 施工缝处理

当天混凝土浇筑完毕后，一定要将施工缝的混凝土表面平整整齐，不得高于水平模板；第二天施工缝模板拆除后浇筑另一侧混凝土时，将已浇筑的混凝土面层与前一天的混凝土面层找平，若用 3m 直尺检测不符合规范，则及时修复。

四、接缝处理

1. 伸缩缝

当混凝土浇筑一侧的伸缩缝后，将伸缩缝模板移到混凝土的另一侧，在混凝土中浇筑的钢支架未拆除时，缝压板条应在使用油或润滑油前涂上，混凝土振捣后先振捣，终凝前拆除缝压板条，此时不要搅乱混凝土两侧，裂缝水填缝料，填缝料为沥青，嵌缝板采用苯板。

2. 横向收缩缝

横向收缩缝采用割缝法施工，当混凝土达到抗压强度 1~1.5MPa 时，用切割机切割。注意掌握切割时间，早期切割切口边缘容易损坏；因为混凝土太迟太硬，锯片容易磨损和劳累，更重要的是，容易出现裂缝。切割时间与施工温度有关。高温时间短，低温时间长。为了防止断板，要严格控制切割时间，宜早不宜迟，宜深不宜浅。例如：该项目昼夜温差大于 10℃，根据今年的施工经验，最早的混凝土终凝开始切缝，混凝土浇筑完成后约 10h 开始切缝。切割深度为 50~60mm，宽度为 5mm。

3. 纵缝

纵向施工缝是在已浇筑的混凝土板接缝墙上涂上沥青，然后浇筑相邻的混凝土板。纵向收缩缝可采用横向收缩缝的施工方法。

4. *灌缝*

首先，切缝机是用来清除接缝中混合的砂石、凝结的泥浆等，然后彻底清除接缝中的灰尘和其他污染物，以确保接缝壁和内部清洁、干燥。接缝壁检查以擦去灰尘为填充标准。填缝材料采用加热的沥青。在加热过程中，嵌缝沥青将熔化，搅拌均匀，并保温。

5. *刻纹*

混凝土路面由修整机打磨。强度达到设计强度的40%后，雕刻凹槽。要求以相同的间距雕刻凹槽。开槽时，注意下降边缘和角度，不要半途而废和改变方向，并确保开槽到面板边缘。沟槽应紧随其后路面清洗干净，恢复道路健康。

6. *施工中应注意的事项*

(1) 施工应缓慢、均匀、连续进行，严禁多追多料，然后随意停止，等待间歇施工。当混合料的稠度发生变化时，应首先调整振动频率，然后改变摊铺速度；

(2) 应随时调整松铺厚度，以确保混凝土的密度和厚度；

(3) 在正常施工过程中，应防止混凝土在振捣和过振下渗漏，并根据稠度调整振捣频率和速度；

(4) 施工过程中应注意施工缝的留置位置。

第四节　高速公路水泥混凝土路面的结构设计

一、路面结构组合设计

(一) 表面

1. *表面类型和材料要求*

(1) 普通水泥混凝土面层定义：除了接缝和一些局部范围的板外，不配置钢筋混凝土面层。标称最大骨料粒径不得大于31.5mm(砾石)或19.0mm(卵石)。砂的细度模数不应小于2.5。冻结区域的水泥、混凝土必须加气。普通水泥混凝土通常采用传统的振捣方法铺设。碾压混凝土(RCC)：通过碾压工艺形成的含水量低、密度高的水泥混凝土路面。

(2) 钢筋混凝土面层定义：为了防止混凝土板产生的裂缝扩展，在板中配置纵向和横向钢筋的混凝土面层。用途：①板长大；② 有地下设施和路基埋在板下可能产生不均匀沉降，板的平面形状不规则或有孔等时使用。厚度：与素(无钢筋)混凝土表层厚度相同。

(3) 连续钢筋混凝土面层定义：除其他道路交叉口或相邻结构设置伸缩缝并根据施工需要设置施工缝外，道路长度不设置横向接缝的纵向连续配置钢筋混凝土面层。纵向加固率通常为0.6%~0.7%。表层产生的横向裂缝平均间距为1.0~4.5m，平均缝隙宽度为0.2~0.5mm。连续钢筋混凝土面层厚度约为普通混凝土面层厚度的80%~90%。

(4) 预应力混凝土(尚未广泛使用)。

(5) 钢纤维混凝土的定义：在混凝土中掺入低碳钢或不锈钢纤维，形成均匀、多向的钢筋混凝土表层。其具有良好的疲劳强度、抗冲击性和防裂能力。其厚度由钢纤维的数量决定。在超重或交通繁忙的情况下，最小厚度为16cm；在中等或轻型交通中，最小厚度为14cm。骨料的标称最大粒径应为钢纤维长度的1/2~1/3。

（6）预制混凝土块路面由预制混凝土块铺设，通过块之间的联锁作用承受荷载。预制块长度：200~250mm，宽度：100~125mm，长宽比一般为2∶1；厚度：100~120mm。预制块下找平层厚度为30~50mm，应选用细度模数为2.3~3.0的天然砂。预制混凝土块的抗压强度不得低于50MPa（非冻结区）或60MPa（冻结区）。表面类型选择：通常使用带接缝的普通混凝土。当面层平面尺寸较大或形状不规则，路面结构下埋有地下设施，高填方、软土地基等可能产生不均匀沉降时，应使用钢筋混凝土面层。

（二）面层厚度

当车轮荷载作用于板中部时，最大应力约为车轮荷载作用于板边缘时的2/3。

（三）表面防滑结构

路面结构应采用开槽、压槽、拉槽或拔毛的方式。

二、路基

（1）基本要求：稳定、密实、均匀，为路面结构提供均匀支撑，布在环境和荷载作用下变形均匀。

（2）路基支护不均匀的原因有：不均匀沉降、不均匀冻胀和膨胀土。

（3）处理措施：选用低膨胀土或冻敏土；路堤底部放置具有高膨胀性或霜冻敏感性的土壤；高液限黏土和粉土、含有机质的细粒土和塑性指数大于16或膨胀率大于3%的低液限黏土不应用作路基填料。增加路面和地下水位之间的距离；建立路基排水设施；选择粗粒土或低剂量石灰或水泥稳定细粒土作为路基填料。严格控制压实度、压实时间和含水量。应在岩石或填石层顶部铺设找平层。添加垫层。

（4）设置底座和坐垫的功能：防止或减少泥浆泵送和错位现象，控制或减少路基不均匀冻胀或体积变形对混凝土表层的不利影响，为表面施工提供稳定坚实的工作面。基层和垫层宽度：应大于表层的宽度。基层和垫层类型：粒状、稳定和贫混凝土。

三、基层

（1）底座选型。

（2）基层的作用：能为混凝土表层提供均匀坚实的支撑；增加道路刚度，减少面板的挠度，减少板底空隙量，增加收缩缝荷载传递能力和耐久性；提高抗冲刷能力，减少泥浆泵送和错动现象。

（3）基本材料要求：骨料标称粒径、级配要求。水泥或沥青等级、用量要求。

四、垫层

（1）垫层设置要求：水泥混凝土路面结构应满足要求中防冻要求的最小厚度，表层和基层以外的厚度可采用垫层填充。应为水文地质较差的土壤路堑提供排水垫层。当路基可能出现不均匀沉降时，可加半刚性垫层。垫层宽度与路基宽度相同，最小厚度为150mm。

(2) 垫层材料要求：防冻和排水垫层可以由砂、砾石和其他材料制成；无机黏合剂也可用于稳定粒状或细粒土。防冻垫层用砂或砾石中通过 0.075mm 筛的细土含量不应大于 5%。排水垫层材料的级配应符合相应的过滤标准。

五、节点结构设计

接头设计要求：

(1) 控制温度应力引起的裂纹位置；

(2) 提供一定的合作传播能力；

(3) 防止硬杂物落入接缝和地表水渗透。

1. 横缝结构设计类型

收缩缝、伸缩缝和施工缝设置效果：①收缩缝：确保板材由于温度和湿度的降低而沿薄弱段出现收缩裂缝，从而避免不规则裂缝。②伸缩缝：确保板在温度升高时可以部分伸长，以避免炎热天气下拱膨胀和路面板断裂损坏，伸缩缝还可以起到接缝收缩的作用。③施工缝：当混凝土路面每天完工，由于下雨或其他原因无法继续施工时，应尽量做伸缩缝或收缩缝，并以结构形式制作施工缝。

2. 伸缩缝

位置：靠近桥梁或其他固定结构或与其他道路的交叉口。传动杆：轻型圆钢筋；长度：40~60cm；直径：20~38mm；间距：30cm。在传动杆的同一伸缩缝中，套筒的活动端最好交错布置在接缝两侧。

3. 收缩缝

由于收缩缝下方面板的断裂面不均匀，因此可以在荷载传递中发挥一定作用。一般情况下，在交通繁忙或基础水文条件较差的路段不需要设置传力杆。传力杆应设置在板厚的中心。

4. 施工缝

采用平缝或榫槽缝结构。为了便于板之间的载荷传递，还应在板厚度的中心设置传力杆。

5. 纵缝结构设计

(1) 设置条件：当摊铺宽度小于路面宽度时，应设置纵向施工缝；当一次摊铺宽度大于4.5m 时，应设置纵向收缩缝。

(2) 纵缝方向：平行于道路中心线；间距：3~4.5m。

(3) 接缝的布置。纵缝与横缝垂直，纵缝两侧的横缝不得错位。板宽与板长之比为 1∶1.3左右，纵缝间距：3~4.5m；横缝间距：普通混凝土面层为 4~6m，碾压混凝土或钢纤维混凝土面层为 6~10m，钢筋混凝土面层为 6~15m。

(4) 交叉接头布局。两条道路是正交的，每条道路的直线部分保持其纵向接缝的连贯性，交叉段中每条道路的横向接缝位置根据相对道路的纵向接缝间距而变化，以确保垂直和水平接缝垂直相交。两条道路斜交，主干道的直线部分保持其纵向接缝的连贯性。交叉路段中横向接缝的位置根据二级公路的纵向接缝间距相应变化，以确保其与二级公路的纵向接缝相连。二级公路曲线加宽段起点和终点的横缝应采用伸缩缝形式。

(5) 混凝土路面处理的特殊部分。当连接水泥混凝土路面和固定结构的伸缩缝不能设置传力杆时，可在相邻结构的板端配置双层钢筋网，并在大约6~10倍板厚的范围内，将板厚逐渐增加20%。水泥混凝土路面与桥梁连接时，应设置钢筋混凝土板；当桥梁倾斜时，钢筋混凝土板的锐角部分用钢丝网加固。水泥混凝土路面与沥青路面连接时，应设置至少3m长的过渡段，并在过渡板与混凝土面层连接处设置拉杆。

六、混凝土路面板配筋设计

1. 普通混凝土板弱筋

当混凝土面板的纵向和横向自由边缘可能产生较大的塑性变形，或接头为无传力杆的平接头时，可在表层的边缘和角落处配置钢筋。

2. 边缘加固

纵向边缘钢筋：一般只做一块拉，不通过收缩缝，以免干扰翘曲的拉也可以通过收缩缝，但不通过伸缩缝两端的钢筋应弯起，可设置横向边缘钢筋。

3. 转角钢筋

设置在交通繁忙的伸缩缝、施工缝和小边板转角处。

4. 钢筋混凝土面层配筋设计

加固原则：根据混凝土收缩将板拉在一起所需的拉力来确定。

配筋计算：

$$A_s = \frac{16L_s h\mu}{f_{sy}}$$

式中 A_s——每延米混凝土面层宽(或长)所需的钢筋面积，mm^2；

L_s——纵向钢筋，为横缝间距；横向钢筋，为无拉杆的纵缝或自由边间距离；

h——面层厚，mm；

μ——面层与基层间的摩阻系数；

f_{sy}——钢筋的屈服强度，MPa。

七、连续配筋混凝土表层配筋设计

确定纵向钢筋数量的控制因素：裂缝间距、间隙宽度。纵向配筋率：约为混凝土板横截面积的0.6%~0.8%。横向钢筋：与钢筋混凝土表层钢筋相同，也可根据纵向钢筋的数量1/5~1/8使用。连续钢筋混凝土板中的钢筋不能承受荷载应力。厚度：采用无筋混凝土路面板的计算方法确定面层板的厚度。平面尺寸设计步骤和流程，考虑荷载应力和温度翘曲应力的综合疲劳损伤，确定面层板的厚度和混凝土的平面尺寸，可遵循以下设计步骤：①收集和分析交通参数：收集日交通量和轴重组成数据，确定轮轨分布系数，计算设计车道的标准日轴重作用次数；由此确定道路的交通等级，然后选择设计寿命和交通量的年均增长率，并计算标准轴载在使用寿命内的累计次数。②初步路面结构：路面结构等级、类型和材料组成；制定每层的厚度、表层板的平面尺寸和接头结构。③确定材料参数：测试以确定混凝土的设计弯曲和拉伸强度和弹性模量、基层、垫层和路基的回弹模量以及基层顶面的等效回弹模量。④计算载荷疲劳应力：计算标准轴载荷作用下板边缘中部的最大载荷应力；根据节点类型选择节点荷载传递系数；根据标准轴载荷的累积次数计算疲劳应力系数；根据交通等级选择综合系数。结合上述计算结果，可以得到载荷疲劳应力。⑤计算温度应力：从当地公路自然区划中选择最大温度梯度；根据路面结构和板面尺寸计算最大温度梯度的温度翘曲应力。根据自然分区、σTM 和 FR 确定温度应力的累积疲劳系数，计算并确定温度疲劳应力。⑥检查初步路面结构：行车荷载和温度梯度的综合效应符合规定要求，表明拟议的板厚是合理的。如果上述检查条件不符合，则应重新制定路面结构或板平面尺寸，并重新计算，直到其符合要求。⑦设计厚度应向上舍入 10mm。

八、水泥混凝土罩面结构设计

（一）独立覆盖层结构设计

当旧混凝土路面的损坏情况和接缝荷载传递能力的评估等级为中等或中等，或新旧混凝土板的平面尺寸不同，接缝形式或位置不对应，或道路拱形坡度不一致时，应使用分离式混凝土罩面。分离式混凝土罩面的接缝形式和位置应根据新混凝土表层的要求进行安排。覆盖层可由普通混凝土、钢纤维混凝土、钢筋混凝土和连续钢筋混凝土制成。普通混凝土、钢筋混凝土和连续钢筋混凝土罩面厚度不应小于 180mm；钢纤维混凝土覆盖层的厚度不应小于 140mm。根据分离的双层板，对加铺层和旧混凝土表层进行应力分析。

（二）组合式罩面结构设计

当旧混凝土路面的破坏条件和接缝荷载传递能力的评估等级良好，面板的平面尺寸和接缝布置合理，拱门的横坡满足要求时，可以使用组合式混凝土罩面。采用铣削、高压水或钢球喷涂、酸蚀等方法，对旧混凝土表面进行毛发清洗，并在清洗后用黏合剂涂覆表面，使覆盖层与旧混凝土表面成为一个整体。附加层的最小厚度为 25mm。根据组合双层板，对加铺层和旧混凝土板进行应力分析。

（三）沥青混凝土罩面结构设计

当旧混凝土路面的损坏情况和接缝的荷载传递能力被评定为良好或时，可以使用沥青加铺层。预防和控制反射裂缝是沥青混凝土加铺层设计的关键。反射裂缝形成的原因：由于旧面层在裂缝或裂缝附近发生位移，导致接缝或裂缝在沥青混凝土加铺层以上的应力集中。缓解措施：沥青混凝土罩面锯切横向接缝；使用厚覆盖层；裂缝卸压层；破碎并固定旧混凝土表层；设置各种夹层。

九、沥青混凝土罩面厚度设计

旧混凝土板的应力以及混凝土的弯曲和抗拉强度在设计中仍起控制作用，沥青面层主要用于提高路面的表面适用性。沥青加铺层的厚度根据反射裂缝缓解的要求确定。高速公路和一级公路的最小厚度应为 100mm，其他等级公路的最小厚度应为 70mm。

第五节　高速公路水泥混凝土路面的滑模机械化施工

随着我国公路建设的快速发展，公路已实现“因地制宜、黑与白、共同发展”。水泥混凝土路面具有刚度高、强度高、耐久性好、养护工作量小等优点。但由于水泥混凝土的脆性和体积敏感性，因此需要设置多种接缝。并且它对超载、损坏和难以修复敏感，驾驶舒适性不如沥青路面，车辆行驶产生的噪声大，为了使驾驶舒适，减少路面损坏、车辆磨损和油耗，路面平整度是控制的主要指标。平整度是水泥混凝土路面的三个关键质量指标之一。根据我们的施工实践，分析了影响水泥混凝土路面平整度的因素，总结了滑模施工中提高水泥混凝土路面平整度的相应技术措施。

一、材料质量控制与混凝土配合比优化设计

(一) 材料质量控制

合格的材料是保证混凝土质量的必要条件，是提高整个路面质量的前提。原材料质量的波动将直接导致混凝土平整度的波动。因此，必须采取措施确保材料的质量和来源的稳定性。为了保证砾石的质量，应特别注意提前准备砾石，选择坚硬、耐用、清洁的砾石作为表层。从石料场模型、筛分选择、砾石加工工艺等方面保证砾石质量。此外，制备场地应标准化。

(二) 水泥温度控制

水泥温度控制的好坏将直接影响水泥混合料的和易性，和易性的好坏将直接影响摊铺质量，如高温会产生以下情况，影响道路的平整度。

(1) 水泥温度高，混凝土温度高，水泥水化速度加快，凝结时间缩短，因此，从搅拌楼到现场，混凝土坍落，跌落损失将增加，使混合料和易性较差，影响道路的平整度。

(2) 混凝土硬化过快，不易振捣，使混凝土板底部振捣不密实。

(3) 传力杆和拉杆驱动困难。传力杆和拉杆周围的混凝土不能很好地包裹在传力杆和拉杆周围，同时传力杆不能有效传递应力，使拉杆不能有效控制接缝的开口。

(4) 表面制浆困难。DBI 装置在驱动传力杆过程中在表面造成的缺陷很难通过铺设扁梁来修复，需要人工修复，无法保证路面的平整度。

因此，为了保证混凝土施工的和易性和混凝土质量，有必要控制夏季散装水泥的释放温度：南方不高于 65℃。机器的水泥温度不高于 60℃。

(三) 优化混凝土配合比

水泥混凝土路面的配合比设计应满足抗折强度、和易性和耐久性的要求，和易性即坍落度是滑模摊铺机摊铺的关键。控制混凝土坍落度的关键是根据施工现场的实际情况及时调整水灰比，达到设计坍落度。水泥混凝土混合料的坍落度直接影响混凝土的强度和摊铺质量的平整度。

二、混凝土混合料搅拌运输摊铺

混凝土混合料的拌和、运输和摊铺是滑模施工的主要技术和重要环节，直接影响混凝土表层的平整度。

（一）混凝土混合料的拌和

严格按照监理批准的配合比进行拌和，确保各种材料的计量精度。并且搅拌时间不少于50s，立即在施工开始时对混凝土的坍落度、含气量、温度等进行检测，并观察其和易性、泌水和离析。确保混凝土搅拌均匀，和易性好，浆体良好，无离析，不泌水。坍落度控制得好，混凝土摊铺不易产生塌边、麻面、结构密实、易造面。适用于Gomaco GP-4000滑模摊铺机的混凝土坍落度一般控制在40~50mm。

（二）混凝土混合料运输

混凝土运输车辆装车前，应将罐体清洗干净，洒水润墙，排水。装载时，自卸卡车应移动停车位，以防止隔离。混合地板的排放落差不应大于2m。混凝土运输过程中应防止漏浆、渗漏和污染道路，不得随意拖延。自卸汽车运输应减少湍流，防止混合离析。车辆应平稳启动和停止。在炎热的阳光、风、雨和长途运输的情况下，应采取措施覆盖混合料，以防止混合料的水分蒸发。卸料应服从施工管理人员的指挥，确保卸料准确、料量合理。

（三）混凝土摊铺

（1）摊铺开始前，应对摊铺机进行全面的性能检查，并正确设置施工构件的位置参数。摊铺机各工作机构施工位置的正确设置是滑模摊铺机技术中最关键的环节之一，也是摊铺机调试中最重要的内容。实践证明，初始工作参数设置不正确，无论如何都无法铺设高质量的路面。必须彻底了解振动黏度理论，并严格遵循设计师设计的摊铺机工艺。将每个工作参数设置在正确的摊铺位置，在摊铺施工过程中，逐步优化滑模摊铺机的工作参数，应严格保护优化后的最佳摊铺参数，防止扰动和变化。

（2）摊铺前准备好挂线，挂线张力不小于1000N，长度不大于300m，钢丝桩两端前方10m处应设支架支撑，防止钢丝桩两端受压变形；应经常检查悬挂高度，以防止下垂或弯曲，并且接触杆应位于悬挂线下方，以减少接触杆压力的影响。

（3）按运输车指定位置卸货后，用挖掘机进行分配；布料应均匀，以防止离析，且不应超过铺路宽度。然后，通过摊铺机的螺旋扭曲再次细分混凝土。

（4）每辆车成品材料运至施工现场后，由专人检测坍落度和温度。坍落度控制在40~50mm之间，更适合DBI机械的正常工作，更适合滑模摊铺。混凝土混合料用挖掘机布好料后，立即开始摊铺，在摊铺过程中要安排专人监控传感器，严禁触碰线路，否则由于摊铺机反应灵敏，轻微晃动会引起摊铺机反应、跳动，影响平整度质量。

（5）摊铺机启动时，应先启动振捣棒，摊铺过程中，应适当调整摊铺机摊铺速度，控制在1~1.2m/min之间，摊铺应均匀、连续不间断地进行。振动频率在9000R/min左右，在摊铺过程中要特别注意材料补给的及时性，保证摊铺过程的顺利进行，尽量减少摊铺机的停启次数。摊铺机停车次数过多，不仅会增加摊铺机部件的机械磨损，还会影响路面质量。

（6）应严格控制虚拟方板的高度。一般来说，虚拟方板的压力应处于平衡状态；搓平梁的调整要保证平衡，防止因坍落度不均匀引起的控制搓平屋面梁，形成波浪并影响平整度，由于超熨平板装置在上坡时，阻力增大，工作负荷增大，且不能发挥最佳的平整效果，要求超熨平板装置在山前进行卸压，在下山时要采取加压措施。

(7) 滑动摊铺机摊铺厚度相等，在接缝位置进入传力杆以增加混凝土体积，导致混凝土向上挤出凸出，这种缺陷很难通过摩擦平梁来恢复，该位置经常影响道路的平整度，建议将 DBI 装置打入传力杆后，安装挤压板向前和向后挤压凸起的混凝土，然后通过摩擦平梁将其恢复。这样，道路的平整度将得到显著改善。

(8) 做面拉纹修边。滑模摊铺过程中，对少量局部麻面和明显卸料部位，应在挤压板后或搓平梁前补充适量拌合物，由搓平梁或抹平板机械修整。摊铺机摊铺过后，施工员用 6m 铝合金直尺加密检测平整度，对不合格的个别点及时用手慢慢抹平、修补、但要尽量减少人工修整。在混凝土仍具有塑性时，进行拉纹施工，拉纹施工我们是采用在滑模摊铺机后的工作桥上拖挂 1~3 层叠合麻袋片，且麻袋片被洒水湿润，麻袋片要有足够的拖平搭接长度，一般两拖尺之间搭接长度取 0.5~0.7m。还要掌握好拉纹时间，避免过早拖毛导致砂砾上浮。做面拉纹的好与坏是影响平整度的直接因素，同时麻袋片还要备用 3~5 条，以便及时换上干净的麻袋片，还要加强对拖毛麻袋片的清理工作。严禁麻袋片出现硬砂浆块。麻袋片清洗不及时容易拖出纵向沟槽。每天施工完毕后要及时清除抹平器上的混凝土浆，否则会影响下次摊铺面层的平整度。

三、施工缝处理

由于连续施工和摊铺机的性能，要留下施工缝，一般是一个板位。该施工缝只能手工施工。人工施工的部分路段平整度相对较差，且原路面不够平整，容易引起跳车。为了提高该部位的平整度质量，应尽可能减少施工缝，同时，工艺上应尽可能保证该部位的连续性和前后断面的平整度，我们一般采用水平尺和 6.0m 以上的铝合金尺测边修边，确保启动和接头部分的平滑度，防止接头跳跃。

滑模摊铺机摊铺水泥混凝土路面时，为解决混凝土平整度的问题，首先要设定滑模摊铺机施工部件位置参数，这也是使用滑模摊铺机的关键技术；其二是混凝土的工作性即坍落度的确定是关键，要根据施工具体情况及时调整混凝土的坍落度来满足设计和施工的要求，使坍落度控制在优化设计状态，以保证平整度达到设计和规范要求；第三是接缝处理，特别是在接缝处传力杆体积占去混凝土的体积，使接缝处混凝土凸起，影响平整度，采取增加压板的措施使混凝土向前后方挤压，分布混凝土体积，减少不平整；第四是必须控制原材料的质量，原材料品种、规格必须稳定。通过上述技术控制和措施，平整度指标将得到很大的提高。

第六节　水泥混凝土路面最新进展

1868 年，苏格兰在从因弗内斯到仓库的道路上铺设了第一条混凝土路面，该路面于 19 世纪末引入美国和德国。早期，大多数混凝土路面由素混凝土制成，少数由双层或钢筋制成。20 世纪 20 年代，欧美国家在高速公路、城市道路和机场跑道上开发了大量混凝土路面，美国也开始试验预制混凝土路面和连续钢筋混凝土路面的铺设。对于预应力混凝土路面，美国和法国分别于20世纪30年代中期和40年代开始试验摊铺。20世纪70年代初，美国和荷兰开始试验铺设钢纤维混凝土路面。

20世纪20年代末，中国开始在一些大城市的道路和机场跑道上修建混凝土路面。1932—1933年，在南京至杭州的国道上修建了长500m、宽5.5m的混凝土路面试验段。1940年，在北京至天津的高速公路上修建了一条长120km、宽3m的混凝土路面。1948年，南京机场跑道上修建了长2200m、宽45m、厚30cm的钢筋混凝土路面。到20世纪50年代，随着水泥工业的发展，在我国一些大、中型城市道路和机场跑道上，开始修建大型混凝土路面。自20世纪70年代初以来，一些省份的主要公路上铺设了混凝土路面。中国的机场跑道，几乎都使用混凝土路面。中国的大多数混凝土路面由单层素混凝土制成，但也有一些由预制板制成，或制成双层，或配备钢筋。

一、水泥混凝土路面的特点

水泥混凝土路面是一种刚度大、扩散荷载应力能力强、稳定性好、使用寿命长的路面结构。与其他路面相比，它具有以下特点：

1. 优势

（1）高强度。

（2）稳定性好。

（3）耐久性好。

（4）维护成本低。

（5）良好的防滑性。

（6）有利于夜间驾驶。

2. 缺点

（1）水泥和水的需求量很大。厚度为20cm、宽度为7m的水泥混凝土路面每千米需要消耗400~500t水泥和约250t水。

（2）更多接缝。

（3）晚开放交通

（4）维护和维修困难。

二、水泥混凝土路面施工

混凝土路面施工的一般过程是：①安装侧模、嵌缝、拉杆和钢筋网等；②搅拌混凝土混合物并运输至现场，摊铺和振捣混凝土混合物；③平整混凝土表面并刷或切割，以防止滑动沟槽和嵌缝。此外，在混凝土路面施工中采用了真空吸水、振动和碾压等技术。

早期，混凝土路面的施工采用钢轨模，它一方面作为侧模，另一方面用于混凝土拌和机配钢轮、卡车、摊铺机和振动器等运行作业。20世纪40年代，一些工业发达国家的混凝土路面施工已全部机械化，从基础塑料、轨道模安装和拆卸、混凝土搅拌、摊铺、夯实到整面，直至开缝、填缝和养生等工序，使用专用机械，进行流水作业。1960年，出现了一种滑模水泥混凝土路面摊铺机（见水泥混凝土路面摊铺机），该机的机尾装有模板随机前进、摊铺、振捣、整面和开槽等操作，以完成成型后的路面延伸。此外，还有一台混凝土路面接缝摊铺机，可以使路基成型、摊铺、压实基层，然后在其上摊铺混凝土板。

三、设计方法和理论

水泥混凝土路面板具有较高的机械强度，在车轮荷载作用下变形小，工作在弹性阶段，即在计算汽车荷载时，板中产生的最大应力不超过混凝土比例极限应力。此时，荷载的单位应力和地基和土基产生的变形较小，它们也在弹性阶段工作。由于水泥混凝土是一种脆性材料，路面板的结构损伤表现出各种各样的断裂裂缝。我国标准采用的混凝土层厚度是由荷载应力和重复荷载引起的温度应力综合作用引起的疲劳开裂损伤确定的。水泥混凝土路面结构设计包括以下内容：

（1）路面结构组合设计。

（2）混凝土板厚度设计。

（3）混凝土面板的平面尺寸和接缝设计。

（4）肩部设计。

（5）普通混凝土路面加固设计。

从经济角度看水泥混凝土路面的发展前景与水泥路面相比，沥青路面的成本比水泥路面高。

（1）沥青集料投资是水泥集料的2~3倍。粗骨料：沥青路面是裸露的粗骨料路面，骨料耐磨性、抗滑性、附着力要求很高，使用玄武岩、辉绿岩等碱性骨料，价格是粗骨料水泥路面的3~6倍。细骨料：沥青路面级配由粗骨料、细骨料、矿粉等三种原材料组成，比水泥路面多矿粉这一级原材料，一般不允许使用天然砂，也必须使用机制砾砂。从成本上看，沥青路面用砾砂的价格是水泥路面的2~3倍，矿粉是额外需要投资的原材料。

（2）进口沥青单价是国产水泥的15倍。目前其平均价格为4500元/t，是水泥300元/t的15倍，大大超过沥青水泥单价比6倍的投资平衡点。

（3）水泥路面的能耗优势也十分突出，与沥青混合料进行热拌、水泥混凝土进行冷拌相比，可以节约大量能源。在公路建设过程中，铺设沥青路面需要7~9道工序，水泥路面一般只需要3道工序。水泥路面施工速度更快，工艺更简洁，施工机械更少，施工成本更节约。同样，在道路养护中，沥青路面局部维修需要更多的机械，局部维修和养护成本也较高。水泥路面局部换板施工可采用小型机具，使用机械设备少，重量轻，便于施工。

（4）其主要作用是防止水泥路面基层的泥浆泵送、断层破碎以及由此产生的面板，因为水泥混凝土板的刚度很大，所以对基层的要求不是很高，并且是基层作为主要持力层的方式，要求有足够的强度和刚度，与水泥路面相比，基层对路面的要求要高得多。在相同的设计和施工水平下，大修水泥路面的使用寿命是沥青路面的两倍，相当于路面设计基期：水泥路面30年，沥青路面15年。此外，水泥混凝土是一种无机硅酸盐材料，比沥青混合料更环保。随着水泥混凝土路面的应用越来越广泛，其技术规范应根据路面研究和施工经验进行修订。有必要将施工中设计规范的内容与国外相关技术要求相结合，相互沟通，以提高我国水泥混凝土路面设计和施工的技术水平，保证水泥混凝土路面的工程质量，发挥其巨大的优势，为国民经济的发展做出应有的贡献。

第七节 水泥混凝土面板施工

混凝土板是水泥混凝土路面中最重要的结构层，其施工质量直接影响水泥混凝土路面的使用质量和使用寿命，在施工过程中应严格进行质量控制。各级公路各种混凝土路面摊铺方法的施工应建立健全质量检查、管理和保证体系，并根据摊铺进度动态规划质量检查仪器和人员数量。在施工过程中，按计划落实质量检验仪器和人员，及时对施工各阶段的质量指标进行检查、控制和考核，以达到规定的质量标准，确保施工质量和稳定性。

一、试验段摊铺

对于二级及二级以下道路的混凝土路面工程，当采用滑模、轨道、压路机和三辊轴单元进行机械施工时，必须先铺设试验段，然后才能在道路上正式铺设混凝土路面。试验段长度不应小于 200m，高速公路和一级公路的试验摊铺应在主要路面外进行。不在主线的摊铺应做好准备，及时消除不合格路面。路面厚度、摊铺宽度、接缝设置、钢筋设置应与实际工程相同。没有经验的施工单位应进行路段试验，无论公路路面等级如何。当需要检查原材料和混凝土的配合比变化时，必须根据新情况调整摊铺机上设置的工作参数。在试铺过程中，施工单位应做好记录，监理工程师或质检站应对试验段的施工质量进行监督检查，并及时与施工单位协商有关问题。试验段摊铺后，业主、施工单位和监理应检查试验摊铺的效果，并提出改进建议和注意事项。施工单位应就试验结果、改进措施和注意事项提出试验段总结报告，报监理人和业主批准，并取得正式开工资格。目标是发现问题，改进不足，为正式铺路做更好的准备。

二、混凝土土路面摊铺

铺设路面面板前，应保护安装的钢丝网。卸料时，应将材料卸在料斗、布料器料斗或轨道摊铺机上。不得直接从运输车上卸下钢丝网，也不得将其倾倒在底座侧面。卸载后，用机械将其从侧面运输到摊铺位置。堆放在钢筋网上的材料不宜过高，并应尽快均匀分布，以防止钢筋网变形或弯曲。分布时，两台布机可使用两次，在两台布机中间间歇放置钢丝网。铺设的混合料不允许机械碾压。混凝土混合料的坍落度和施工方法相同，钢筋混凝土表面的高度应比普通混凝土路面高 1m。通常用于钢筋混凝土表面的混凝土混合料的坍落度应比具有相应摊铺方式的普通混凝土路面的坍落度大 1~2m。钢筋混凝土面层的振捣距离应适当加密。插入振捣棒时，应根据纵筋间距适当调整振捣棒间距，振捣棒组不得阻碍、碰撞或干扰钢筋。插入振动棒时，不允许拖动振动棒组，应逐个振动。应轻轻插入并缓慢提起，不允许突然插入和提起。采用滑模或轨道摊铺机铺设钢筋混凝土路面时，应适当降低推进速度。当推进速度不降低时，应增加振动频率。当混凝土混合料坍落度相同时，加筋黏土和路面的振动时间应比普通混凝土路面长 5~10s。钢筋混凝土路面应连续摊铺至横缝位置或钢丝网末端，以防止因各种原因造成摊铺中断。当摊铺被迫中断时，必须设置横向施工缝，纵向钢筋缠绕应保持连续，1 倍纵向钢筋长度的应用不小于 2m 进行加密处理，最近的横向接缝前后的横向施工缝之间的距离不应小于 5m。

三、质量控制技术

为了有效提高公路面板的施工质量，对施工全过程的质量控制是关键。在水泥混凝土面板施工的全过程中，施工单位应随时对施工质量进行自检。自检项目包括原材料、混合料和混凝土路面。当施工单位和监理人员发现异常情况时，应增加检测频率，找出原因，并采取措施及时处理。恢复正常后，返回到指定的检测频率。高速公路应使用计算机进行动态质量管理。除施工单位自检、监督外，质检单位还应按照规定的量枪率，以控制水泥混凝土拌和、摊铺质量的稳定性。混凝土拌和质量的稳定性取决于原材料的稳定性和拌和楼的精度。除了满足上述条件外，路面摊铺的质量稳定性还要求水泥路面摊铺的操作，摊铺机、洒布机、三辊平整机、开槽机、切缝机等关键设备应标准化。在施工的各个方面都应控制质量稳定性，拌合场应对每个拌合楼产生的拌合负责。除了满足各种施工过程的可溢出性外，还应注意控制混合料的均匀性及其工作参数的稳定性。现场混凝土路面施工的关键设备，如摊铺机、压路机、洒布机、三辊找平机、开槽机、切缝机等，具有稳定的运行标准。当发现路面三项质量指标不稳定：弯拉强度、平整度、平整度或其他指标达不到标准时，应停止施工，分析原因，采取有效的纠正措施，经监理批准后方可恢复施工。此外，水泥混凝土路面除应进行频率检测外，平整度、抗弯强度和厚度这三项关键质量指标的检测要求还应满足以下要求：①3m 直尺检测总体上不应只反映平整度的小波长，因此只能作为工程施工过程中的质量控制检测，车载动态平整度仪检测平整度，精度高，能客观反映道路在设计速度时的实际情况，道路平整度可作为二次验收时竣工工程质量评定的依据，但在施工、养护过程中，要防止压坏道路，平整度检测车不能在道路上检测，此外，高速公路动态平整度仪检测结果可作为公路水泥路面交工验收时工程质量的评价依据。②通过在标准振动台上从搅拌楼中生产的混凝土中随机抽样，评估混凝土路面的抗弯强度。生产时，标准养护小梁抗折强度、混凝土施工抗折强度的检验频率应符合《公路工程水泥混凝土试验规范》规定的标准取样方法、模具、生产方法、养护和断块抗压强度测定方法，断块仅供参考，应采用抗压强度和抗折强度两个参数进行评价。③应在摊铺水泥混凝土路面前通过基线或模板严格控制面板厚度，结合工程实践，可采用具体的检测标准，对车道横坡低侧板厚度和平均厚度两个指标应允许满足设计厚度偏差，同时，厚度的统计变异系数应符合设计规定，此外，在水泥混凝土路面铺设过程中，路面技术指标的质量检验和评价标准应符合规范。

四、质量评估

混凝土路面完工后，施工单位应按施工过程中规定的要求和检验项目及频次，每 1km 作为全线的一个评价段，提交完整的试验结果、施工总结报告和所有原始记录等资料，并申请验收。业主、监理和质检部门在收到施工单位的竣工验收报告申请并确认信息完整后，应首先比较施工单位在施工阶段的调试自检报告数据，并与监理、质检部门核对数据是否完整，然后按照规定，对竣工验收的频率进行验收。如果发现异常情况，应按以下规定处理：①为了评估路面混凝土的弯曲和抗拉强度，除了使用小梁弯曲和抗拉强度的标准试验作为评估标准外，还应进行道路取芯取样，由圆柱体劈裂强度转换而来的弯曲强度和抗拉强度应作为确定不足路面强度的返工依据。2 级及以下公路路面混凝土的抗弯强度和抗拉强度可按公式计算，满足要求即可通过。如果不符合要求，则应通过测试获得每个项目的统计公式，实验组数不应少于10 组。②高速公路、一级公路应根据工程中使用的原材料和配合比，并通过实验得出其工程统计公式，实验组数不应少于 15 组，一般来说，更多的频率应符合规则。应连续测试所有车道的动态平整度，其标准应符合要求。局部路段、施工缝和桥面铺装中有明显跳车感的部分可以磨平，然后雕刻硬槽以恢复抗滑结构。当板材厚度不足时，应确定工作区域并返工。

第八节　特殊条件下施工

一、夜间施工措施

夜间施工应配备照明设施，并在施工人行道上设置反光标志，引导施工车辆安全通行。合理安排工序施工，避免关键工序夜间施工；设专人夜间巡查，发现隐患，及时报告和消除隐患。

二、雨季施工安排

（1）每天听、看天气预报，尽快做好准备。雨天禁止施工路面、底基层和基层。

（2）雨季施工期间，应确保搅拌站现场、人行道和路面的排水畅通。搅拌场应修建排水沟，并与天然沟渠连接，以确保雨水顺利排放。

（3）做好路基边坡排水，使路基免受雨水侵蚀。道路两侧堆放一道土坝，每隔 20m 开一个口，并在路基边坡上放置砖砌排水临时池，使道路积水得以顺利排出。

（4）加强防洪措施，成立防洪机构，派员昼夜值班，派专人看守重点工程，立即处理险情，并向有关部门报告。在雨季施工时，路基施工应做好排水；在桥涵施工中，应注意钢筋的腐蚀、模板和支架的变形和沉降以及水泥和其他材料的保存。

（5）组织机构的建立和完善：项目部成立防洪领导小组和抢险救灾小组，主要负责人 1 人，成员 20 人。

三、日常注意事项

现场布局合理，做到：①现场有组织排水，排水渠道畅通。②严格按照“施工现场临时用电安全技术规范”铺设电气线路和配置电气设备。③根据消防要求配备灭火器、消火栓和砂箱。④办公室和宿舍应建在高地上并加固。⑤水泥和其他防潮防雨材料仓库应采用高跷，屋顶应防水或用篷布遮盖。⑥现场应清理干净，材料堆放应整齐统一，悬挂物品和标志品牌固定可靠，施工道路畅通。⑦储备水泵、导线、篷布、塑料薄膜等。⑧定期检查各种设施，及时解决问题并做好记录。⑨注意天气预报，了解天气变化。

四、防风雨措施

（1）做好汛前和暴雨前检查工作，及时认真整改隐患，做到防患于未然。在汛期和暴雨来临期间，应组织昼夜值班，做好记录，密切关注天气预报和暴雨预警。

（2）加固临时设施，在大型标志、临时墙等处设置警告标志。

（3）在施工期间，沟渠坡顶应进行沟渠排水，防止地表雨水直接进入基槽，侵蚀边坡；应在基槽底部修建冲沟和水坑，并及时排水。

（4）检查机械防雷接地装置是否完好。各种机械设备的电气开关应做好防雨准备。大风和雷雨天气应切断电源，以避免火灾或触电。暴雨过后，对现场的临时设施、电力线路等进行全面检查，确认安全后才能继续施工。

（5）钢筋应使用枕木或木块和木脊保持高度，以防止泥泞和生锈。在雨季，应定期测量砾石、砂和粉煤灰的含水量，并及时调整配合比，以确保质量。混凝土浇筑应尽量避免在雨天进行。

（6）在下雨或连续下雨的天气，暴雨抢险救灾小组应集合待命，统一指挥，随时消除隐患。

第四章　高速公路沥青路面

沥青路面是指在矿质材料中掺入路用沥青材料铺筑的各种类型的路面。沥青结合料提高了铺路用粒料抵抗行车和自然因素对路面损害的能力，使路面平整少尘、不透水、经久耐用。因此，沥青路面是道路建设中一种被最广泛采用的高级路面。

沥青路面的沥青类结构层本身，属于柔性路面范畴，但其基层除柔性材料外，也可采用刚性的水泥混凝土，或半刚性的水硬性材料。我国高速公路路面，绝大部分为半刚性基层沥青路面，基本结构形式有两种：两层式沥青面层和三层式沥青面层；三层式沥青面层厚度为 15cm 左右，多数半刚性基层厚 20cm，半刚性材料总厚度一般在 50~60cm，仅少数为 40~46cm。

第一节　RCC-AC 复合式路面施工

一、碾压混凝土摊铺

摊铺应用摊铺机时，应全宽、全厚摊铺，如果宽度不够，应由两台摊铺机并联操作。在缺乏摊铺机械的情况下，也可以使用平地机或分配器进行摊铺，模板必须由钢材制成，摊铺过程的质量控制主要是基准线、热板工作系数、摊铺速度等，并对摊铺后的压实度、平整度和形状尺寸进行评估，以确保施工质量。由于条件的限制，也可以使用人工摊铺。因此，当自卸汽车卸下大骨料离析后，有必要将大骨料重新混合到材料堆中，由于人工分配进度缓慢，为了减少水分损失，混合材料应沿着平滑的方向摊铺，同时卷布。炎热天气施工时最好覆盖，离析较大的拌和料应翻面，人工摊铺时不得散落，以防止骨料离析。

二、沥青混凝土摊铺

沥青混凝土施工是根据正常的沥青施工操作规程进行的，但由于与刚性碾压混凝土的复合，沥青混凝土的质量必须高，并且必须是粗粒的。黏结层的处理不仅要保证平整度，而且要保证由于冻结过程中两层的滑动而产生的表面粗糙度。在通过碾压混凝土与沥青混凝土之间的黏结层建造复合路面结构时，沥青混凝土层是功能层，碾压混凝土板上的接缝将反射到沥青混凝土层中，甚至渗透到沥青混凝土层的表面。这是因为，当温度下降时，碾压混凝土板产生水平收缩变形，造成沥青混凝土层开裂，或当车轮通过接缝时，相邻板产生挠度差，使沥青混凝土层剪切破坏。因此，应在碾压混凝土层和沥青混凝土层之间设置黏结层。黏结层施工技术如下：首先清洁水泥混凝土板。将土工布切割至所需尺寸，并在轴上滚动。使用沥青混凝土喷洒车填充沥青的黏性层，沥青工厂温度为 150~160℃。在运输过程中，外部加热，使其到达现场的温度不低于150℃。喷涂黏合层油后立即粘贴土工布。试验后，确定土工布的含油量为$0.56kg/m^2$。土工布应在喷洒黏合油后立即摊铺。将土工布缓慢拉伸，用刮刀刮平，用制浆棒反复熨烫4次，直到土工布表面略带黑色油层，然后用6~8t轻型滚筒再次碾压，使土工布表面变黑。

三、碾压混凝土接缝施工

1. 纵缝施工碾压

混凝土板摊铺尽量采取一次性整体摊铺，一般二级公路可采取一次性摊铺。如果材料供应困难，可分为交替摊铺和碾压两段，中线位置应在碾压混凝土初凝前碾压。如果道路宽度超过9m，可以考虑使用传力杆。碾压混凝土稳定后，在路面板1/2板厚的中心线位置每隔70cm埋设一根拉杆，拉杆由14根70cm中螺纹钢筋制成。然后在路的中间骑行滚动。

2. 施工缝施工

过去，碾压混凝土工作缝采用木材导向法施工。由于压路机和端模之间的死角，工作接头位置未压实，因此难以确保工作接头的压实度和平整度。对于狭窄路段可以使用1t手动振动压路机，对于较宽路段可以使用2轮轻型压路机碾压。

3. 伸缩缝施工

由于碾压混凝土的收缩比普通混凝土小，因此，通常没有设置伸缩缝的碾压混凝土，如设置伸缩缝，必须在碾压混凝土终凝后，将碾压混凝土用大分切机板切成2cm的槽，并用厚度较大的分切机板填充伸缩缝板，距碾压混凝土伸缩缝板顶部2cm，最后用填缝剂填缝。

四、反射裂缝处理碾压

混凝土等各种水泥混凝土板，当温度下降时，必然产生收缩水平位移，导致沥青混凝土层开裂，裂缝是路面的一大病害，给路面养护带来了麻烦。为了解决反射裂缝问题，可以在水泥混凝土和沥青混凝土之间设置土工网和油毡。

1. 土工格栅法

施工时，将土工格栅铺在碾压混凝土顶面上，一端用钉枪固定，另一端张拉，使土工格栅延伸约15%~20%，中间每隔2m固定一次，直至结束，然后撒上乳化沥青$1.0\sim1.2kg/m^2$，再撒上一层30%量的碎石，碾压后铺设沥青混凝土面层。施工后，观测效果明显，反射裂缝均在土工格栅搭接处。最好搭接在1m处，另外要注意沥青混凝土不能直接铺设在土工格栅的表面，以免由于高温破坏土工格栅的作用。

2. 油毡法

首先清洁RCC表面，并用压缩空气将灰尘吹干净。将油毡卷在接缝上，宽度为50cm，接缝两侧各25cm。用喷灯烘烤油毡，直到沥青融化，接着将其粘贴在接缝上并压平。然后在碾压混凝土板上喷洒乳化沥青，用量为$0.6kg/m^2$，最终铺设沥青混凝土。

第二节 稀浆封层技术在高速公路中的应用

稀浆封层产生于20世纪30年代的德国，最初是纺纱、矿石。将黏土混合物与水和沥青充分混合，然后摊铺在普通公路路面上。20世纪80年代末引入我国的稀浆封层是掺有一定比例的骨料、乳化剂、沥青、水和添加剂的稀浆混合物，在路面上及时均匀摊铺的薄层。目前改性稀浆封层的开发，是在制备乳化沥青中加入聚合物弹性体和添加剂，制成改性缓裂速凝乳化沥青，在室温下，根据原材料配合比的设计，摊铺在道路上，可以满足交通量大、重载交通的要求。

一、封层下沥青路面

沥青路面因其对路基和基层变形适应性强、易于恢复维护和使用性能好、噪声低等特点，被广泛用作公路路面结构层。该结构层通常由沥青混凝土混合料表层(包括上层、中层和下层)、无机结合料稳定粒料半刚性基层或水泥混凝土刚性基层和垫层组成。在这种多层结构的设计和施工中，层间的结合，特别是表层和基层的结合，是非常重要的。沥青面层与半刚性、刚性基层在结构、材料组成、施工工艺和时间等方面有着明显的差异，因此面层与基层的目标是一致的。形成断层或滑动面。

沥青路面、半刚性基层和刚性基层在路面结构体系中发挥着不同的作用。沥青表面主要是防滑的，防水、抗噪声、抗剪切滑动和裂缝，并将荷载转移到基层。为了达到荷载传递的目的，表层和基层之间必须具有很强的连续性。这种连续性可以通过下部密封层(黏性泥浆密封层)的作用实现。沥青面层的弹性模量不同于半刚性和刚性基层，在荷载作用下结合在一起时，各层的应力扩散模式不同。在垂直荷载和车辆横向冲击力的作用下，表层将产生相对于基底的位移趋势。如果表面本身的内摩擦阻力和黏附力以及表面底部的弯曲应力和拉伸应力不能抵抗此位移应力，则表面会产生被推、车辙，甚至松动、剥落等疾病，必须有一个力来防止层间移动。在密封层下方添加薄泥浆密封层后，层间的摩擦阻力和黏附力将阻止移动，并承担刚性和柔性之间的黏结和过渡任务，使表层与基层、垫层和土基层共同抵抗荷载，从而提高道路的整体强度。公路沥青路面应防止地表水侵蚀和破坏路面和路面基层。因为除了设计因素外，沥青混凝土施工还受沥青质量、石料性能的影响。

配比、沥青比、搅拌和摊铺设备以及碾压温度、碾压时间是影响沥青路面的因素。原始密度应非常好，表层透水性适当，往往是因为a-连接不到位而透水性大，从而影响沥青路面的防渗能力，影响沥青路面本身、基层和路基的稳定性。因此，《公路沥青路面施工技术规范》(JTG F 40—2004)明确规定：地处多雨地区，沥青面层空隙大，渗水严重，沥青面层应铺设在密封层下。

二、桥面防水层

随着高速公路和城市道路的快速发展，越来越多的桥梁需要铺设。研究表明，桥面铺装是桥梁的薄弱环节。在桥梁使用过程中，由于各种原因，不可避免地会产生渗水现象，特别是在有冰雪的地区，人们在桥梁上撒很多盐来清除积雪。含氯化钠的离子水一旦渗入桥面水泥混凝土，就会产生腐蚀作用，桥面沥青混凝土会产生泥浆和凹坑，严重影响桥梁的使用寿命。鉴于此，桥面防水越来越受到重视。一般作为桥面防水层必须具备以下条件：①防水性能较好；②防水层必须与桥面黏结，上部沥青混凝土较好；③施工方便，且在上部混凝土施工中不受破坏；④经济合理；⑤有效寿命长。

（一）稀浆封层作为桥面防水层的特点

（1）耐水性。稀浆封层是一种冷拌、密级配沥青混凝土，由于其含油量高（一般为10%）和矿粉含量高，使该技术施工的薄层具有良好的防水性。

（2）防水层与桥面之间的黏结。由于桥面和稀浆封层是两种完全不同的材料，它们之间的黏结是防水层成功的关键。在桥面上，应先喷涂黏结结层油，使桥面与密封层黏结良好。选用SBR专用复合改性黏合剂作为黏结油。其附着力强，此外，如果在成膜后喷涂，这种特殊的SBR黏合剂本身也可以起到防水效果，因此与薄泥浆密封层结合时防水效果更好。

（3）稀浆封层技术的经济性。与其他防水方法相比，该技术除具有施工速度快、外观均匀、防水性能好等特点外，其成本低于沥青卷材“多涂多布”。

（4）稀浆封层防水层的抗剪强度。水泥浆封层一般位于桥面水泥混凝土和沥青混凝土之间，其抗剪性能是人们关心的问题。作为防水层，稀浆封层的剪切强度大于仅喷涂黏合层油的剪切强度。该层的存在将对桥面混凝土的抗剪强度起到良好的作用。

三、高速公路养护

我国大部分公路是沥青路面，随着交通量的增加，交通荷载逐渐增大。在重载反复碾压的作用下，一些路面出现裂缝、泥浆和车辙等病害，导致路面性能急剧下降。此外，道路养护线路长，南部雨季长，北部寒冷低温时间长，给热沥青养护带来诸多困难。乳化沥青稀浆封层是一种常温施工方法，可以满足道路养护的要求。稀浆封层在高速公路养护中具有以下特点：

（1）采用稀浆封层作为沥青路面的底封层，可以增强路面的防渗功能，并能有效地提高沥青路面的抗渗性能。加强层间结合，消除黏层发油过程，作为防水层。

（2）增加粗糙度，提高抗滑动能力和覆盖表面完整结合。

（3）改善老路状况，以便妥善处理疾病。

（4）在连续盖层施工中，选用稀浆封层代替传统的黏层油，可以减少道路污染，最大限度地减少交通干扰的影响，实现良好的社会效益。

四、车辙的处理

一些沥青路面开放一段时间，会有不同程度的沟渠状车辙。车辙的横截面通常为凹曲线，这要求混合料中的骨料粒径随修补厚度而变化。这种近乎理想的技术要求目前其他工艺难以实现，而改性沥青稀浆封层可以做到。首先，对路面进行处理，收集数据，建立数据库。然后用计算机分析数据。以最大车辙深度作为浆体混合料级配的最大粒径，根据相关数据计算不同粒径骨料的数量。最后，为稀浆封层摊铺机配置“V”形摊铺槽。在摊铺过程中，混合浆液中各种粒径的骨料将根据厚度变化正常摊铺。由于车轮方向的每条车道上有两个车辙，车轮之间的一些路段会产生隆起，为了确保摊铺稀浆封层后路面光滑，应处理隆起。理论上，每英寸应添加 1/8in 至 1/4in 的改性乳化沥青混合料进行硬化，形成拱形，以补偿开放交通后的压实变形。

第三节　大粒径沥青混凝土试验段施工

一、原材料和技术指标

大粒径沥青混合料的原材料主要是沥青和骨料。严格控制原材料质量是保证大粒径沥青混合料质量的重要环节。

（1）沥青：改性沥青 MAC-70#，其主要技术指标已通过检测。

（2）骨料规格型号为：20~40mm、10~20mm、5~10mm、3~5mm、0~3mm。

（3）生石灰粉。

二、配合比

严格按照施工规范确定目标配合比：沥青含量 3.2%，骨料目标配合比：20~40mm：10~20mm：5~10mm：3~5mm：0~3mm：生石灰粉=25：42：15：9：8：1（生石灰粉作为填料）。

三、下封层的准备

（1）路缘石基础施工：路缘石基础施工前，根据测量放样线支撑模板，标高在模板边缘确定。搅拌好的 C20 混凝土运至现场浇筑。浇筑过程中采用插入式振捣器振捣，按设计要求每隔 15m 设置伸缩缝。浇筑完成后，混凝土表面覆盖土工布并洒水养生，持续 7d。

（2）多孔水泥碎石排水沟施工：①排水沟根据线路尺寸，在沟壁上支撑模板进行保护，防止墙体坍塌。先将土工布滤入沟内，并沿沟底和沟壁找平，然后将孔内纵向 PVC 管送入沟底中部。在水平出水管处开挖隧道，放置出水管，并用弯管连接垂直和水平管道。将预混合的多孔稳定砾石混合物倾倒到沟槽中，并用路基土填充横向隧道。②使用小型平板振动器对多孔水泥稳定碎石混合料进行振动和压实。振捣密实后，拆除支撑模板，用塑料薄膜覆盖渗水沟。③每一部分完成后，立即使用草帘覆盖。覆盖 3~5h 后，喷水使草帘饱和，7d 后，多孔水泥砾石排水沟表面始终保持湿润。

（3）为了保证下层与 LSPM 之间的黏结和水的紧密性，在摊铺乳化沥青之前，对基层表面进行拔毛处理，严格按照规范要求进行拔毛，并对下层松散和严重受损的部分进行开挖和修复，开挖和修复部分用密级配沥青混凝土回填和压实。为保证下层的清洁度和平整度满足要求，根据设计要求，在基层清洁表面上摊铺 50%缓裂乳化沥青作为透明层，每平方米洒布量为 1.0~1.2kg，采用专用智能沥青洒布机摊铺，摊铺速度控制在 5~6m/min，均匀摊铺。

（4）为了确保 LSPM 持续渗透水分和破坏结构层，将透明层油涂在单层沥青表面处理，作为密封层和水层，青海实践中采用油喷法，并在三天后进行大粒径沥青混合料摊铺施工。

清洁前在道路上进行施工，保持表面清洁，专用沥青摊铺机为MAC-70#热沥青摊铺机，沥青用量为1.2~1.4kg/m²，摊铺机控制速度5~6m/min，然后摊铺0..4%混合5~10mm沥青碎石，摊铺机数量为6~8m³/1000m²，碎石摊铺机使用橡胶辊碾压后，将碎石嵌入沥青中。

四、施工技术

1. 施工放样

待下承层准备好后，进行放样工作，每10m测量一个桩位，并在两侧路肩边缘外侧设置指示桩。进行水平测量，并在指示桩两侧明显标记大直径基底边缘的设计标高。桩位距基底边缘50cm，根据测得的高度和选择的松动系数进行放样。用专用工具，使张力不小于100kN，钢丝挠度不超过规定值。

2. 混合料的混合

混合料的混合、摊铺和压实能力必须匹配。为保证LSPM的连续运行，沥青混合料拌和机的能力不低于240t/h。混合器配有一台计算机，可以逐盘打印，并配有二次除尘装置。二次除尘后，回收的粉末不再使用。在生产混合料之前，应严格调整生产配合比。根据目标确定的配合比，首先设置热筒仓振动筛，然后进行热筒仓筛选、调试和初步生产分级。根据提取和筛选结果，应采用生产级配，并最终确定最佳沥青用量。由于LSPM矿料中细颗粒较少，干燥筒内容易过热，沥青在搅拌时会老化，因此严格控制搅拌温度。混合料由MAC-70改性沥青制成，沥青由导热油加热。加热温度在170~180℃之间，骨料加热温度比沥青温度高10~20℃。混合站混合料出口温度控制在170~185℃，垃圾温度为195℃。拌和时间由试拌确定，使所有颗粒均被沥青结合料充分包裹。混合材料应均匀，无灰色材料，无结块或粗细骨料严重分离。LSPM的最大粒径较大，粗骨料数量较多，沥青数量较少，因此应延长搅拌时间。铺设试验路的混合时间应设置为至少45s，以提高混合料的均匀性。

3. 混合料运输

采用15t中型自卸汽车运输，混合料车用篷布遮盖，减少温度损失。卸货时，汽车停在离摊铺机料斗约10cm处，摊铺机推动汽车摊铺机，以防止汽车与摊铺机碰撞。运输车辆必须填写运输单，实行一车一单，工厂将在交货时间内填写交货单，摊铺机现场凭交货单进行验收。为了防止混合料中的细料黏结在料车底部或壁上并堆积，最后倒入摊铺机并在路面上形成油点，装载前应在料车上适当涂抹隔油剂，摊铺过程中也应注意细料的堆积和清除。运输过程中，应尽量避免刹车，以减少混合料的离析。由于混合料的特殊性很容易离析，因此从一开始就要避免离析的发生，在运输车装载要求的料车前后要做装载运动；运输车辆在摊铺机前方10~30cm处停止，不要撞击摊铺机，运输车辆的卸料过程中应由摊铺机空转推进；同时，运输能力大于摊铺能力，以避免摊铺机长时间工作，保证摊铺的连续性。

4. 混合料摊铺

（1）摊铺机传感器放置在放样基准线上。当使用两台相同规格的摊铺机进行联合作业时，应保持相同的速度、相同的厚度、相同的摊铺系数、相同的拱度、相同的摊铺平整度和相同的振动频率。两台摊铺机的装配宽度为6m，将螺旋输送机调整到最高3挡，并调整仰角以满足施工要求(后脚的设置以试验路的精确测量为准)，两台摊铺机相隔5~8m。工厂搅拌能力与摊铺机生产能力相协调，略有过剩。根据搅拌机的生产能力和施工机械的配套条件，初步确定摊铺速度为 1~1.5m/min，每隔 2~3m 设专人在线检测摊铺厚度。

（2）摊铺质量保证措施：①在摊铺机螺旋上安装防刮片，以减少离析。②在两台摊铺机中间，使用千斤顶+铝合金带控制摊铺高程。前摊铺机的两个传感器分别放置在钢丝的一侧和铝合金带的另一侧，高程和平整度由双纵坡控制。另一台摊铺机中的传感器放置在摊铺机混合料的一侧和导线的另一侧。LSPM 的设计厚度为 15cm，摊铺厚度的增加应根据摊铺机进行调整。混合料的摊铺应保持在合理的速度，并合理调整搅拌站的搅拌能力，保持 1~1.5m/min，以实现缓慢、均匀、不间断的摊铺。将摊铺调整到最佳工作状态，调整螺旋布料器两端的自动料位装置，使料门的开度、混合给料机的速度和螺旋布料器的速度相匹配。布料器中的位置可略高于螺旋布料器 2/3 度，螺旋布料器的转速不宜过快，以避免摊铺层离析现象。我们应注意摊铺机料斗的操作方法，减少细骨料的离析，摊铺机料斗应在刮板未暴露约 10cm 热材料料时关闭，基本上在运输车刚退出时，并应在料斗中做两翼重新定位，当小车开始卸料时，做连续加料，以避免粗骨料集中。③混合料的摊铺厚度应为设计层厚度乘以松动系数。在摊铺之前，设置观测点以验证松动系数。

5. 碾压

LSPM 的压实是保证基层质量的重要环节。由于 LSPM 是一个完整的粗骨架结构，施工不仅要确保粗骨料的骨架结构，还要防止过度碾压造成的骨架棱角损坏。为了在试验段取得良好的压实效果，采用了大吨位双钢压路机和大吨位橡胶压路机。基本设备如下：13t 双轮振动压路机 3 台，26t 橡胶压路机 2 台，11t 双钢压路机 1 台。当初压温度控制在 165~175℃之间时，压路机应紧跟摊铺机，且在压实过程中不得急转弯，振动压路机应尽量减少洒水，保持合理的压实速度。在振动压路机的水箱中加入少量表面活性剂，以避免压实过程中的车轮黏附现象。橡胶压路机不喷水，可以在压实过程中喷洒或涂抹隔离剂，并以不粘在车轮上为原则，即当轮胎温度升高时不再粘在车轮上，不需要继续喷洒。混合料摊铺后，振动压路机可进行跟踪压实。可以采用两种压实工艺。具体压实过程如下：①两台振动压路机，第一次初压为正向静压和反向振动；第二次前进和后退是振动压力。压实速度应为 1.5~2km/h。为防止粗骨料过度振动和破碎，压路机应高频低幅压实，相邻碾压带重叠约 20cm。洒水车间歇洒水，只要不粘轮振动，橡胶压路机再碾压 1~2 次，即可驱动，配 11t 双钢压路机，速度可控制在 3~4km/h。②橡胶压路机跟随摊铺机进行跟踪和碾压。为了避免车轮黏滞，可以先洒菜籽油，当轮胎温度升高时不洒菜籽油。橡胶压路机压实一次后，混合物的骨架结构变得紧密，混合物稳定。振动压路机按此工艺压实两次后，再次对橡胶压路机进行静压，并清除混合物。由于当混合物冷却到一定温度以下时，骨料很容易因振动而过度破碎，因此在此温度以下不再使用振动黏结。此外，由于大颗粒石料混合料的孔隙率大，表面粗糙，且在重型车辆通行下表面容易松动，因此施工结束后应尽量避免非施工必须通过车辆进入。

五、质量控制

对于 LSPM 现场压实度，应使用孔隙比和压实度进行控制，应从路面上取芯样，采用二次封蜡法或计算方法进行测试，并计算混合料的理论最大压实度。此外，压实度应通过压实次数来控制。由于现场压实与室内压实不同，沥青层和石屑底部的浮力引起的混合料被压实也会影响空隙率，综合考虑各种因素，现场更多的道路检测为13%~18%，平均空隙率适当控制，极值为20%，考虑到空隙率测定方法的不同，也可以通过官方实施进行调整；压实度的控制方法应与普通沥青混合料相同，不低于98%。现场岩芯样品的检验频率应根据规范要求或招标文件进行。拌和站控制室应逐条打印沥青和各种矿物材料的用量和拌和温度。同时，质检人员应检查混合料的出厂温度、摊铺温度和碾压温度，目视检查混合料有无灰化材料和严重离析现象。每天结束时，搅拌站打印的每种材料的数量由总量控制，并将平均施工级配、油石比和提取结果与每个料仓的数量和每个料仓的级配进行比较。此外，为了控制混合物的质量，应从搅拌站和摊铺现场取样，每天至少进行两次提取和筛选试验，每个样品不少于4kg。由于LSPM级配是基于粗骨料骨架和体积以及细骨料填充状态，通过实际计算得出，级配范围随原材料性质的体积而变化。但为了便于施工质量控制，通过对国内外许多数据的查询，当分级控制采用网格控制时，重点关注网格控制，主要为0.075、4.75、9.5、13.2、26.5、31.5各级必须满足的范围要求，根据关键网片偏差范围可以制定相应的施工控制范围要求，其余网片允许超出施工级配范围要求，沥青含量公差为±0.2%。此外，有必要逐盘测试搅拌站和总量。

混合物的级配曲线取决于提取和筛选的结果。由于搅拌站中热料仓的取样偏差较大，根据比例计算热料仓的筛分不是控制要求。在对混合物进行取样时，应尽可能避免离析。同时，为了防止沥青含量高导致的渗漏，混合料还需要进行渗漏试验，并要求获得渗漏量。可以采取以下主要措施来减少隔离：

（1）骨料堆放和运输。分层骨料，尤其是粗骨料，可以减少随机离析问题。尽可能将堆垛高度减到院子允许的范围内。如果粗骨料在料堆底部发生离析，则应在将材料送至冷料斗之前，使用前端装载机重新混合材料。加强卸料和装车管理是减少随机离析的关键。

（2）汽车材料的装卸。为了防止汽车装载形成的离析，在装载过程中，应至少分三次，第一次靠近汽车前部，第二次靠近汽车后部，第三次在汽车中部，通过这种方法可以基本消除装载形成的离析。如果每盘料都被装载，汽车可以通过滑动模式顶部的移动来均匀装载，这比装载的三倍要好。此外，当车内混合料进入摊铺机时，混合料应整体进入摊铺机料斗，以避免因卸车而造成离析。

（3）摊铺机摊铺操作。在摊铺过程中，保持摊铺机料斗至少半满，只有在必要时将料斗打包，料斗才能消除料床上的沟槽，使下一辆车可以整体卸在摊铺机料斗中，从而显著降低离析程度。当汽车在摊铺机上卸载时，卸载速度应尽可能快。摊铺机加满后，混合料从汽车底部移除。这只会减少材料的轧制，并在一定程度上减少偏析。尽量保证摊铺机连续运行，不要停机。调整摊铺机摊铺速度，使其与搅拌站的进给速度相匹配。

（4）确保摊铺厚度。根据LSPM离析的研究，摊铺厚度对混合料的离析有很大影响，当摊铺厚度变厚时，离析程度可以显著降低。因此，在摊铺过程中应注意检查摊铺厚度，以确保混合料的最小摊铺厚度。

六、维护和交通封闭

由于粒径较大的混合物具有较大的孔隙率和粗糙的表面，因此在交通繁忙的情况下，表面很容易松动。因此，施工结束后，应尽量避免施工不需要的车辆进入，或在尽可能短的时间内铺设沥青表面小于0.2%。

隔离控制如下：

（1）随机分离。随机离析通常是由于粗骨料在料场中堆积不当或冷喂料问题造成的。粗骨料倾向于沿料堆滚下至料堆底部，在送入冷料斗之前，必须用前端装载机均匀混合。如果没有混合，则粗骨料由装载机集中放置在冷料斗中，这会显著改变混合料中骨料的级配，具体取决于混合楼的生产方法。

（2）纵向隔离。仅在摊铺机一侧发生的连续离析通常是由于卡车从混合地板或储料仓中装载不当造成的。如果未在卡车底部中间卸载混合物，则最粗的颗粒可能会滚动到一侧并沿一侧积聚。当混合料装入摊铺机漏斗时，分离的混合料将放置在道路的同一侧，从而在摊铺机的纵向侧形成粗颗粒区域。

（3）运输隔离。当卡车将混合料运输到摊铺机时，LSPM运输分离发生。当运输道路不平坦时，很容易发生隔离。这通常是搅拌楼装载期间卡车分离的地方。在卡车装载过程中，为了避免装载和运输分离，最好将卡车位置移动，将混合料在卡车中分为前、后和中间三个小桩，减少骨料碾压的距离。

第五章　高速公路沿线设施

随着经济建设的发展，公路、铁路、水路、航空和管道五种运输方式在各自的领域中稳定发展，但公路以它机动、灵活、迅速、直达的特点在五种运输方式中占了领先地位。与此同时，快速发展的公路运输业对公路的技术标准要求越来越高，其中之一，对沿线设施要求越来越高。过去，我们在最初修建高速公路时，只注重公路自身路基、路面、桥涵及排水和防护构造物的建设，对公路沿线设施的建设考虑得很少。随着高速公路的快速发展，与其高效、快速、安全、舒适的功能相匹配的沿线设施建设成为公路建设的重要组成部分。

第一节　波形梁护栏施工

一、波形梁工艺流程

波形梁工艺流程如图 5-1 所示。

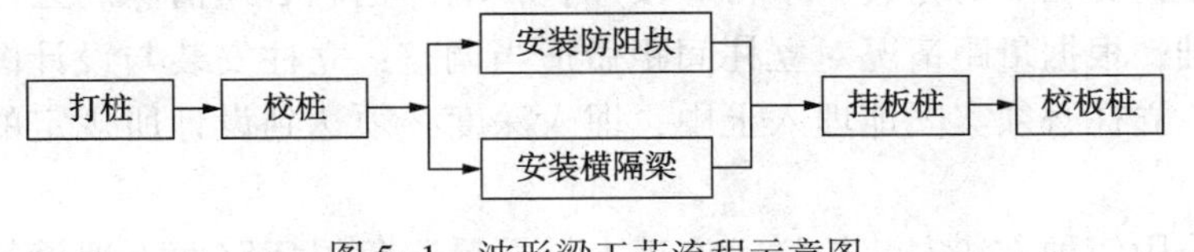

图 5-1　波形梁工艺流程示意图

二、施工方法

（一）施工放样

立柱放样以固定通道为主要控制点，进行测距定位同时复核地形条件与设计原则相符。立柱放样时，利用调整段调整间距，通过分配法调整至多根立柱。放样完成后及时填写施工放样报验单。

（二）立柱安装

（1）采用打入法设置立柱。打入法设置立柱，严格按照施工放样的钢钎确定位置，立柱之间间距 2m，首先安放自制导向器，立柱再沿导向孔打入，以确保垂直度。立柱打入土中至设计深度，打入过深不将立柱部分拔出加以矫正，而是将其全部拔出，基础压实后重新打入。立柱安装与设计图纸相符，并与道路线形相协调，立柱必牢固地埋入土中，达到设计深度，并与路面垂直。

（2）立柱打入困难，采用钻孔法或开挖法安装立柱。施工前报监理批准。采用钻孔法进行立柱安装，立柱定位后与路基相同的材料回填，并分层夯填密实，具有不低于相邻原状土的密实度；采用开挖法施工，埋设立柱，回填料采用良好的相同材料并分层夯实(每层厚不得超过15cm)，回填土的压实度不小于相邻原状土。岩石中的柱桩用粒料回填并夯实。

(3) 考虑到护栏结构对景观及驾驶员视线诱导的影响，立柱安装就位后，立即进行垂直度、位置、标高的检查。垂直度检查采用靠尺逐根检查。位置检查、间距检查直线采用钢尺检测，曲线段采用偏角法使用经纬仪检测；横向位置检查采用尺量道路中心线与立柱横向间距。渐变段及端部立柱的安装为施工重点注意的部位，施工严格控制立柱位置、高度，注意抛物线形。

(三) 梁板安装

(1) 调整好立柱后，即安装托架。托架通过连接螺栓固定于波形梁与立柱之间。在拧紧连接螺栓前调整托架使其准确就位。

(2) 波形梁通过拼接螺栓相互拼接，并由连接螺栓固定于托架上。路基护栏、波形梁的搭接方向是安装的关键，严格按照图纸进行安装。搭接方向与行车方向一致。波形梁在安装过程中不断进行调整。因此，不过早拧紧其连接螺栓和拼接螺栓，以便在安装过程中利用波形梁的长圆孔及时进行调整，使其形成平顺的线形，避免局部凹凸。护栏的线形比较满意后拧紧螺栓。托架与波形梁之间连接螺栓未拧得过紧，便利用长圆孔调节温度应力。

(3) 端头梁通过拼接螺栓与标准段护栏相互拼接。端头梁施工方法与波形梁基本相同。

(四) 注意事项

(1) 立柱不得有明显的扭转，不得焊接加长，端部毛刺必须清除。立柱放样以公路上的控制点为基础，根据量距情况对立柱间距做适当调整；立柱安装与设计图纸相符，并与道路线形协调；立柱必须牢固地埋入土中，埋入深度必须达到设计所规定的深度，且与地平面垂直。

(2) 无论采用何种方法安装护栏，施工人员尽量避免损坏路面下埋设的管线设施，造成损坏应负责修好，损坏后的修理费用由项目部承担。

(3) 护栏安装完毕后，水平方向和竖直方向形成顺畅的线形，对景观及驾驶员的视线有良好诱导。

(4) 设置于路侧的波形梁护栏，不得使护栏面进入公路建筑界限以内。

(5) 立柱安装完毕至柱帽安装期间，防止立柱内掉入杂物。

(6) 波形梁的连接螺栓及拼接不得过早拧紧。

(7) 在拧紧连接螺栓前调整托架准确就位。

(8) 护栏、端头、立柱长度和宽度方向不允许焊接，构件不得出现裂缝。

(9) 所有材料端面切口平直，毛刺必须清除。焊缝光滑平整，焊缝位置位于任一无螺孔的平面上。端头不得有明显的扭转。切口垂直，端部毛刺必须清除。曲线部分圆滑平顺。

三、质量保证措施

(1) 施工前，波形梁护栏钢立柱及护栏板等委托工程咨询监理公司进行检测。经检测波形梁护栏钢立柱及护栏板的几何尺寸、镀锌层厚度及力学性能均符合设计及规范要求，经监理同意后投入施工使用。施工波形梁护栏严格按设计规范要求施工，每道工序完成后均经现场监理工程师同意后才进入下一道工序施工。

（2）检测、试验手段和措施：

① 现场取样、送样及时，试验室建立台账并设专人管理。

② 加强试验文件、资料的管理，设专人负责。

③ 认真落实各项管理制度，强化检测工作。

④ 对认为检测精度不合要求的，及时要求外围检测单位进行维修及标定。

⑤ 严格检验程序和试验程序。

（3）质量检验与评定：首件波形梁护栏完工后，项目部派专人进行质量检验，填写质量检验记录表，报送监理签字审批。其检测依据为《公路工程质量检验评定标准》（JTG F80/1—2017）。

四、施工过程存在问题及解决办法

施工完成后经项目部同总监办专业工程师对上述路段的波形梁护栏立柱工程依据《公路工程质量检验评定标准》（JTG F80/1—2017）进行了现场检测，情况如下：

1. 存在问题

（1）竖直度超出可偏差范围；

（2）安装不牢固，顶端有明显塌边、变形、开裂等缺陷且线性不顺直。

2. 解决办法

（1）经数据分析发现施工中打桩时钻头钻孔，容易碰上石子导致钻头偏位，造成竖直度超出可偏差范围，对于此情况进行拆除返工，安排专人进行监管。

（2）重新安装立柱及柱帽，保证牢固度；同时为了保证线形顺畅，难免会令垂直度不足。基于此，打桩过程中，随时检验垂直度，发现不合适的及时调整。经对各项检测指标的综合评定，该路段波形梁护栏立柱工程达到优良标准。

五、安全施工情况

（1）建立了安全保证体系，项目经理是安全第一责任人。本项工程设专职安全人员，在生产副经理、安全负责人的领导下，保证一切安全生产工作。

（2）在施工前对本项工程现场施工、操作人员进行相关的安全教育及交底，设立了安全督岗，在施工中未发现安全隐患。

（3）工程安全责任落实到人，每位工人熟练掌握本工种安全技术操作规程，工地设立了明显的安全警示牌和安全事项宣传栏。各类机械设备操作人员，持证上岗，无证人员或非本机人员，不得上机操作。

六、文明施工情况

（1）施工前对现场作业队进行文明施工教育，加强施工管理，规范施工作业。

（2）严格按上报并已批准的施工组织进行现场布设施工。

（3）项目部管理人员，各施工技术人员，现场作业人员在工地上一律佩戴安全帽，提高文明意识。

（4）执行现场管理责任制，竖标牌公布。现场材料堆放整齐，标识清楚，机械设备停放有序，场内清洁干净，做到现场规范化。

（5）加强机械、车辆和驾驶人员管理，遵守交通规则，规范行车，礼貌行车。

第二节　缆索护栏施工

一、放线

（1）应在设置缆索护栏的路段确定好控制点，例如弯道转角等，然后在控制点之间测定距离。

（2）端部立柱、中间端部立柱、中间立柱的位置根据实测距离及控制点分布情况进行最后调整、定位。

（3）立柱位置确定以后，应详细了解地下管线、构造物的位置，以便进行合理的处理。

二、端部立柱和中间端部立柱的基础施工

（1）应根据最后确定的基础位置挖坑，达规定标高，基坑尺寸经检验合格后，铺砌基底的片石混凝土。经夯实后，立基础模板，各部尺寸检查合格后，浇筑水泥混凝土。待混凝土完全凝固后拆模，然后分层回填夯实，每层不超过15cm，直至规定的标高。

（2）端部立柱或中间端部立柱设置在桥梁、挡墙、涵洞、通道等人工构造物的水泥混凝土中时，需在构造物的水泥混凝土浇筑前，按设计图的要求支立模板，在孔穴周围配置钢筋，并与构造物的混凝土一起浇注。

三、中间立柱的埋设

（1）中间立柱埋设于土中时，一般有以下几种施工方法：

1）挖埋法。在设置中间立柱的位置挖孔穴，孔的直径不应小于20cm。达规定深度后，放入中间立柱。定位后，用砂土分层回填夯实，每层回填土的厚度不得超过10cm。

2）钻孔法。在设置中间立柱的位置用螺旋钻孔机等机械钻孔，待钻孔达埋置立柱深度的一半左右时，再把立柱打到要求深度。

3）打入法。在设置中间立柱的位置直接用打桩机（气动打桩机、振动打桩机等）把立柱打入土中。立柱不应产生明显的变形、倾斜或扭曲。无论采用哪一种施工方法，都要求立柱位置正确，纵向和横向位置与道路线形相一致，标高符合规定，并不得损坏立柱端部。

（2）中间立柱埋设于混凝土中时，可根据底座条件及护栏类型进行埋入部的设计。一般需要在水泥混凝土构造物上顶留孔穴，在孔穴周围配置钢筋。

四、安装托架

中间立柱或中间端部立柱上的托架，应按各类护栏托架编号和组合正确固定在立柱上。

五、架设缆索

(1) 在端部立柱和中间端部立柱的基础混凝土强度达设计强度80%以上时，准许架设缆索。

(2) 把缆索支放在端部立柱的旁边，通过中间的支架向另一端滚放缆索。应避免在路面上长距离拖拽缆索，以免擦伤镀锌层。

(3) 从一头的端部立柱开始，先调节好端部立柱的索端锚具，把缆索一端松开，用楔子固定或采用注入合金把缆索锚固。再装上拉杆调节螺栓，并把索端锚具安装到端部立柱上。

(4) 装设端部立柱上的索端锚具后，顺着中间立柱依次把缆索临时夹持在托架规定位置上，一直连接到另一端的端部立柱或中间端部立柱上。

(5) 在另一端的端部立柱或中间端部立柱上设置倒链滑车（或杠杆式倒链张紧器）把缆索临时拉紧，直到看不出缆索有挠曲为止。

(6) 在临时张紧的状态下，根据索端锚具的尺寸，把多余的缆索切断。缆索切断面要垂直整齐，不得松散，必要时应用铁丝绑扎再切断，缆索的切割应采用高转速无齿锯，以避免引起钢缆端部退火。缆索切断以后，穿入索端锚头中，当采用楔子固定时，应将缆索按股分开，当采用浇铸合金时，则应按单丝分开并将钢丝拉直，然后打入楔子或浇铸合金进行锚固，再与拉杆调节螺栓相连，并安装到端部立柱上。

(7) 索端锚具安装到端部立柱上后，即可卸除临时张拉力。缆索应从上到下架设，直至全部架设完毕。最后对全部拉杆螺栓再进行一次调整。

(8) 缆索调整完毕后，应拧紧各中间立柱托架上的索夹螺栓。

第三节 混凝土护栏施工

一、施工方法及方案

为了确保工程质量达到优良标准，根据设计文件和检验标准，要求专业技术人员对专业零部件制造的全过程进行质量控制。同时，施工现场技术人员仔细调查现场，对施工现场进行必要的平整，然后完成测量放样。一切就绪后，波形波束设施的安装开始。具体方案如下：

（一）施工准备

施工开始前，施工技术人员熟悉并理解设计图纸和相关施工规范，并与施工现场的施工人员逐一核对设计图纸，了解施工段的桩号、各种结构和护栏结构的位置，做好施工设备材料进场工作。

1. 钢护栏柱放样

(1) 立柱应根据设计图纸进行放样、测距定位，可调整间距，并采用分布法处理奇数间距。

（2）为了准确放样并确保护栏的线形，每隔一段时间检查并闭合桩号。

（3）柱放样后，应调查每个柱位置的表面状态。如果是地下通信管道、排水系统等，应调整部分立柱的位置，并改变立柱的固定方式。

2. 钢护栏柱安装

（1）根据设计图纸钻孔立柱，并进行检查，使其与道路线形协调。

（2）如果路肩的基本条件允许，则采用打桩法来设置桩，施工时应准确定位，将柱打入土中应达到设计深度，当深度打桩时，不仅要将柱拔出纠正，而且必须全部拔出，待地基重新打入后压实。结构中设置护栏柱，结构施工中已做混凝土基础（混凝土基础采用独立基础：长 0.5m×宽 0.5m×深 0.8m 水泥混凝土）。使用预留孔基础时，应先清除孔内杂物，排出孔内积水，再在孔底涂沥青，然后放入柱内控制标高。可以在柱周围注入砂子。填砂时，必须保持立柱的正确位置和垂直度。砂振捣后，可用沥青密封，防止雨水漏入孔内。独立基础内的波浪护栏用 ϕ20 钢筋与原沥青混凝土路面（水泥层）连接。

（3）沥青路面段立柱施工时，立柱坑从路基至表层以下 5cm 用与路基相同的材料回填分层，其余部分用与路面相同的材料回填夯实。

（4）立柱安装到位后，水平方向和垂直方向形成一条平滑的线。在渐变段末端的护栏施工中，应按照设计坐标严格控制立柱位置，注意抛物线形状。

3. 波形梁安装

（1）波形梁安装时，用拼接螺栓相互拼接，连接螺栓固定在柱或梁上。波形梁的拼接方向是安装的关键，施工时拼接方向应与行车方向一致。

（2）波形梁在安装过程中应不断调整，因此连接螺栓和夹紧螺栓不应过早拧紧，以便在安装过程中及时调整波形梁的长圆孔，形成平滑的线条，避免局部凹凸。

（3）安装时，波形梁顶面应与道路竖曲线相协调，并检查护栏的线形。当线条笔直光滑时，可以最终拧紧螺栓。

（二）抗阻快速安装

挡块可以防止立柱挡住车轮，避免碰撞时护栏的偏力和车辆减速，因此应确保其准确就位。在安装和调整之前，可以安装挡块，挡块通过连接螺栓固定在立柱之间，最后对波形梁进行安装和统一调整。端梁应安装并锚固在侧护栏开口处。端部锚固主要包括钢丝绳锚固和混凝土基础。在端部基础混凝土的设计强度达到 50%之前，不得拧紧螺栓或电缆。

二、移动式钢护栏安装

活动钢护栏段位于中央分隔带的开口处，其安装在波形梁钢护栏安装后的行车方向上。施工安装前，根据设计文件的要求，检查活动钢护栏的安装位置和数量；根据确定的安装位置，活动钢护栏应垂直于地面，纵向对齐，无碰撞和变形。底座外壳是预埋的，安装后应测试其是否易于拆卸和重新插入。

三、注意事项

（1）施工准备充分，准确定位桩号在施工段的位置。放样应准确，误差在规定范围内。

（2）立柱施工应严格认真，其垂直度、间距、螺栓孔位置等尺寸应符合要求，不符合要求立即返工，同时，应严格按照规范返工。

（3）波纹梁板、柱等构件的包装和标记应符合 GB 6725 的规定。护栏在采购时不得散装，并应确保产品在起吊、运输和堆放过程中不变形或损坏（受伤）。在运输过程中，应固定可靠，防止因碰撞而损坏涂层或部件变形。

（4）注意波形梁高强拼接螺栓接头的包装和标记应符合 GB/T 1231 的有关规定。

（5）护栏施工操作应谨慎，不得破坏道路下埋设的电缆、管道等设施。

第四节　隔离设施施工

公路护栏是防止人畜随意进入或穿越公路，防止他人非法占用公路用地，保证行车安全，维护公路产权的重要设施。按隔震网架结构形式可分为金属网、钢网、带刺铁丝网和常春藤几类，金属网可分为编织网、焊接网、扭花网等。护栏造价约 10 万元/km。它作为高速公路与周围环境之间的安全屏障，对高速公路的整体功能有很大影响。

一、柱设计

立柱是隔震格栅的主要支撑构件。柱的强度和稳定性直接关系到隔震栅的使用效果和寿命。柱的选择和设计主要考虑风以及人畜造成的损害。

（一）公路隔离栅材料

如果选择钢板网和金属网，支撑柱通常由钢或钢塑柱制成。出于成本考虑，一般仅在立交桥、停车场、服务区等设施重要、景观要求高的区域使用钢丝网和金属网，一般地段仍宜使用带刺铁丝网。铁丝网隔震网格柱的主要材料有钢柱、钢筋混凝土柱、木柱、复合材料柱等。材料的选择应考虑景观的协调性、与网孔或铁丝的配合程度、施工难度、防盗等因素，并努力做到因地制宜。在林区，由于木材资源丰富，木柱与周围景观较为协调，木柱应采用防火原木，直接埋在土壤中，并对木柱做防腐处理；在沙漠和戈壁地区，应使用钢筋混凝土预制柱。在农业区，如果地形起伏相对平坦，则不应使用钢筋混凝土柱，在地形复杂的地区，考虑到钢筋混凝土柱的搬运较为困难，单重 70kg 以上，柱应使用钢柱；在盗窃更严重的地区，可以考虑使用没有回收价值的复合柱。目前市场上有一种 GRC（玻璃纤维增强水泥复合绝缘门柱，此隔离门柱为矩形和圆形，门柱由镁质胶凝材料、玻璃纤维、竹加固的增强材料和改性 PVC 外壳组成，具有环保节能、坚固耐用、安装方便、无回收利用价值、防盗等特点。

（二）截面形状

按柱截面形式可将隔震网架分为直缝钢管柱隔震网架、型钢柱隔震网架、Y 型钢柱等截面形式。钢柱应采用冷弯等边槽钢或冷弯等边内轧槽钢，横截面积大于 $3.3cm^2$。钢筋混凝土柱应采用方形截面，截面尺寸大于 8cm×8cm。木柱的横截面直径应大于 9cm。隔震门柱的截面形式直接影响结构的稳定性，形式的选择主要考虑风的影响。设计中的风压可根据国家风压分布图确定，迎风面积可根据各隔震设施外等高线面积乘以 0.2~0.5 折减系数

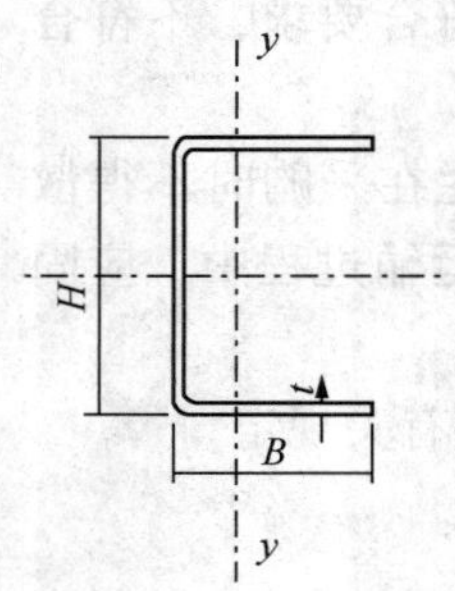

图 5-2　冷弯等边槽钢立柱示意图

计算。如果隔离门与绿化一起使用，或草地地区秋季在围栏上挂草时应考虑折减系数的上限。以高速公路上广泛使用的冷弯等边槽钢柱为例，如图 5-2 所示。

在隔震网格技术条件中，冷弯等边槽钢规范提供了 6 种选择形式，可在不同的应力条件下进行选择。同时，规定在强度和稳定性条件下，也可以使用其他具有合适截面形状的钢材。

（三）高度

立柱的高度基本上决定了隔离设施的安装高度。该指标是隔离栅设计中的一个重要参数，其高度直接影响成本和使用效果。选择围栏高度时要考虑的主要因素是行人流量密度和围栏沿线的地形。在《公路交通安全设施施工技术规范》(JTG/T 3671—2021)中规定，护栏的有效高度范围为 1.6~1.8m。该值范围的规定主要考虑成年人的身高，并以防止交叉为主要设计目标。经观察，如果人们想进入高速公路，一般采取破坏隔离门的方式，其破坏位置在 1.2m 以下。虽然设置更高的路障可以更好地防止交叉，但不能阻止人们进入高速公路，真正能够规范人们行为的是法律意识，而随着社会文明程度的提高，社会的发展，人们违背法律意识、交通法规的数量势必下降。发达国家高速公路上的木栅栏高度也在 1.3m 左右。因此，屏障不应设置得太高。建议屏障的暴露高度在一般区域为 1.2m，在特殊区域为 1.3~1.5m。这个高度不容易攀登，节省投资。

（四）柱基础

一般情况下，钢柱与水泥混凝土基础一起预制，为了便于搬运和安装，基础尺寸应根据地质情况、受力情况确定，其尺寸不宜过大，建议采用 20cm(长)×20cm(宽)×30cm(高)水泥混凝土预制块基础。直线段可每隔 30m 设置一根加强柱，其埋深应在 50cm 以下，两侧增加斜撑。水泥混凝土预制柱和木柱可在无基础的情况下直接预埋，预埋深度约 30~40cm。木柱埋置部分应进行防腐处理。

（五）列间距

由于高度降低，建议将柱距从 4m 设置为 5m，然后每千米设置 201 根柱子；如果设置为 4m，则每千米 251 列，即每千米保存 50 列。在农村地区靠近村镇的人们周围活动频繁，其网络应采用金属网或钢丝网。因此，这种类型的网络对人们无害。设计中应采用低密度(0~60cm 高)10cm×15cm 孔和上部疏密(60~120cm 高)隔离网 20cm×30cm 孔，以达到节约材料和成本的目的。但由于钢板网的成本高于金属网的成本，且美观性也稍差，且对复杂地形的适应性较弱，国内公路建设很少使用。金属网有三种：编织网、焊接网、拉丝网，焊接网更常用。焊接网有两种：线圈网和片网。由于线圈网安装简单，整体强度高，对复杂地形的适应性强(可以随意切割)，因此在总体设计中应推荐使用线圈网。在山区、林区、牧区等人口稀少地区由于铁丝网造价低，隔离栅应采用铁丝网。

二、检修门

根据公路养护技术规范的要求和实际需要，每年定期、不定期地进行桥涵的技术检查和疏浚工作。为了便于进出隔离栅的管理人员对桥涵进行定期检查，桥涵两侧应设置便于开启的门。门有单门和双门两种。单门用于特殊人员的进出，双门用于机械维修设备和车辆的进出。门锁采用公路专用“锁”，所有锁均配置万能钥匙开启，锁可直接安装在门上，门框由角钢制成，门采用空心矩形薄壁管，门采用编织网或钢板网，隔离门应能开启180度。

三、防腐处理

隔离门常用的防腐处理工艺通常可分为单涂层系统，如：热浸镀锌、涂层(喷涂)、浸渍等，以及双涂层防腐系统，如：先镀锌后浸渍。热浸镀锌的防腐原理是锌和铁结合在一起形成原电池，锌作为阳极消耗，铁作为阴极保护。通过这种牺牲阳极保护，镀锌层可以为小面积损坏的铁件提供保护，直到锌层完全磨损。塑料涂层(喷塑)是指利用静电吸附原理进行喷涂，保护层材料为聚酯塑料涂层，涂层化学性能相对稳定，但由于喷涂工艺的限制，喷涂层的厚度不能随意改变。浸渍一般采用流化床工艺，保护层材料通常是聚乙烯涂层，基本原理是利用工件的热效应预热工件，熔融后聚乙烯粉末黏附在工件表面。由于聚乙烯的分子链相对单一，化学键在紫外线照射下容易断裂，导致脆塑性断裂。浸层厚度可根据客户要求和工件直径进行调整。

先镀锌后浸渍的双层防腐系统通过牺牲阳极保护和屏蔽保护的联合作用提高了部件的保护效果，镀锌层通过牺牲阳极保护和屏蔽保护来保护母材。该涂层为锌涂层提供屏蔽保护，并且涂层的存在降低了锌涂层的腐蚀速率。一旦涂层被腐蚀，锌层可以继续提供阴极保护和屏蔽保护。

四、布设

在《公路交通安全设施施工技术规范》(JTG/T 3671—2021)中，对隔离栅的位置和密封方法作出了更详细的规定，但在实践中工程建设中仍有许多问题值得认真考虑。

(1) 对于隔离门的横向位置，规范中要求隔离门的中心线，一般沿公路用地边界内侧20~50cm布置。然而，由于路堤填土高度的差异，实际征地边界往往呈之字形，并且在短期内变化频繁。此时，如果隔离门也严格按照要求沿征地边界铺设，会出现许多拐点，并会增加大量三轴支撑，导致整体美观较差。在这种情况下，隔离门可以弧形布置，弧线与锯齿形征地边界的内侧相切。这样，外观更好，隔离门不会设置在征地边界之外，从而避免不必要的纠纷。

(2) 分离式路基隔离门的密封方法。对于单独的路基，两个路基之间的相应通道、桥涵应用隔离栅密封，以防止人畜通过侧通道、桥涵进入两个路基之间，进入公路。

(3) 隔离门不能直接终止于隧道口，但应沿山坡绕隧道口旋转，以避免沿隧道入口顶部进入高速公路的可能性。

(4) 小涵洞隔离门处理。规范规定，当障碍物遇到小流量的小沟渠和小涵洞时，可采取措施直接穿越。在实际设计中，不同的设计师有不同的方法来处理这种情况，包括遏制和直接穿越。出于以下原因，此时应封闭屏障，而不是直接穿过。首先，小涵洞并不总是有水的，旱季供行人通行，而许多涵洞具有人文功能；其次，涵洞的主要功能是为公路周围的灌溉系统服务。如果涵洞关闭，将给周围群众的生产带来极大不便，隔离门往往会被擅自打开。

第五节　防眩设施施工

一、防眩板施工工艺

公路防眩板施工工艺流程如5-3所示。

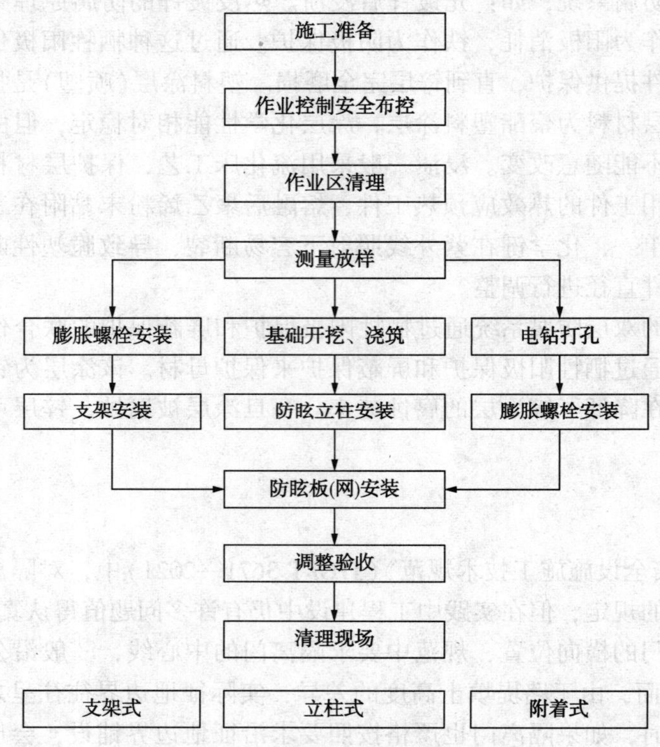

图5-3　公路防眩板(网)施工工艺流程图

1. 测量放样

确定控制点(如桥梁、立交、中分带开口及防眩板需变化的路段)，在控制点之间测距定位、放样。

2. 电锤钻孔

在防眩板定位点，用电锤钻孔，安放膨胀螺栓。在施工过程中，不得损坏中分带上的相关设施。

3. 安装支架

在防眩板定位点，安装连接钢板支架，要求外形上不得有高低不平和扭曲现象。拧紧膨胀螺栓，要求连接钢板牢固地安装在定位点上。

4. 安装防眩板

在连接钢板上安装防眩板，要求防眩板整体与路线线型一致，遮光角一般路段为 8°，平(竖)曲线路段为 8~15，防眩板高度必须符合设计要求，且高度一致，在同一水平线上，不得出现高低不平的现象，调整合适后，拧紧防眩板螺栓。

5. 线形调整，缺陷修复

施工结束后，再次对防眩板进行线形调整，要求其竖直度、防眩高板和顺直度在允许偏差范围内。对防眩板平面弯曲度超过板长 0.3%的防眩板，以及色泽不均、表面有气泡、裂纹、疤痕等表面缺陷的防眩板，一律拆下更换。

二、施工过程中应注意事项

(1) 施工前根据施工图对设置防眩板的位置、高度、板宽及板的间距还有遮光角进行核对，避免漏光现象，明确应该采用何种方式连接安装，一般以桥梁、立交、中央分隔带开口及防眩板需要变化的路段为控制点，在控制点之间测距定位和放样。

(2) 在施工中，尽量带线手套施工，能保护波形护栏的金属涂层，如果有损伤应及时修补，不能损坏中央分隔带上的通信管道、护栏等设施或者影响防眩板的外观质量等。一般防眩板设置在钢护栏和混凝土护栏上，在混凝土护栏上直接用钢板托架将膨胀螺丝固定在桥梁混凝土护栏侧，注意强度应能达到设计强度的 70%以上，才可以在混凝土护栏上安装；在钢护栏上的防眩板用紧固板紧固波形梁就可以了。

(3) 按图纸要求处理好路段与桥梁上的位置和高度，外形上不得有高低不平和扭曲现象，在普通路段护栏本身表面存在高低不平的现象，应加垫钢板来调整以确保线型。

三、工程质量和工期保障措施

(一) 工程质量的措施

(1) 质量方针：本工程的质量方针是履行质量责任和承诺，提供优良产品和服务，树立良好信誉和形象。

(2) 质量目标：本工程质量目标为分项工程各项目的一次检验合格率达 100%；分部工程综合评分达 95 分以上，分部工程全部达到优良；单位工程全部达到优良等级。

(3) 质量管理措施：建立健全质量管理领导小组；建立各级质量责任制；制定奖罚办法，将质量情况与工资、奖金相结合。

(4) 三检制度：项目部必须认真执行三检制度，即：自检、互检、工序交接检验制度。

(5) 施工记录：项目部确保规范规定的检验、抽检频率，现场质检的原始资料必须真实、准确、及时、可靠，施工记录必须与施工同步，不得追记，接受质量检查时必须出示原始资料。

(6) 质量事故的处理：项目部建立质量奖罚制度，对质量事故要严肃处理，坚持三不放过，事故原因不明不放过；不分清责任不放过，没有改进措施不放过。

(二) 材料、设备或工序的控制

(1) 用于工程的设备的验收：每一批施工设备进场，先向监理工程师报送型号及性能，征得监理工程师同意后方可进场，以避免由于使用施工设备不当而影响工程质量。

(2) 工序产品：工序产品完成后，施工单位先进行自检，自检合格后向驻地办书面报告，要求验收。

(三) 缺陷责任期与保修期的质量控制

(1) 缺陷责任期：在缺陷责任期内，如果出现任何缺陷、病害或其他不合格之处，监理单位组织施工单位进行调查，如果调查结果确定属施工单位的责任所造成，施工单位应自费修复。如果施工前段时间未能在规定的时间内修复，则建设单位有权雇佣其他人进行这项工作，并由施工单位负担相应的费用。建设单位将从施工单位的保留金中扣除或向施工单位索回。

(2) 保修期：在合同规定的保修期内施工单位应对由于施工质量原因造成的损坏进行自行修复。若施工单位不履行义务和责任，则施工单位应承担由于违约造成的法律后果。

四、质量检测措施

(1) 测量：全站仪、经纬仪和水准仪进行复测和施工测量控制。

(2) 测量技术保证措施：经纬仪工作状态应满足竖盘垂直、水平度盘水平；目镜上下转动时，视准轴形成的视准面必须是一个竖直面；水准仪工作状态应满足水准管轴平行于视准轴的要求；用钢尺工作应进行钢尺鉴定误差、温度测定误差的修正，并消除定线误差、拉力不均匀误差、钢尺对准误差、读数误差等，采取多次往返测量。

(3) 试验：开工前做原材料的鉴定试验，建立工地试验、质量检验及工序间的交接验收等项制度。试验、检验做到原始记录齐全、数据真实可靠、测试手段齐全。

五、工期保障措施

(1) 确保工期的管理措施。早进场、早准备、早开工；加大设备、人员的投入，确保计划工期的实现；加强宏观控制，严格控制各分阶段施工任务中的重点工程；搞好内部经济责任制度，提高工作效率；不断优化施工组织方案，科学安排施工计划，搞好工序衔接；在施工过程中，各工程工班每天总结当日工程进度情况，每周向计统科通报工程进度情况，计统科每周向项目经理、项目总工程师汇报工程进度情况；如实际进度与计划出现差异，会同各有关人员分析原因，及时调整进度计划，报总工程师、项目经理，经监理工程师批准后实施；加强现场调度，在保证工程质量的前提下进行突击，以达到既定工期计划目标；由项目经理部组成施工进度检查小组；狠抓施工质量和安全，确保质量一次检查合格率达100%，杜绝重大安全事故，避免影响施工进展，保证施工正常进行；做好机械设备的选型及配件供应工作；抓好材料供应工作；选配好物资采购和管理人员，提前提出各工程项目月材料计划，按施工计划和工程进度提前备足施工所需要的材料。同时，掌握建材市场的淡、旺季时间，提前储备材料。把好材料质量关，严禁不合格材料进入工地；做好雨季施工安排。

(2) 确保工期的主要技术措施。搞好整体工程的施工顺序和现场管理工作，使整个工程有条不紊地进行，避免出现混乱现象；充分考虑雨季施工对施工进度的影响，抓住施工的黄金季节，力争实现工程提前完成。

四、安全保障措施

现代企业随着机械化程度提高，人们生活质量不断改善，愈来愈重视安全生产，现实社会也证明一个好的企业，必须具备一套完整的安全保障体系。

（一）安全管理目标

坚持“安全第一，预防为主”的方针，做到“三无、三消灭、一控制、一创建”，即：无因工死亡事故，无行车和人身安全的重大、大事故及行车险性事故，无火灾爆炸事故；消灭违章指挥、消灭违章作业、消灭惯性事故；事故负伤频率控制在0.6%以下；创建安全标准工地。

（二）安全管理体系

1. 建立安全保证组织机构

成立以项目经理为第一责任人的安全生产组织领导机构，项目经理部设立安全领导小组，工程队成立以队长为首的安全生产小组，设专职安全员，专职负责安全工作，实行安全工作一票否决权，自上而下形成安全生产监督保障体系，做到“纵向到底”，逐级签订安全责任状，使安全工作在组织上得到保障。

2. 建立各项制度

工程开工前，建立健全各项安全制度及防护措施。在施工过程中，严格按照制定的安全技术措施和操作规程，认真进行技术交底，继续坚持“安全教育培训制度”“安全生产技术交底制度”“安全检查制度”“安全生产记录牌制度”“安全事故处理制度”及“安全生产竞赛奖励制度”等行之有效的制度，强化干部、职工安全意识，严防麻痹大意思想，以免造成安全事故；建立安全生产定期和不定期例会制度。每月召开一次安全例会，把可能存在的安全隐患消灭在萌芽状态；建立安全生产定期和不定期检查制度。每月对安全生产情况进行一次大检查，评比打分，奖罚兑现；抓好安全岗位培训。开工前，对所有上岗人员进行安全生产教育，分批培训，把有关安全操作规程印发给各基层单位，对照实施，特种行业作业人员一律持证上岗；随时接受业主及监理单位对安全生产的监督、检查、考评，对提出的问题，及时确定解决方案，并组织实施，确保安全生产。

3. 安全教育

加强安全教育，提高参战员工的安全意识，树立安全第一的思想，培养安全生产所必须具备的操作技能；新进场工人必须经过三级教育才能上岗；新工艺、新材料、新技术及技术难度大的作业和危险性高的作业，必须进行专门的安全教育，经过培训考核合格，获得操作证方能上岗。对已取得上岗证的特种作业人员，要进行登记存档，对上岗证要按期复审，并要设专人管理；通过安全教育，增强职工安全意识，树立“安全第一，预防为主”的思想，掌握本岗位生产知识和安全操作规范技能；做到：不违章指挥、不违章操作、不伤害他人、不伤害自己、不被他人伤害，达到提高整体安全防护意识和自我防护能力的目的。

4. 安全管理

根据各工种特点，有计划按时配发劳动保护用品。进入施工现场人员，必须佩戴安全帽，特殊工种按规定要佩戴好防护用品；施工现场的布置符合防火、防爆、防雷电等安全规定和文明施工的要求，施工现场的生活办公用房、仓库、材料堆放场、停车场、修理场等按批准的总平面布置图进行布置；房屋、库棚、料场等的消防安全距离符合《消防法》的规定，室内不得堆放易燃品；严禁在木材加工场、料场等处吸烟；现场的易燃杂物随时清除，严禁在有火种的场所附近堆放，严禁在山上吸烟、生火，以防发生火灾；夜间施工须配备足够的照明灯具，保证有足够的照明度。

5. 认真执行安全检查制度

（1）项目部要保证检查制度的落实，规定检查时间和参加检查的人员。项目部每两周检查一次，施工班组每天检查一次。非定期检查视工程进度进行，在施工准备前、危险性大、季节变化、节假日前后加强检查。

（2）检查中发现的安全问题、安全隐患，要建立登记、整改、消项制度。定人、定措施、定经费、定完成时间，在隐患没有消除前，必须采取可靠的防护措施。如有危及人身安全的险情，立即停止施工，处理合格后方可施工。

（3）安全检查与修订完善安全管理制度结合起来。把安全生产责任制与各级管理者的经济利益挂钩，严明奖惩，要做到“管生产必须管安全”。

6. 事故报告制度

（1）无论何时，一旦发生危害工程安全、工程进度、工程质量事故时，除采取必要的抢救措施以外，必须立即暂停此项目和与之有关的项目的施工。

（2）事故发生后，承包人必须以最快的方式，将事故的简要情况报监理工程师。在监理工程师初步确定安全、质量事故的类别性质后，按下述要求进行报告：①质量问题：在两天内书面上报监理工程师和业主。②一般质量事故：3 天内书面上报监理工程师和业主。③重大质量事故：2h 内速报监理工程师和业主。

（3）监理工程师视察了事故现场后立即上报并提出处理意见，承包人应按照监理工程师指示消除事故产生的危害和影响，并查明事故原因。在查明事故原因以后的 7d 之内向监理工程师提供一份事故报告和阶段性开工报告，内容包括人员的伤亡情况、时间损失、处理结果以及监理工程师所要求的详细资料等。当事故原因迟迟未能查明，监理工程师认为事故隐患未消除时，可以不批准开工，直到事故原因查明并采取补救措施为止。

（三）安全保障措施

1. 现场布置的安全措施

设置安全防眩板，在本工程现场周围配备、架立安全防眩板牌。施工现场的布置应符合防火、防爆、防洪、防雷电等安全规定和文明施工的要求，施工现场的生产、生活办公用房、仓库、材料堆放场、停车场、生产车间等应按批准原总平面布置图进行布置。现场道路应平整、坚实、保持畅通；现场道路一侧或两侧遇有河沟、排水沟、深坑等情况时，应有防止行人、车辆等坠落的安全设施；施工现场设置大幅安全宣传标语。现场的生产、生活区均要设足够的消防水源和消防设施网点，消防器材应有专人管理不得乱拿乱动，所有施工人员要熟悉并掌握消防设备的性能和使用方法。

2. 施工机械的安全措施

各种机械操作人员和车辆驾驶员，必须取得操作合格证，不准操作与操作证不相符的机械；不准将机械设备交给无本操作证的人员操作，对机械操作人员要建立档案，专人管理。操作人员必须按照本机说明书规定，严格执行工作前的检查制度和工作中注意观察及工作后的检查保养制度，做到工作前检查：工作场地周围有无妨碍工作的障碍物；油、水、电及其他保证机械设备正常运转的条件是否完备；安全操作机构是否灵活可靠；指示仪表、指示灯显示是否正常可靠；油温、水温是否达到正常使用温度。工作中观察：工作机械有无过热、松动或其他故障；按例保规定进行例保作业；认真填写机械运转记录；驾驶室或操作室应保持整洁，严禁存放易燃、易爆物品，严禁酒后操作机械，严禁机械带病运转或超负荷运转。机械设备在施工现场停放时，应选择安全的停放地点，夜间应有专人看管。指挥施工机械作业人员，必须站在可让人瞭望的安全地点，并应明确规定指挥联络信号。定期组织机电、设备、车辆安全大检查，对检查中查出的安全问题，按照“三不放过”的原则进行调查处理，制定防范措施，防止机械事故的发生。

3. 职业健康安全主要管理措施

设置专职安全员负责施工现场的安全检查，发现安全隐患及时处理。夜间施工须配备足够的照明器具，保证施工现场的能见度。对进场施工作业人员进行职业健康安全教育培训，针对建筑行业“五大伤害”、重要危害因素及施工作业特点进行针对性岗位培训、法律法规及其他要求的培训，提高职工在施工中的自我防护能力和安全生产思想意识，确保职工在生产中的安全和健康。工人调换工种，必须进行换岗位教育，学习新工种的安全操作规程，凡未经换岗教育的工人不得进入新的工作岗位。定期召开施工生产例会，对安全生产情况进行总结，并传达上级的安全生产精神，布置后续安全工作，进行安全教育和安全技术交底。坚持方案先行、严格安全技术交底制度，编制关键工序作业指导书，对特殊工种、工序编制专项施工方案或措施，对分项、分部工程进行安全技术交底。做好劳保配置，保护员工健康，合理安排高温季节和严寒季节的作业时间和作业项目，采取降温、保暖措施，按规定发放防暑降温用品和冬季防寒用品，保护员工健康。

第六节　视线诱导设施施工

一、施工前提条件

(1) 在施工安装前，应对全线诱导设施的埋设条件、位置、数量进行核对，并做详细的施工组织设计。

(2) 反射器、柱体、支架、连接件质量应满足设计或规范要求，施工前及时到位。

(3) 基础混凝土用的水泥、砂、碎石、钢筋等各项原材料质量应满足设计或规范要求，并根据施工进展情况及时到位。

(4) 劳动组织合理，安排专业化班组进行施工。

(5) 水、电、道路等作业条件满足施工需要。

二、视线诱导设施的分类

视线诱导设施可分为轮廓标、分(合)流诱导标、线形诱导标。轮廓标、分(合)流诱导标的设置方式可分为柱式和附着式，线形诱导标的设置方式一般为柱式。

（一）柱式轮廓标施工工序

1. 测量放样、开挖基础

施工前，根据设计间距要求，定出具体位置，用石灰线做标记。按照设计尺寸要求开挖基坑，并清理干净。

2. 浇注混凝土

3. 柱体加工

轮廓标的柱体应在交通部鉴定合格的生产厂家集中加工制作，并运输至现场安装。加工质量应符合国家标准的规定。

4. 柱体的安装

轮廓标的柱体应采用装配式，直接插入预留孔中，或者采用法兰盘连接。也可采用现浇混凝土基础。安装过程中应注意以下几点：设置高度(指反射器的中心高度)应与附着式轮廓标的高度大致相同；轮廓标反射器的安装角度，无论在直线段或者在曲线段，应尽可能与司机视线方向垂直；反射器与柱体或者支架之间应黏结牢固，以免脱落；柱体应垂直于地平面，三角形柱体的顶面平分线应垂直于道路中心线；柱式轮廓标应于路面施工完成后进行安装。

5. 附着式轮廓标、线形诱导标施工工序

（1）放样。根据设计间距要求，定出具体位置，并做标记。

（2）轮廓标安装。①附着波形梁上的轮廓标，由反射器、支架、连接件组成。根据建筑物的种类及埋置的部位采用不同形状的轮廓标和不同的连接方式。附着于波形梁护栏中间的槽内时，反射器为梯形，与后底板铆接在一起，其后底板固定在护栏与立柱的连接螺栓上，且不能采用气割孔进行螺栓固定。后底板应做成一定的角度，角度的大小以保证汽车前照灯光能大致与其保持垂直为原则。②附着于混凝土护栏、隧道侧墙上的轮廓标，应按设计高度、间距要求先做好标记，后用电钻在侧墙上打孔，采用膨胀螺栓将支架固定。打孔时不得损坏混凝土结构物。③附着于护栏上的线形诱导标，由反射器、底板、立柱和连接件组成，立柱通过抱箍与护栏柱连接固定。面板应与驾驶员视线尽量垂直，安装高度应满足设计要求，安装过程中应保持面板的平整度。

三、施工质量

1. 基本要求

（1）反射器的光学性能在入射角为0～20°范围内应保持稳定，安装角度须正确，颜色与设计相符，反光材料表面无缺损或断裂现象。

（2）视线诱导标的图形、符号及材质、几何尺寸应符合设计及规范规定，板面应平整，垂直度超过±3mm/m 不得使用。

（3）立柱式视线诱导标的基础混凝土强度、几何尺寸应符合设计及规范规定。

（4）安装前检验反射器、板材、型材、管材的产品质量合格证，不合格者不得使用。

（5）视线诱导标的粘贴剂品种、粘贴厚度及其工艺应符合设计及规范要求。

2. 外观鉴定

（1）立柱损边、掉角、缺损长度不超过50mm，线形顺畅。

（2）防锈层不得有气泡、擦伤、痕迹等表面缺陷。

（3）立柱式视线诱导标的垂直度不超过±3mm/m。

3. 安全文明

（1）加强安全施工教育，提高全员安全意识。

（2）建立健全安全机构，充实安检人员，完善工作制度。

（3）施工人员进入现场必须戴安全帽。

第七节　标志与标线

一、标志标牌施工方案

（一）标志生产

标志基础预埋件、标志杆件和标志版面均在工厂内集中生产并经检验合格后再运至施工现场。选用连续多年经交通运输部交通工程监理检测中心抽检合格并颁发了批量生产合格证的生产厂家，质量及规格保证符合国家有关标准及施工文件的具体要求。

（二）交通标志的施工方案、施工方法

（1）所有运往工地的交通标志构件的质量均应符合有关的技术标准，并经监理工程师认可后才能采用。

（2）到达现场以后，充分利用标志、路栏等安全设施管理好行人和交通，并严格按照操作规则施工，以保证路人和操作人员的安全，尽量防止事故的发生，确保施工安全。

（3）严格按照施工图纸的要求并根据交通流的行进方向测定标志的设置位置；

（4）基础位置测定后按照设计图规定的尺寸于指定的地点进行基础开挖，并按规定进行处理后立模板、扎钢筋、浇注混凝土，地脚螺栓和底座法兰盘位置正确并达到规定标高。

（5）标志支撑结构的架设应在基础混凝土强度达到要求并得到监理工程师的批准后进行。支柱的法兰盘与混凝土基础的底座法兰盘应水平、密合，地脚螺栓配合妥当，拧紧螺栓后支柱不得倾斜。

（6）通过滑动螺栓、抱箍等连接配件将标志板固定于支柱上；柱式标志的标志板内缘距路肩边缘的距离应保证20cm，单柱式标志牌下缘距路面高度应保证250cm，悬臂式安装净空须保证距路面5.2m。

（7）安装标志板好后应对标志板的垂直度、高度等进行检查、调整，使之达到规定的要求。

（8）悬臂式标志安装的标志版面应与道路中线垂直，路侧柱式标志安装时，标志版面应尽可能与道路中线垂直或成一定角度：指路和警告标志为0～10°，禁令和指示标志为0～45°，视线诱导标志为80°～90°。

（9）标志板安装完毕后，应对所有的标志板进行清扫，保持版面清洁。

（三）交通标志施工顺序

到达现场→安全措施→标志定位→基础开挖及混凝土浇筑→安装标志立柱→吊装标志板→调校→清扫标志板→清理现场→完成

（四）确保工程质量的措施

1. 健全质量自检体系

为保证施工质量，项目经理部将建立“横向到边，纵向到底，控制有效”的质量自检体系，严格执行质量自检、互检、交接控制制度。在施工现场建立由项目总工程师负责，项目质检科全面负责实施，包括质检、试验、工程施工、材料等各部门技术熟练、经验丰富的能够胜任自检工作的人员参加，形成具有广泛参与性的全方位质量自检机构，组成质量自检网络。

2. 建立质量责任制

制订各部门、岗位质量责任制，明确规定各部门以及每个员工在质量管理中心必须完成的任务、承担的责任和赋予的权限。把质量管理的每项工作，具体地落实到每个部门、每个人员身上。项目经理是项目工程质量的第一责任人，生产、技术、管理人员，从各自的范围和要求承担责任，并把质量作为评比业绩时一项重要的考核指标。

3. 建立完整的质量检查制度

首先，在施工中建立一套完整的以施工班组自检为主互检为辅，施工员、质检员、试验员巡回检查相结合的质量检查制度，做好在实施本工序时既为一道工序的质量检查，又为下一道工序做好准备，打好基础。其次，各班组相互监督，发现问题及时提出并立即解决。最后，施工员、质检员、试验员巡回检查督促控制整个施工流程，对影响工程质量的一些较大问题及时提出改进措施，从而真正做到在施工中控制和保证质量。坚持施工员、质检员、试验员的旁站监督是质量保证体系得到具体落实的真正保证，而且在施工时，有利于及时发现问题，改进施工工艺，不断提高自身的施工作业水平，积累更为丰富的施工经验。项目经理部不定期随时抽检，发现问题，应采用有效措施，及时整改。

二、标线施工方案

热熔标线、震荡标线反光涂料选用优质产品，产品必须通过交通运输部检测合格；在材料运往工地前，向监理工程师提供所采用的热熔涂料、玻璃珠的样品及出厂检验合格证书供监理工程师审查批准，所有运往工地的热熔涂料及玻璃珠的质量均应符合有关的行业技术标准；到达现场以后，充分利用标志、路栏等安全设施管理好行人和交通并严格按照操作规则施工，以保证路人和操作人员的安全，尽量防止事故的发生，确保施工安全；将热熔釜装载于车上，配以液化石油气加热装置和搅拌装置。熔融的过程中要注意温度的控制，充分搅拌、混合使涂料均匀；用扫帚、板刷、干燥器等工具使路面保持清洁、干燥，确保路面无松散颗粒、灰尘、油污或其他有害物质；严格按照设计图标明的位置和图形进行标线位置的量测，确定标线的正确位置；为了提高路面与涂膜的黏结力，须在路面上先涂抹适量的底漆，待底漆不粘车胎、不黏附灰尘、砂土时才可进行标线涂布作业；涂敷前应进行施工设备的调试及试划以确保施划出的标线的色泽、厚度、宽度、玻璃珠的撒布量等符合业主的要求。为了保证夜间的识别性，在标线涂敷的同时要撒布适量的玻璃珠；划线结束后，应根据实际完成情况，计测工作量。检查标线的厚度、尺寸、玻璃珠的撒布量及标线的形状等，对不符合要求的标线进行修整，去除溢出和垂落的涂膜；及时整理施工机械，扫除施工残留物，确保施工现场的清洁。

第八节 服务设施

随着社会的发展，我国高速公路网络日趋完善，但由于高速公路建设起步较晚，规划设计的经验不足或受建设资金的制约，部分高速公路服务区在使用过程中，不同程度地存在着诸如布局不合理、停车位不足、设施设备不配套等情况，给高速公路运营管理带来了一定的影响，这些被暴露的问题也越来越为社会所关注。高速公路服务设施包括服务区、停车区和公共汽车停靠站，一般情况仅设置服务区、停车区。高速公路服务设施建设应坚持以人为本、以车为本，向着人性化方向发展。

一、服务区的设置(规模与间距)

根据人的生理特点，长时间驾车高速行驶，会有单调疲乏之感，容易导致交通事故。经过长时间乘车，乘车的人也需要活动体腿，如厕放松，还有长时间高速行驶对车辆的磨损也较大。因此，必须在高速公路上隔一段里程设置停车休息场所，世界各国对此没有严格的标准，一般设置间距为30~60km，我国规范要求服务区平均间距为50km，停车区与服务区或停车区之间的间距宜为15~25km。由于高速公路沿线经济发展不平衡，车流量有大有小，所以服务设施的规模与间距应因路而异，因地而异，不可求同。

(一) 选择适当的规模

高速公路停车服务设施一般在高速公路上下行线成对布置，也有通过引路将车引导到公路同侧的，停车区不宜设置单侧。每对服务区和停车区征地规模一般根据10年交通量预测值计算，建设时可采用一次征地，分步实施的方法进行。每对服务区一般控制在70~120亩，以日均标准车流量30000辆征地75亩为基数，日均标准车流量每增减1000辆征地面积相应增减1亩。停车区可按每侧20~40亩计征。

(二) 设置服务设施间距

高速公路规划设计时，应充分考虑道路途径地区经济发展趋势、远景交通量、交通流特性及沿途景观、地形、环保等因素，确定合适的规模与间距，不能简单地以固定距离为标准距离机械地设置，一般沿线经济发达、车流量大的高速公路间距30~35km设置一个服务区，经济次发达、车流量中等的高速公路，以间距40~50km设置一个服务区。

二、服务设施选址

服务区选址应从技术、经济、社会、文化、环境保护等综合地对场地做出比较和评价，选择投资省、建设快、运营费低、贯彻国家建设的各项方针政策，具有最佳经济效益、环境效益和社会效益的最终建设场地。

（一）场地选择的基本原则

（1）要节约用地，选择不占良田及经济效益高的土地，并符合国家现行土地管理、环境保护、水土保持等法规有关规定。

（2）环保有利于保护环境与景观，维持生态平衡。

（二）场地选择的基本要求

（1）充分利用自然资源，如地面上下水资源、园林景观等人文资源。

（2）地界与地貌资料。场地边界外形尽可能简单，既合理又节省，两端边界与主线的夹角尽可能成钝角。地貌要利于建筑的布置，道路径捷顺畅，地形宜场地排水，一般自然地形+0.3%，平坡0.3%~5%的场地较理想，缓坡5%~10%场地要错落，适宜建设场地均应考虑竖向规划，减少土石方工程量。

（3）气象主要因素是降水量。考虑历年一次暴雨持续时间及最大雨量，场地地势有利于场地排水。

（4）水文地质场地或其附近的基岩发育良好，保证地下水的日供水量每侧<200t，同时符合饮用水标准。

（5）工程地质场地应选择承载力较高、无不良滑坡、无沉陷地质现象的场地。

（6）给水排水靠近水源，保证供水的可靠性，可选择地下水或接自来水，水质、水量、水温符合要求。排水系统宜接入场外边沟。

（7）景观与环境应把握环境与建筑整体完美效果，把建筑融于环境之中。

（三）场地选择注意事项

（1）场地宜远离村庄；

（2）减少高填方场地；

（3）在满足停车条件的情况下，尽可能利用自然地貌。

（四）场地设置

场地一般置于主线旁，但也可以选择临近主线条件良好的场地，通过匝道作为进出口的连接。

（1）间距。切忌按固定间距机械定址。

（2）按需设置成对的服务区不一定要对称设置，根据现场情况可错开设置。

（3）服务设施位于大自然之中不应受限于城市新建建筑小区绿地率不低于30%的规定。

（4）环境充分利用周边自然环境，旅游观光、休闲度假，会有较好的经济效益和社会效益。

三、服务区和停车区的功能分析

高速公路服务设施是供司乘人员休息、如厕、住宿的场所，也是为汽车提供加油、修理、检修的场所。服务区和停车区有着相同的功能，只是停车区的规模更小一些。

（一）服务区功能分析

根据服务区的服务特点，一般有如下服务设施：

（1）停车场。各类车辆入场后按照指示标志分类停放，特别注意长度30m以上车辆的停放。夜间，为了出入车辆的交通安全和防盗，停车场应设置高杆灯。停车场及场内道路面积应大于整个场地面积的60%。

（2）垃圾站（含垃圾箱）。长途行车，乘客在车内饮食，多少会有些垃圾，服务区应设有垃圾站（垃圾箱），空瓶子、空易拉罐、纸类以及塑料等垃圾必须分类投弃。

（3）休息厅。应设冷暖空调、免费饮水、固定座椅和小桌，服务台提供交通地图、交通常识和安全方面的宣传品，周围风景旅游地的资料，有偿服务传真机等，大厅内可配备先进的电子信息装置，及时提供前后方及全国各地的道路交通情况、重大新闻、股票外汇市场行情等，还可放置几台大屏幕电视，供人观看。

（4）小卖部。应出售当地最有特色的食品和纪念品，以及旅行的必需品等。

（5）自动售货机。休息室应设多台自动售货机，出售冷热饮料、小食品、香烟等。自动售货机24h为顾客服务。

（6）厕所。可能是服务区设施中利用率最高的设施，厕所内应宽敞明亮、干净整洁，空气中能飘着淡淡的清香，为了避免接触传染，大小便池的冲水和洗手池都应安装自动感应式开关。

（7）公用电话。服务区应随处可找到公用电话亭，电话机的高低应根据不同人群的使用而设置，如残疾人和儿童使用的宜低一些。

（8）汽车旅馆。供司乘人员过夜休息的地方，根据目前情况，规模宜小一些。

（9）餐厅服务。应设置舒适漂亮的餐厅和快餐厅，餐厅往往推出地方特色的菜谱，时间宽裕的顾客可坐下来慢慢品尝，着急的顾客则可利用快餐厅吃快餐。

（10）加油站。宜在出口处布设，加油机的数量应调查车流量后确定。

（11）汽车修理。现阶段还需设置汽车修理，但规模可小一些，随着汽车制造技术的提高，服务区的修理厂将渐渐无事可做，最后销声匿迹，一些简单的维护和保养，加油站可以做到。

（12）其他设施。根据地区的经济发达情况，服务区内还可设置邮筒、银行自动取款机、投币式淋浴装置以及咖啡厅等。

另外，有条件的地方，服务区可结合旅游观光配置休闲娱乐设施。

（二）停车区功能要求

停车区应设置：厕所、小型快餐、休息室、室外休息场所、小型停车场、公用电话亭等。

四、服务区总平面布置

服务区可分成主要使用部分、次要使用部分和交通联系部分三大部分，设计时首先抓住这三大部分的关系进行排列和组合，逐一解决各种矛盾问题，以求得功能关系的合理与完善。厕所、综合服务楼、加油站、停车场是主要使用部分，汽车修理是次要使用部分，场区道路是交通联系部分。

（一）功能分区的基本要求

功能分区应明确、联系方便，按主、次、闹、静关系合理安排，使其各得其所；按人流、车流活动的顺序关系安排位置。

（二）总平面布置时应注意的几个问题

平面布置应根据场地的地貌，结合周边的环境巧妙布置；人文景观结合当地的人文景观布设；平面形态宜散，但不可乱；加油站宜设置于出口处；动力照明设施两侧可分别布设；厕所使用频率最高，视车流情况可设置两个以上；道路服务区进出口及场区道路应平顺；超长车位应考虑长度 30m 以上的超长车辆停放位置，建议设置部分平行停车位。

五、建筑设计

建筑设计应结合人文环境、地势情况，合理地组织交通，满足功能要求。建筑设计时应注意的几个问题：①应把服务区的房屋建筑融入于高速公路建筑之中；②根据各建筑物的特点，应突出一个重点，作为主要建筑物；③构筑物，让人们看到这种标志就知道是什么地方；④应考虑老年人、残疾人使用的无障碍设计；⑤考虑建筑节能。

六、其他

（1）主体工程（路基）施工时，尽可能优先安排整理服务、管理用房等场地。

（2）房建工程实施前，服务区、停车区的地界挡土防护以及场区外的排水系统应实施完。

（3）服务区、停车区的进出口处边沟应专门设计，保证进出口畅通无阻。

（4）服务、停车区的场区排水等的检查井应专门设计，井盖宜用加厚铸铁盖。

第九节　绿化工程

随着高速公路建设项目的发展，高速公路绿化作为高速公路的重要组成部分，越来越受到人们的重视。高速公路的特殊气候环境和立地条件，使得高速公路绿化工程有其特殊性和重要性。为了高速公路真正具有美化高速公路环境，丰富道路景观，提高行车质量，防风、防沙、防眩、防止水土流失，保护路基等功能，对施工过程的各个技术环节必须有严格要求。

一、施工准备

（1）对施工现场和周围环境进一步实地考察，绘制施工图。组织工程技术人员、管理人员和施工组长认真学习招标文件，熟悉工程标准及技术规范。

（2）根据分工，结合工程项目的实际情况，进一步明确责任，制定各项规章制度和操作规范，确保安全生产，提高工作效率。

（3）落实水、电资源，完善基础设施建设。

（4）施工准备到位，落实各种物资材料。

（5）根据实际工程量，合理分配工人到各班组，统一有针对性地进行培训。

二、施工阶段

1. 定点放线

从接到绿化监理工程师的开工报告之日起，施工人员即可进驻施工现场。首先进行定点放线工作。所谓的定点放线，就是按照设计图纸的要求，在现场测出苗木栽植位置和株行距。

2. 挖坑

在挖种植坑时，无论是常青树种还是落叶树种，其种植坑的大小均应视树种及根系的情况、土质等而有区别。栽植裸根苗的坑应保证根系充分舒展。土坑要求上下一致，坑壁笔直，坑底要平整。挖出来的土应将表层土、底层土、建筑垃圾分开放置。在对高速公路边坡种植植物挖坑时，由于边坡的坡度较大，一定要做好安全教育工作，首先用镐或锨挖出自己放脚的坑穴，以便容易站立，然后以放线点为基点，向四周扩出平面、下挖。挖出的土一定要拍放在坑的外沿，以便作为水埝。挖边坡的种植穴时一定要从顶面第一行向下挖，以避免上面的土滑落将下面的坑穴填埋。对于栽植位置石质较多的土壤可采用局部换土，换土应选用当地较为肥沃种植土或腐殖土，也可用 1 : 1 的泥土和黄砂均匀施入，用量=(树坑容积-土球容积)×1.3(30%的土是备夯实土之需)。施肥以有机肥为主，不但供树木生长所必需的营养物质，同时还能起到提高地温和抗干旱的作用。对于土质条件较差的地段，应在坑的四周铺设防漏水材料(如防水油毡等)，以免水分流失。

3. 起运苗木

起苗时间在秋天落叶后或水冻前、解冻后均可、起苗时间和栽植时间最好能紧密配合，做到随挖随栽。为了便于挖掘、起苗前 1~3d 可适当浇水使土松软；对起裸根苗来说也便于多带宿土，少伤根系。起苗时，要保证苗木根系完整，裸根乔、灌木根系的大小，应根据起苗现场的株行距及树木高度、干径而定。常绿树带土球移栽时，其土球的大小可按树木胸径 10 倍左右确定。裸根起苗的根系范围可比土球起苗稍大一些，并应尽量多保留较大根系，多留宿土。挖土球苗木时，土球规格视各地气候及土壤条件不同而各异。对于特别难活的树种一定要考虑加大土球，土球的高度一般可比宽度少 5~10cm。但应注意保证土球好、光滑，包装要严，草绳不能松脱，土球底部要封严不能漏土。落叶乔灌木在起苗后、装车前应进行粗略修剪，以便于装车运输和减少树木水分蒸腾，苗木的装车、运输、卸车等各项工序，都要保证树木的树冠、根系、土球的完好，不应折断树枝、擦伤树皮和损伤根系。落叶乔木装车时，应排列整齐，使根部向前，树梢向后。凡远距离的裸根苗运送时，常把树木的根系蘸泥浆后，用蒲包、稻草、草席等物包装，并在根部衬以青苔或水草，再用毡布或湿草盖好根部，以利保湿。

4. 栽植前修剪

在栽植前，苗木必须经过修剪，其主要目的是为了减少水分散发，保证树木成活。对于常绿针叶树，只剪去枯病枝、受伤枝即可。对于较大的落叶乔木，尤其是生长较强的树种(如杨、柳、槐)，可根据设计的要求进行截杆。对于灌木及生长较缓慢的树木可进行疏剪。主要是将断根、劈裂根、病虫根和过长根剪去。修剪时剪口应平而光滑，并及时涂抹防腐剂以防止水分蒸发、干旱、冻伤及病虫危害。

5. 种植质量要求

(1) 种植应按设计图纸要求核对苗木品种、规格及种植位置。

(2) 规则式种植应保持对称平衡；行道树或行列种植树木应在一条线上，相邻植株规格应合理搭配，高度、干径、树形近似。种植的树木应保持直立，不得倾斜；应注意观赏面的合理朝向，种植密度要适宜。

(3) 种植绿篱的株行距应均匀。树形丰满的一面应向外，按苗木高度、树干大小搭配均匀。栽苗圃修剪成型的绿篱，种植时应按造型拼栽，深浅一致。

(4) 种植带土球树木时，不易腐烂的包装物必须拆除。

(5) 珍贵树种应采取树冠喷雾、树干保湿和树木根喷布生根激素等措施。对于排水不良的种植穴，可在穴底铺 10~15cm 厚的砂砾石或铺设渗水管、盲沟，以利排水。树木种植后浇水、支撑固定应符合下列规定：一是种植后应在略大于种植穴直径的周围，筑成高 10~15cm 的灌木土埝，埝应筑实不得漏水。坡地可采用鱼鳞穴式种植。二是新植树木应在当日浇透第一遍水，以后应根据当地情况及时补水。北方地区种植后浇水不少于 3 遍。三是黏性土壤，宜适量浇水：根系不发达树种，浇水量宜较多；肉质根系树种，浇水量宜少。四是干旱地区或遇干旱天气时，应增加浇水次数。干热风季节，应对新发芽放叶的树冠喷雾，宜在上午 10 点前和下午 3 点后进行。浇水后出现土壤沉陷、树木倾斜时，应及时扶正，培土。

6. 栽植后养护管理

栽植只是完成绿化施工的第一步，而栽植后的养护管理，对苗木的成活和生长起着至关重要的作用。苗木栽植后当天内必须浇上第一遍水，而且要浇透。在土质稍干后，用木锤对树根周围进行夯实，然后用土覆盖，这样有利于树木抗风和保水，提高成活率。在半个月内共浇水 2~3 次，每次都要浇足、浇透。同时还应时常注意苗木四周是否下沉或开裂，如有这样的情况应及时加土踩实，而后应根据苗木所需各种养分及病虫害发生情况，及时施肥并打药。此外，还应进行中耕扶直歪斜树木，并进行封埝，埝要略高于地面。

第六章　高速公路养护管理

第一节　高速公路养护管理现状

我国的高速公路的养护经过相关工作人员的不断探索与实践，在当前已经有了较为丰富的高速公路养护与管理经验，目前我国高速公路养护与管理的经验可以总结为如下几个方面：

一、高速公路养护与管理的组织机构健全

在当前，由于高速公路数量的不断增多，高速公路养护与管理机构也呈现多样化的发展趋势，有的是专业的管理型机构，当然也有的是综合管理机构，不管是什么样的形式，这些机构中都有专门的从事高速公路养护与管理的相关部门，专门从事高速公路的养护与管理工作，这样我国高速公路的养护与管理工作在机构设置上基本得到了相应的保障。

二、高速公路养护管理人员素质较高

当前，我国高速公路的养护与管理人员一般都是从高速公路开通的时候由相关部门调配过来的，因此从实践方面来看，他们都具有极为丰富的经验，随着高速公路通行时间的越来越长，高速公路养护与管理人员的养护管理素质越来越高，同时，相关的管理部门也更为重视人才的引进与培养，使得高速公路养护管理系统的工作人员的素质都得到了提升。

三、高速公路的养护手段已经机械化

随着高速公路的通行时间的增长，各地都非常重视高速公路的养护与管理工作，很多地方都引进了较为先进的养护管理机械，在实际养护与管理中基本上都实现了现代化养护与管理措施，其中也有较多的地方引进了综合性养护与管理设备，以专门供高速公路的养护与管理使用，可见我国的高速公路的养护与管理已经向着更为先进的方向发展。另外，我国的各地高速公路的管理部门都制定了适合地方发展特色的高速公路养护与管理措施，从制度上保证了高速公路的养护与管理得到了保证，保证高速公路养护与管理的每个环节都能够发挥相应的作用，对当地的经济发展均起到积极的作用。

第二节 发达国家高速公路养护管理

一、法国

（一）法国道路介绍

法国公路由高速公路、国道、省道和市政道路组成，分别由中央政府、省、市、镇投资管理。高速公路和国道由政府建设和管理，连接法国大中城市和省会城市，与国际高速公路相连，东连意大利，南连西班牙，北连比利时和德国。省道是各省的主要交通道路，由省议会委托当地公路总队建设和管理。这些资金由各省自行筹集，并酌情由中央政府提供资金。镇所辖道路是连接镇的道路，由镇出资管理，中央和省级政府补贴。法国公路大多为沥青路面、沥青改性沥青(塑料或橡胶)，典型的路面结构类型有：柔性结构、半刚性结构、混合结构和刚性结构。面层一般采用5~6cm沥青混凝土，骨料采用连续级配，部分路段采用排水沥青面层，为了减少雨水对道路摩擦系数的影响，排水沥青面层骨料采用间歇级配，面层和基层加一层密封水连接层，防止雨水渗入基层。目前，法国高速公路基本上不使用水泥混凝土路面，钢筋混凝土主要用于加固。A13公路始建于1959年，是法国最早的水泥混凝土路面公路。目前的处理方法是：如果结构层受损，则在破碎后，添加13~15cm沥青混凝土；在不破坏结构层的情况下，在伸缩缝之间撞击两根半圆钢管后，在钢管之间填充填料，并增加2.5cm沥青混凝土面层，以解决道路摩擦系数降低和噪声问题。

（二）维修工作简介

1. 维护模式

在法国，非特许高速公路由政府委托的专业公司进行维护，费用由财政支付。特许高速公路由特许公司进行日常维护和小修，大中修由合作企业或专业公司承担，费用由收费收入支付。

2. 维护计划

路网通常分为路段，每个路段负责约100km的道路运营，并设立一个或两个管理中心，负责该路段的维护和管理。维护管理部门使用先进的路面管理系统实施预防性维护，该系统使用来自巡逻车、摄像机和各种路面监测车辆的数据。公路网质量监督，根据不同的道路等级，对重要的高速公路每天巡查一次，每周巡查一次，省道二级公路每两周巡查一次，三级公路每月巡查一次，巡查结束后，将收集的数据输入计算机管理中心，进行评估，并确定养护计划。欧盟成立前，法国公路的年度养护费用标准为：高速公路10法郎/m^2，国道6法郎/m^2，省道4法郎/m^2。年度维护成本根据8年后增加8cm表层和14年后增加6cm表层的成本计算。公路标线(热熔漆)通常每三年画两条中心线，一条边线。

3. 维护模式

法国公路养护方法主要是根据汽车的数量来确定大小，在施工开始时会分析养护模式，一种是日常养护方法，另一种是根据路面寿命采用定期养护，法国柔性路面的寿命一般为八年，是八年后投入使用来修复整条道路。从成本角度来看，整体维修比日常维护的总成本更经济，因此周期性维护是法国目前采用的方式。维护技术和质量标准(1994 年，1997 年修订)由法国道路和高速公路部制定。大中修养护的基本原则是面层摩擦系数不能满足要求，增加路面层；结构层损坏，分析加固处理的原因，增加路面层。总的来说，法国公路养护施工现场管理规范，安全标志设置齐全，各种养护机械设备的机械化程度很高，各种养护工序流水作业，真正实现了养护机械化。大、中、小型养护机械的使用，不仅提高了养护作业的效率，而且保证了工程质量。

二、美国——公路养护发展前沿

(一) 美国高速公路的特点

1. 公路很少收费

收费站在美国公路上很少见。美国有大约 90000km 的高速公路，其中收费路段只有 8000km。美国的高速公路收费不高，一些海桥只在一个方向收费。美国的收费公路有三种方式：手动收费、半自动收费和全自动收费。全自动收费也称为无停车收费，也称为电子通行证，预付电话卡购买公路车辆通过收费亭专用的电子通行证通道，通过相应的设备贴在汽车前挡风玻璃上的条形码扫描，在没有停车的情况下，收费将自动从车主账户中转账，从而大大提高道路通行能力。

2. 注意环境保护

在美国比较注重环境保护的公路设计中，公路的线形与周围地形、地貌、纵坡设计较好，尽量避免高填方开挖，减少对原有地形的影响，地形、路基横断面布置十分灵活，根据地形和整体性，有时单独采用，力求公路与环境协调，不要过多追求公路线形，减少对自然环境的破坏，公路边坡很慢，边坡防护大多是植树种草，以免水土流失。公路建设较为实用，大部分公路看不到中央绿化带，中央隔离带是水泥墩隔离，或只是砂路面，很少设置路缘石，公路许多路段不封闭，公路外没有铁丝网。在美国的高速公路上很少见到像中国的高速公路那样的大型龙门架、悬臂架和其他标志结构。大多数采用简单的单柱结构，许多单柱结构由木材制成，这降低了公路成本，节省了大量的土、石、金属等资源。美国的高速公路只在村镇中修建附属服务区、厕所、加油站、餐馆和其他设施，这可以节省大量的公路建设成本。

(二)“路面保护”新概念

如今在美国，道路养护行业提出了一个全新概念——路面保值，英文名称为 Pavement preservation。与“路面保值”对应的概念是“路面养护”，英文名称为 Pavement maintenance。另一个路面养护的概念是“预防性养护”，英文名称为 Preventive maintenance。不难看出，这三个概念的范围呈递减关系，而这正反映了美国公路养护工程师们对养护的深入理解。路面保值的“概念”是基于全路网(Network)提出来的，该概念提出后，美国道路养护行业发生了一系列深刻变化。路面保值其实就是路面资产管理，其最佳定义应该是指为了延长路面使用寿命、改善路面路用性能、提升道路安全水平并满足用户期望，所采取综合性、高性价比、全路网级、长期并有效的道路养护行为。真正的路面保值应包括如下因素：路面管理系统，路网长期规划，最优化，最佳成本效益决策和可持续资金支持等。正因为概念的外延扩展了，因此一系列旨在保值或增值全路网路面资产的养护规划、理念，管理体制，和与之相配套的应用技术得到广泛研究、实施和推广。在美国联邦道路局的要求下，美国各州已经开始按照新的“路面保值”理念来进行养护规划、管理和施工作业安排。如有的州已经制定新年州内道路养护目标，并根据此目标调整州内道路养护计划，如对哪些道路进行预防性养护、对哪些道路进行大修等。要做到“路面保护和路面保值”并不容易，教育和培训至关重要！美国路面养护国家研究中心，正在致力于通过集合路面养护从业者、养护政策制定者和研究者的不同视角，整合各州道路养护策略和技术，以求总结和研究出适合全美道路网路面资产保值、增值的路径。

（三）好路优先养护

在美国有大量鲜活事例和实践可以证明：要使整个路网路面资产保值、增值，一定要把钱用在现有好路的预防性养护上。原因是，当公路处于健康状态时，延长其使用寿命的费用，要远低于公路技术状况恶化后修复或重建的费用，因此，一定要执行“好路优先”的养护策略。举一个例子：如果一个路网有 10 条路，路面总资产是 100 万元。在这 10 条道路中，有一条道路坏得比较厉害，其他九条路则路况良好，这时，就应该将所有的养护费用都投入到九条好路的预防性养护中。这样，第二年整个路网路面总资产可能还维持在 100 万元或者更多。如果不顾九条好路的路面状况，而是把所有资金和精力都集中在一条坏路的维护上，第二年路面总资产肯定贬值或者萎缩。如果再加上路面的剩余寿命、好路率和用户使用评价等指标，则这种趋势更明显。当然，要保证坏路基本的通行安全和能力，等这条路坏到一定程度，就重新大修，重新赋予这条路 20 年或 30 年的设计寿命。在美国，如今联邦公路局和各州用在公路养护上的资金预算越来越少。美国公路养护行业改变自身运转机制和体制，研究新材料、新技术，大力推进预防性养护。在美国，目前仍有部分公路管理者采取“差路优先”养护的策略，但这种策略已经越来越受到质疑和批判。中国道路养护也能接受这种经验和教训，至少可以在省一级路网养护规划中，改变那种“道路不坏不修，投资政策坏路优先”的养护计划和策略。

（四）美国公路养护分类——正确的维护技术路线

如今，美国公路养护工作者通常将道路养护分为三类：一类是日常养护，如道路清洁、日常检查等；二是预防性养护，如裂缝处理、微表面积、稀浆封层、覆盖面、浅铣刨和摊铺等不需要“扰动”路面结构层施工；三是小修措施，如地热再生、原位冷再生和薄涂层等。道路养护可以延长道路的使用寿命，如每次预防性养护可以延长道路的使用寿命 3～5 年。大修有一个设计寿命周期，通常为 15 年或 20 年。维护延长道路寿命，大修重启道路寿命。众所周知，实施路面预防性养护策略的关键是在适当的时间和采用适当的技术在适当的路面上进行养护作业。为了完成这些精确的任务，必须做大量的前期工作来诊断路况，识别隐藏的疾病，修复隐藏的疾病，然后才能在表面上进行治疗。一个相对简单的标准是路面上的细骨料是否已脱落。如果脱落，应立即采取预防性维护措施。如果一些粗骨料从路面上脱落，则应对路面进行研磨和铺砌，以进行维护。

（五）路面微表面技术的使用

20 世纪 80 年代，美国有 8 万多千米的州际公路网。与中国大多数高等级公路一样为半刚性基层，路面从下到上反射裂缝不同，美国大多数公路具有从上到下的反射裂缝，其路基相对稳定，适用于微表面或泥浆封层。这些公路现在面临着广泛的维护。最广泛使用的技术是路面微表面。因此，我国的道路养护工作必须根据每一条道路的实际情况选择合适的预防性养护技术。道路维护比施工更具技术性。用热拌沥青建造的道路质量通常需要 2~3 年才能显现出来。公路预防性养护，不仅要选择合适的时间、地点和技术，而且其施工质量，都能迅速体现出来。许多人认为购买设备可以进行预防性维护操作，这实际上是非常不负责任的。

（六）美国沥青路面养护步骤

美国的大部分高速公路是在 1955~1980 年间建成的，20 世纪修建的高速公路基本上都超过了设计使用年限，普遍进入大、中修期，因此美国进行了大量的养护实体工程，具有丰富的道路养护经验。美国沥青路面的维修对策和方案选择一般包含以下四个步骤：

（1）资料收集。主要是设计资料、施工资料、交通量资料、环境资料和路面状况的收集与分析。

（2）路面状况评价。主要包括结构状况和功能状况评价，材料情况、排水情况以及车辆分布均匀度等评价。

（3）路面修复方案最终确定。经过评估后即可着手制订修复方案。针对不同的路面病害采取不同的维修方案，方案选定后，要比较几种方案的使用期成本，一般使用“现值比较”法和“年平均成本比较”两种方法，最后即可确定最优方案。目前美国道路养护方式主要有沥青再生剂雾封层、沥青冷再生、沥青热再生、裂缝修补、稀浆封层、碎石封层、微表处、沥青热拌料、重新罩面等。

（七）美国预防性养护技术介绍

美国路面养护国家研究中心主任莱瑞·盖尔豪斯在公路养护行业从业 40 多年，对公路预防性养护有深入的研究，特别是对养护规划、策略、技术路线的选定等方面，有较深的见解。他经常推荐的预防性养护技术有如下几类：

1. 沥青还原

这是一种低造价沥青路面处治技术，是在路面表面层铺设后短时间内使用再生还原剂。还原剂中含有轻质组分，可以增强沥青的抗氧化性能，提高其柔性。还原剂可以每隔几年周期性地使用，以保持沥青表层的耐候性。一般来讲，使用沥青还原剂可以延长道路 2~3 年的使用寿命。如果希望改变沥青的化学性能，一定要使用真正的还原剂。市场上有各类产品，选择哪一种要根据路面情况，参考同行的使用经验。还原剂常常是在沥青路面或机场跑道进行抗滑处理后使用，如今，路面抗滑处理技术既便捷，造价又低，可很好地改善路面的抗滑性能。宏观构造大的路面吸收还原剂的能力更强，使用还原剂后可以提高集料的附着摩擦力。低品质骨料的路面将会很快出现磨光，而高品质的集料可以在很长时间内保持其纹理。

2. 裂缝处治

采取好路优先养护策略的公路业主，在公路管理中更加关注裂缝处治。裂缝处治是一种经济的养护方法，往往可以延长路面 2 年甚至更长的使用寿命。裂缝处治是公路管理的一个重要技术手段。有两种裂缝处置方法：灌缝和填缝。灌缝是首先用机械设备沿裂缝开槽，清除槽中杂物，然后灌入密封胶。这种作业在适当的时间、适当的路面上使用非常有效，至少可以延长路面寿命2~4年。填缝是将裂缝中杂物吹出，然后填入密封胶，用于非运动型裂缝和较宽的裂缝，一般可延长路面寿命2年。这两种方法都可以预防坑槽的发生，越是推后路面出现坑槽的时间，就越可以避免昂贵的铣刨和罩面。

3. 表面处理

最近十年间，随着承包商、供应商的施工技术水平和材料品质的不断提高，碎石封层已经成为路面养护措施中发展最快的技术。在好路面上使用高性能的碎石封层，可以防止阳光和雨水对路面的损坏，还可以改善路面宏观构造，提升附着摩擦力，并使得路面外观与标线色差明显，使标线清晰可见。其他表面处治技术包括稀浆封层和微表处。稀浆封层是将细集料、乳化沥青、水和添加剂混合，用特殊的机械铺成一个骨料厚的薄层。它填充了细微裂纹，延缓路面的氧化，适用于路况较好的城市道路和城郊公路。微表处比稀浆封层略厚一些，由聚合物改性乳化沥青、集料、水和其他添加剂按严格配比制成，用专用设备施工。微表处增加了路面厚度，可以修复车辙和轻微松散、改善抗滑性能，可用于大交通量和重载道路养护作业。

4. 罩面

在路况较好的路面上使用的另一个技术是超薄罩面——厚度通常小于3/4in。随着混合料配比设计和施工技术的进步，超薄罩面已经成为一种非常有效的措施。超薄罩面也可以通过设计实现其他功能，例如通过使用橡胶沥青，可以显著降低行车噪声；通过使用开级配抗滑表层OGFC，可以减少雨天行车水雾。薄层罩面的厚度最大不超过1.5in，尽管成本会增加，但是增加的厚度可以对更多病害进行修复，获取更好的平整度，从而改善行车舒适性。

5. 铣刨

铣刨是一种当路面恶化到其他养护方法不足以完全恢复其质量时的养护方法，也用于城市道路，当直接加铺后与边沟不能顺接时使用。这是预养护技术措施中最有力的工具，铣刨掉已经老化的路面并铺以新的沥青，使路面恢复到良好的状态。虽然其成本远低于待路面损坏后进行结构大修的费用，但为了充分发挥预算内每一元钱的作用，业主们要尽量在路况衰变曲线的早期入手。

6. 就地再生

就地再生技术也是一种有效的方法。重要的是业主要确认集体项目是否适合使用再生技术，无论是就地热再生还是就地冷再生，最好选择有良好信誉的承包商，对项目的再生适用性进行评估。如果就地再生技术是可行的，则可以带来节省工程成本和保护环境等益处，诸如低能耗、低排放以及旧废弃路面材料的全部回收再利用等。

7. 水泥路面养护

美国承包商和公路管理者已经开发出针对水泥路面的预养护技术体系。按工程造价排序，价格从低到高依次是接缝灌缝、金刚石研磨、部分/全深度维修。成本分析是关键，特别是在采用高造价的技术时。业主必须权衡维修和重建的利弊，例如，如果每隔一块板就需要进行维修，那还不如重建。在很多状况下，水泥路面仅需要采用金刚石研磨，将表层缺陷清除和改善平整度即可。随着时间的推移，水泥板会稳定下来，大部分病害产生在水泥板块的接缝处。如果水泥板出现错台，建议翻修传力杆，以改进水泥板块间的传荷作用。如果水泥板之间传荷较好，直接采用金刚石研磨并对接缝进行灌缝即可。要防止不可压缩的异物进入接缝，接缝中的异物会阻碍水泥板在温度变化时的热胀冷缩。将接缝密封后，可以避免异物进入缝中。接缝灌缝还可以防止雨水进入路基，避免由此而产生的唧浆、断板等病害。接缝灌缝通常可以保持10~12年之久。如果利用现有的技术精心养护水泥路面，好的水泥路面的寿命可以超过50年。

三、德国

（一）高速公路概况

1921年全球首条高速公路在德国柏林建成，主要用作赛车跑道和新车试验路段。1932年科隆-波恩高速公路投入使用，成为德国第一条用于公共交通的高速公路。1950年，德国高速公路通车里程为2128km。至2010年初，德国共有公路23.09万km，其中高速公路1.28万km，联邦公路3.99万km、州级公路8.66万km、县级公路9.16万km。2009年，德国高速公路运量达2254亿辆公里，占联邦公路和高速公路总运量32.3%。德国高速公路平均每天通车数量为48800辆，其中重型卡车占13.9%。

（二）养护管理费用支出

德国高速公路建设起步早，不同路段质量差别很大，部分路段已严重老化，养护管理费用较高。德政府公布的《2005/06年高速公路质量调查评估报告》显示，仅51.1%高速公路状况良好，29.3%较好，19.6%为差或较差。2009年联邦政府从高速公路收费中拨款6.34亿欧元，用于高速公路的养护管理。其中1.62亿欧元建设高速公路桥及购买车辆、设备，4100万欧元用于在1000km路段上安装数字信号传输系统、在200km高速公路上安装急救电话。目前，德国高速公路上共有12813个急救电话，平均每千米1个；设立了185个管理处，平均每70km1个。每千米高速公路年均运营成本为：冬季服务（含扫雪、除冰等）4900欧元，绿化设施7900欧元，路面清洁5200欧元，路段养护6700欧元，维护相关设施3600欧元，交通设备、照明、隧道、急救电话4500欧元，应急措施1800欧元。

（三）养护模式

德国是高速公路和一般公路分开养护的国家之一。高速公路由联邦政府提供资金，由州政府直接进行养护管理，约50~60km设一个养护管理站，配各种维修和养护机械设备，负责承担全部的养护管理工作。这是一种纵向的专业化高速公路养护管理体制，适合于正规化、专业化的养护管理，能满足高速公路大流量、快速、高效、安全的运营要求。德国公路养护机械化程度较高，公路养护部门一般配有多功能养护车、冬季综合养护车、路面清扫车、涵洞清洗车、桥梁检测车、标志维修车等一系列大型专用维修养护设备。

第三节 不同国家高速公路养护管理体制特点

一、美国

自 1940 年第一条高速公路在美国洛杉矶和帕萨迪纳之间的干旱河谷修建以来，经过数十年的建设，这条高速公路已成为一个网络。美国国家公路网，即州际公路和国防公路，都是连接全国 5 万多人口城市的高速公路。美国的公路管理已经从“施工管理第一”和“施工与养护并重”转变为“养护第一”，养护管理体系已经相对成熟。美国公路的建设、维护和管理由州和地方政府主导。州际公路网由联邦政府管理。在联邦运输部内是公路管理局，由华盛顿总部和地区办事处组成。每个州都有一个由联邦政府资助的公路和汽车运输区办公室，负责规划、技术、道路管理、道路和桥梁安全、交通运营、施工、维护、环境保护、绿化和其他管理工作。联邦地区道路管理局负责实施联邦地区道路计划。州际公路和国家公路由联邦公路管理局规划，各州负责项目实施和运营管理。对于使用联邦政府燃油税建造和运营的公路，公路管理局由州运输部设立，其管理和维护费用由税收支付。美国绝大多数收费公路是由州立法机构通过特许经营立法授权的。立法规定不仅包括机构的设立、经营范围和期限，还对资金的筹集、使用和维护责任作了详细规定。

美国的公路养护没有划分公路等级的界限。根据美国公路工人协会发布的 AASHTO 养护手册，养护管理机构和养护运营机构的设立按地理或行政区域划分。除了道路生产、道路管理和检查外，行政机构还负责规划、技术、财务、质量和环境管理。管理机构通常将维护项目承包给私营维护公司。根据 AASHTO 的“成员组织现场承包维护概述”和“典型承包维护工程及各种范围和单位成本”，管理机构作为业主负责承包项目的谈判。

维修公司的组织考虑了从居民到作业现场的距离和允许的服务时间等因素，充分体现了技术密集型的人员和设备配置，充分考虑了技术人员和熟练工人对各种维修技术和技能的需求。设备是从小到大，从独立运行到集中运行完整地配置。

由于公路系统老化导致成本增加，美国正在进行养护体制改革，逐步建立一种新的有效的公路养护管理模式，即养护服务中心。日常维修和小修工程是维修作业的主要内容，维修市场成熟，维修施工企业全面走向市场，企业行业资质评定规范合理，维修标准完善，一丝不苟，交通设施检测评价标准和检测方法应用广泛、统一，维护、检测评价结果可以达到公平正义。这种合同养护在美国的优点是：可以简化养护管理机构的人员，降低人员成本和养护成本，使联邦政府摆脱日益增加的公路养护投资，养护投资更加合理。在养护合同期内，道路状况可以得到更好的保证，路面和结构可以得到更好地改善。这种合同维护也有一定的弊端：在合同期内，政府的调控能力降低，因为私营承包公司不得不考虑效益和成本，这不利于推广新方法、新材料和新技术；一旦私人承包公司因管理不善而退出，政府需要重新选择承包商，从而中断维护管理的连续性。

美国各州也建立了自己的地理信息系统。公路地理信息系统基于 GPS 测量和人工调查，收集基本道路数据，如里程桩数和道路中央分隔带坐标、路基宽度和横断面组成、路面结构类型、路面厚度、涵洞尺寸、结构形式和位置、桥梁位置、跨度、上部和下部结构形式、洪水位、桥面铺装类型和公路的实际交通量。地理信息系统有助于管理、分析和提供安全高效的运输系统，有助于管理建筑项目，并为维护人员提供有效的途径。地理信息系统通过互联网与许可证持有人共享，这个庞大的数据库每年更新一次，为管理者做出决策提供依据。路面状况评价系统主要用于路面养护管理。根据路面损伤和裂缝特性的特点，利用专家系统分析裂缝产生的原因，并提出维修方案。在路面管理过程中，积极推广卡车称重站，以限制超重车辆对路面的损坏。

二、加拿大

加拿大 1967 年开始修建高速公路，联邦政府负责管理由联邦直接投资修建的特殊道路，如国家森林道路、军用道路等，其余道路由省级政府管理。加拿大的公路养护管理基本上由私人承包商管理，但其管理方法不同。

以加拿大不列颠哥伦比亚省为例。不列颠哥伦比亚省政府和承包商在投标时提交了五年合同第一年的维护总成本，而不是通常的单价。一年后，政府将根据联邦通货膨胀指数仔细设定价格调整系数，以调整总价格。日常维护成本占维护合同总成本的 65%，预防性维护和年度维护成本占合同总价格的 35%。维修合同的主要内容是根据维修工作手册确定承包商的维修管理责任。这些责任包括维护质量、维护进度和维护中承包的风险，还包括承包商应对公众投诉负责，即承包商将对维护管理工作承担全部责任。政府的责任是仅通过保证养护质量来确定合同的履行，政府只强调养护的最终结果。

不列颠哥伦比亚省维护私有化的质量保证体系包括两个方面，一是承包商的质量控制，二是政府的质量保证。承包商的质量控制通常包括：确保及时维护，确保施工期间人员和公众的安全，确保使用的材料符合标准或规范要求，确保使用的维护方法或程序符合要求，以及确保基础设施得到保护并处于良好状态。不列颠哥伦比亚省政府制定了广泛的质量保证计划，QMP 或 QM。质量管理计划主要是通过有计划的检查系统来确保维修工作符合规定的要求。政府官员进行的检查为状态检查、进度检查和完成检查。除了法律保障外，不列颠哥伦比亚省政府还制定了有效的政府干预措施，以确保合同条款的执行。这种形式的维修合同需要一个完整的维修质量保证体系的支持。

不列颠哥伦比亚省维护管理私有化的优点如下：采用总价承包模式，承包商在维护基础设施方面承担更大的责任，并进行长期考虑。否则，小缺陷得不到处理，这将直接导致维修成本的增加，因此有利于提高定期维修的质量；承包商在道路使用者和公众舆论的监督下，提供尽可能最好的道路服务；政府可以腾出更多的时间对公路进行宏观管理，在养护方面可以完成更多的工作量，养护工作的分配趋于均匀合理。

这种养护管理模式的弊端也很明显：养护合同总成本难以确定，需要建立科学的公路桥梁评价体系，积累实践经验；容易使当地基础设施的维护失去统一标准；承包商和政府工作人员之间的压力更大，基础数据的管理很容易从政府落到承包商身上。

三、日本

日本已建成运营高速公路约 7600km，并以每年 250km 左右速度增长。由于日本车辆数量居高不下，高速公路承担运输份额逐年增长，高速公路对国民经济的影响也越来越大。

日本国内公路建设与管理实行的是国土交通省、公路局、道路公团三级垂直管理体制。国土交通省全面负责政府投资项目的宏观管理。公路局是国土交通省下设的众多专业局委中专门负责公路的规划、开发、建设管理的政府职能部门。道路公团是公路的承建主体，主要负责高速公路的建设、通车交付使用公路的常规维修、改造，灾害后的道路修复工作，以及承担与高速公路相关的辅助设施的建设与管理。

日本道路公团是以建设和管理收费公路为主要业务的独立的、特殊的法人，是受建设省建设大臣监督的半官方组织。主要业务范围包括高速公路及收费道路，收费停车场及高速公路相关设施的建设和管理。在公团总部以下设有区域性的负责高速公路管理和养护的管理局。管理局设有技术部，主要负责道路的改建、大修、日常养护、各种设施和机械设备的维修管理，以及处理和解决与上述业务有关的一些技术问题。在管理局以下，按区域设有负责养护维修的管理事务所。管理事务所是负责管理和养护高速公路的基层单位，主要从事管理工作。管理事务所一般均按路线的区间划分，每隔 50~70km 的范围设置一所。

日本道路公团对所管理的高速公路负有养护责任，具体养护工作由管理事务所组织。养护维修工作分为日常养护作业和定期养护作业。日常养护的主要作业包括道路的检查、清扫、小修保养等作业。定期养护作业包括对高速公路设施按周期进行的预防性养护或改善工作，如改善路面、更新设施、防灾工作及高速公路改、扩建工程。大量的日常工作，如收费、养护、大修、改建等具体工作都委托给其他社团或由有关专业性公司承包。

养护资金按照日本《道路公团法》的规定编报养护资金计划，经政府建设大臣批准后执行，在高速公路养护管理的总费用中，养护管理费占 42%，工程改善费占 55%，防灾对策费占 2. 6%。为了解决高速公路建设对巨额资金的需求，日本在 1952 年制定了“道路建设特别措施法”，通过贷款和吸引民间资金修建高速公路并通过收费来偿还。为了有效地实施这项工作，1956 年日本颁布了道路公团法，并成立了公共性组织，即日本道路公团。以后，根据高速公路的建设发展及大城市周边地区的交通发展，又陆续成立了首都高速公路公团、阪神高速道路公团、都市高速公路公团及本州四国联路桥公团。

日本高速公路的养护管理体制有以下特点：①依法管理，1952 年道路法、1956 年道路公团法颁布，高速公路修建和管理一体化体制以立法形式确定下来。②养护管理模式统一，采取公司化垂直管理，管理机构层次清楚完整。③养护管理机构的管理、质量监督职能突出，属技术密集型管理。④养护施工社会化程度高，养护工程采取对外发包或委托，不设独立的养护施工队伍，养护管路部门所有施工设备一概不备，只集中资金购置急需的管理用车和日常维护设备。

四、英国

英国高速公路建设从 1958 年开始，由于建设资金的缺乏，建设速度缓慢，建设资金主要来源于汽油税。英国的公路养护，根据公路等级和功能的不同，分别由国家运输部和地方政府负责。运输部主要负责高速公路、干线公路和主要公路的养护，而其他公路则由地方政府负责养护。公路养护资金分别由中央和地方政府的财政预算支出。

英国干线公路的养护实行三级管理体制，由运输部的公路管理养护局统一负责。根据全国干线公路的分别，将全国的干线公路网划分为 9 个区，每个区设立一个直属于运输部的区公路局，负责本区的公路养护管理。区公路局又通过签订合同协议书的形式，将干线公路分段委托给所经县、郡、市的当地政府作为其养护代理，负责各辖区内干线公路的养护管理，这样的地方养护代理，全国共有 86 个。此外，有 4 个区公路局，对本区内部分干线公路，通过招标选择咨询公司作为其养护代理。目前，咨询公司作为主要养护代理的有 4 家。所以全国共有养护代理 90 个，作为养护代理的地方政府和咨询公司，直接负责干线公路的养护管理工作。

英国现行的三级公路养护管理体制中，各级管理机构的职责主要是进行公路养护的技术、财务和合同管理。养护管理机构没有自己的施工队伍，所有养护工程的施工和专项路况检测工作，都是通过招标委托承包商或专门的技术公司来完成，为了简化招标工作和便于进行合同管理，运输部门编写了自己的公路施工和养护合同文件范本，招标和评标的具体工作由养护代理按照运输部规定的程序办理，养护代理在养护施工合同中处于业主的地位。通常情况下，合同授予符合标书要求并且报价最低的投标人。在每个干线道路养护地区，公路机构和管理代理机构与限期承包商签订合同，代理机构和承包商之间没有合同，代理机构负责管理和监督限期承包商的工作。养护代理人通常负责巡逻、调查和检查。

英国养护体制的优点是：管理层次清楚，责任明确，突出了政府的审查和评估职能，把养护职能下放给养护代理。选择超级养护代理和限期承包商引入竞争机制，大中修采用招标制。其缺点是：不同地区的养护代理制定的养护计划、养护技术标准不易统一；养护代理、限期承包商与投标承包商的关系不容易被公路机构考察。

五、法国

法国的高速公路是密度较高的国家之一，现已有 11500km 高速公路。政府中的公路管理机构是公共工程、运输和旅游部，在这个部之下设有公路局。该局负责公路建设投资和管理公路网，制定交通条例等工作。政府的公路建设资金主要来源于燃油税、车辆购置税、汽车使用税等。由政府利用税金直接投资建设的高速公路免收通行费，由政府委托专业公司进行养护，费用由财政支出。由政府利用税金直接投资建设的高速公路免收通行费，由政府委托专业公司进行养护，费用由财政支出。

由于经济发展，汽车数量猛增，社会对高速公路的需求极其迫切，而政府利用税金又无法满足高速公路建设所需的巨额资金。因此法国于 1955 年议会审议通过，并颁布了旨在建立收费公路的“高速公路法”，将高速公路特许经营权授予 5 家由公共事业机构控股的半公半私的混合型经济公司，政府负责养护工作。国营是这一时期特许经营制度的主要特征，现在法国还有 10%的高速公路是政府直接投资兴建属于免收通行费的公路。

1969 年对“高速公路法”进行了修订，目的是筹集更多的资金，又成立了 4 家以私人资本为主体的高速公路公司。在国家规划、控制下，通过长期的借贷方式，负责高速公路项目的建设、运营，养护。这些特许经营高速公路由该公司负责日常养护和小修，大中修则由合作企业或专业公司承担，费用从通行费收入中列支，通行费收入的 25%用于养护和管理。

1982 年，为了解决部分特许公司的巨额负债问题，通过收购股权的方式将私营高速公路转为部分国有，建立了一个公共性组织即法国高速公路公共机构。通过国家控股，贯彻国家法规、收费标准，提高养护投入和运营服务水平，逐步推进收费标准全国统一。高速公路逐步实现了从局部到网络整体，机构从各段、块分割走向统一、协调，扩大了政府与民间、中央与地方的合作，采取企业化管理方式，通过招标选择建设和养护的实施单位。

法国高速公路特许经营公司通常采用三级管理方式。最高管理层在公司总部，设有董事会，其下设有管理部和养护施工公司。管理部下设数个管理站，管理部内的养护机构为技术与养护处。管理站负责具体的养护管理和实施，设有施工管理员、工程监督和养路工，负责 40~85km 高速公路的日常养护和管理。

与其他国家不同的是，法国有专门为公路养护服务的机械公司，按照“道路机械、维修及航空基地章程”进行管理，他们的工作是出租公路养护、施工机械或直接进行养护施工作业。公司独立于公路管理部门和养护机构之外，以合同方式与公路养护部门建立联系，这种方式有利于高速公路养护工程向专业化、机械化、市场化方向发展。

法国公路网通常被划分成区段，负责近100km 的区段运行，设 1~2 个管理中心。养护部分利用先进的路面管理系统实施预防性养护。法国高速公路的养护方式主要依靠车流量确定，在建设初期就对养护方式进行分析。一种是采用日常性小修养护方式，另一种则根据路面寿命采用周期性的养护方式，根据路面寿命年限对路面进行整体恢复，养护标准和质量标准由法国公路和高速公路科研部制定。养护大中修的原则是：路面面层摩擦系数达不到要求，加铺面层；结构层破坏，分析原因补强处理后再加铺面层。高速公路养护施工现场管理规范、安全标志设置齐全，各类养护机械设备应有尽有，机械化程度非常高，各类养护工序流水作业，真正实现了养护机械化。

法国高速公路养护体制的主要特点是：法国成立了高速公路特许养护公司，负责高速公路的建设、运营和养护工作；高速公路由国家高速公路公共机构统一管理，采取企业化管理方式，通过招标方式选择建设和养护单位；有专门为养护服务的机械公司，独立于公路管理部门和养护机构之外，与养护部门建立设备租赁关系，有利于高速公路养护工程向专业化、机械化、市场化方向发展；特许公司采用三级管理模式即公司总部、管理部、管理站，分工明确。

六、德国

第二次世界大战以前的德国已经计划在全国各主要城市之间建成高速公路。经过多年的发展，德国成为目前欧洲拥有高速公路最多的国家。德国是高速公路和一般公路分开养护的国家之一。高速公路由联邦政府提供资金，由州政府直接进行养护管理，约 50~60km 设一个养护管理站，配各种维修和养护机械设备，负责承担全部的养护管理工作。这是一种纵向的专业化高速公路养护管理体制，适合于正规化、专业化的养护管理，能满足高速公路大流量、快速、高效、安全的运营要求。

德国公路养护机械化程度较高，公路养护部门一般配有多功能养护车、冬季综合养护车、路面清扫车、涵洞清洗车、桥梁检测车、标志维修车等一系列大型专用维修养护设备。

七、瑞典

瑞典国家公路由瑞典国家公路局（Swedish National Road Adiministration，简称 SNRA）负

责建设和养护，是瑞典国有公路唯一管理机构，类似我国的交通运输部。SNRA 成立于 1841 年，原为瑞典皇家公路局，当时其主要职责为公路的规划与建设，1944 年后，公路的养护归公路局负责，养护部门机构庞大，吃皇粮人多，固有成本较高，纳税人意见很大，效率不高。1992 年进行改革，实行养管分离，引入竞争机制，公路局分为两部分即业主部分和承包人部分。业主部分负责建养的宏观管理，承包人部分改成商业化公司即 Produktion，归国家公路局负责，性质上属于国有公司，随着市场的成熟，国家公路局全面放开养护市场，实行完全的市场化运作。目前瑞典养护市场主要有四大养护公司，分别为：Produktion、NCC、NAA、PEAB，其中 NCC 是一家跨国公司，PEAB 是一家私人公司。

瑞典养护工程通过采取招投标办法确定承包人，养护招投标工作由各地区公路局进行，总部派人指导。招投标分为常规养护招投标和阶段性养护招投标。常规养护一般实行 5a 合同制，如 3 加 2 或 4 加 1，先与承包人签订 3a 或 4a 合同，然后再根据承包人的情况、条件变化、工作业绩进行综合评定，以决定是否续签合同或更换承包人。养护工程不实行监理工程师制度，区公路局会派人进行抽查，养护工程质量保证主要依靠承包人的质保体系和社会举报制度。

八、西班牙

西班牙的公路经营企业通常的做法是将公路养护 75% 以上的绝大部分任务通过市场的方式来运作，通过采取社会招投标的方式委托给社会上专门的养护公司来完成，公路经营企业本身并不直接进行公路养护工作，不单独设置专门的养护机构，也没有相应的人员和设备，其优点就是减少了不必要的人员、设备的重复开支，可最有效地利用有限的养护资金。

九、意大利

意大利是修建高速公路最早的国家之一，真正的大规模修建在 1955 ~ 1970 年间，到 1992 年时，意大利高速公路通车总里程就已经达到 6000 多 km。意大利高速公路养护体制基本和法国一样，主要由特许经营公司养护管理。

第四节 高速公路养护管理的发展趋势

一、高速公路养护特点

(1) 预防性养护。预防性养护可以延缓道路病害和损坏的发生或进一步扩大，从而延长道路的使用寿命，保持道路的完好率，提高公路的质量和服务水平。

(2) 规律性和及时性。公路养护是一项长期任务，每一天、每一个月、每一个季节都有不同的内容。所以公路养护工作是一项经常性、周期性的工作。

(3) 弹性。回弹是指路面养护后应能完全恢复原来的使用性能，即平整度、摩擦性能、承载能力、噪声等性能应满足公路安全、快捷、舒适的基本要求，且不因养护而下降。

(4) 钢筋。高速公路的养护运营也弥补了原有路面强度的不足，即所谓的加固效应。

加固既可以加固原有路面的薄弱环节，又可以延长路面的使用寿命，从而满足高速公路日益增加的交通流量。

(5) 及时性。维护操作必须快速，以减少交通干扰，并尽可能缩短交通中断时间。

(6) 安全性。高速公路速度快，交通流量大，在进行维护和保养操作时，通常会关闭车道进行施工。

二、当前公路养护管理中存在的问题和不足

(1) 维修机构设置不合理。目前，在全国各地的公路养护管理中，由于养护体制的“政、商、企”不同和激励约束机制不强，导致养护机构重复设置，许多公路按照“统一管理、分级领导”的原则设置养护、养护工区等，造成人员臃肿，或是铁饭碗锅思想严重，工作积极性不高。

(2) 维护机械化水平低。养护机械化可以显著提高公路养护质量和生产效率。然而，我国养护机械无论在产品性能、品种、数量和质量上都难以满足高等级公路养护作业的需要，有些类型的道路养护机械无法在我国自主生产。再加上维修机械投资和运营成本相对较高，许多维修企业仍然依靠传统的手动维修操作来节省维修成本。

(3) 管理不分，缺乏专业的维修队伍。许多公路养护企业仍实行企业养护管理体制“管养一体”，职责不清，责任不清，养护资金以资金的形式存在，所有养护作业均由单位内部行政管理，技术水平低，缺乏较强的专业性。

(4) 工作人员的整体素质不适应公路养护科学化、现代化水平的要求。

(5) 重结构，轻维护。目前在我国，在公路建设的时期，大规模的建设任务十分繁重，大量的资金都投入到公路建设中，各级部门对公路养护问题往往没有引起足够的重视，没有充分理解“是公路建设的发展，是公路养护的发展，更重要的是发展”的真实内涵。

三、高速公路养护管理的发展趋势

(1) 加强政府行业监管。在转变政府职能的前提下，进一步加强对整个交通运输业的政府监管。随着一些省份公路管理企业化进程的加快，一些事业单位正在逐步转变为企业。为了解决建设资金问题，一些高速公路已通过经营权转让给投资公司的方式，或融资建设、验收、使用高速公路，未按行业规定纳入政府交通部门的有序管理。由于规范不完善、监管不力，一些养护企业片面追求即时回报，人为减少养护投资，降低服务标准，造成不良社会影响。因此，有必要理顺和加强政府对高速公路的管理。

(2) 逐步实现管理与维护的分离。即维护管理与运营管理机构的维护操作的分离，并逐步将维护操作，包括维护工程设计、施工和监督推向市场。养护经营实行企业化管理，引入养护法人参与市场竞争，逐步推进公路养护专业化、市场化。这有利于提高养护水平，减少养护投入，提高投资效率，促进公路养护管理的快速可持续发展。

(3) 维护团队往往更专业。公路养护队伍应配备称职的人员，技术全面，训练有素；机械设备齐全，配套齐全，安全措施齐全、到位。只有这样的专业养护队伍才能完成高速公路的日常养护和应对各种事故的抢修工作，保证高速公路养护服务水平的高质量。

(4) 进一步加强区域合作。公路养护要投入大量资金，有些养护项目本身成本不高，

但受项目性质、位置等因素影响，设备成本很高。目前，我国高速公路管理单位面临着一些养护设备和检测设备价格昂贵，但使用频率较低的问题。这些设备专业性强，利用率低，且社会无法出租、购买或长期闲置，从而导致公路养护管理需要组织区域合作。比如购买一辆桥梁检测车需要几百万元，每年只使用一到两次，虽然必要，但管理部门很难下决心购买，导致一些重要桥梁无法及时检测。解决这一问题的一个好办法是采取区域合作，打破管理上相对封闭的局面。各合作单位根据各自的重点购买不同的专业设备，通过区域合作实现有偿使用和优势互补，可以进一步提高专业维修水平。

（5）维修手段逐步实现机械化。公路速度快，交通量大，养护机械化逐步取代人工操作，不仅可以改善养护人员的作业条件，降低劳动强度，而且可以提高公路养护工作的质量、速度和效率，从而保证公路的安全畅通，显示出良好的经济效益和社会效益。因此，国内高速公路养护全面进入“机械化时代”是大势所趋。

（6）实现维修工程决策。从经验型转向专家系统决策型。目前高速公路的养护方案基本上是养护技术人员，根据现场目视调查的类型，针对病害的损坏范围和严重程度，考虑到损坏对道路运行优先级的影响，结合养护实践经验进行判断，制定出相对合理的养护方案。这种维修方案的确定方法更受资金和人为因素的影响，尤其是个人经验往往是片面的，对于同一疾病情况，不同的人往往会做出不一致的评价，从而影响项目的正确决策。在维修资金不足的情况下，可以更好地体现维修专家决策的重要性，科学安排维修项目方案，合理安排维修项目工期。如何有效合理地使用有限的养护资金，从而保持公路的最佳性能和服务水平，是各级公路养护部门需要优先解决的问题。养护专家决策系统是基于大量基础数据的综合评价系统，如路面管理系统和桥梁管理系统，已在江苏等省得到应用。这些管理系统将数据收集和输入放在首位，然后利用计算机技术对数据处理功能、评估决策方法和管理理论和对道路、桥梁等进行评估，分析各种损坏情况、维修方案、不同条件下的成本，供管理人员进行科学决策，有效利用有限的资源，最终达到降低全社会运输成本、节约社会资源的目的。

第七章　高速公路养护技术

第一节　高速公路养护概述

高速公路作为我国重要的交通枢纽，发挥着越来越重要的作用。然而，高速公路大规模建设后，随之而来的是繁重的养护任务。公路养护是公路运营管理的重要组成部分，是保证公路优质服务水平的主要手段之一。公路在不同程度的损坏中有效地修复损坏，有助于保持公路良好的使用状态和服务水平，有利于为使用者提供安全、快捷、舒适、经济、美观的行车环境，有利于树立公路的外部形象，最终提高公路的经济效益和社会效益。

一、高速公路状况调查

路况调查是路面养护的一项重要工作，也是养护工作的基础。它是交通流观测和路面病害状况预测的发展，是编制年度养护计划的基础。只有从实际损坏的充分调查情况出发，分析道路的损坏原因，才能根据不同的损坏状态，对养护方法从设计、施工质量监督等各个环节制定相应的措施，并严格控制施工质量，确保道路养护工作的顺利进行，确保高速公路交通安全快捷。

根据交通流繁忙程度，沥青路面使用八年后，应进行路面病害状况专项调查，包括路面损坏状况、平整度、抗滑性和结构强度。每年应进行一次破损和平整度专项调查，每两年应进行一次防滑能力和结构强度专项调查。

1. 路面破损状况指数(*PCI*)

PCI=100-15*DR*0. 412，它综合反映了路面损坏状况。采用现场察看、钻芯取样的方式测定路面破损状况。正确区分病害类型，在破损处挖出方形坑槽，裂缝、车辙宽度分别取0. 2m 和 0. 4m。测量损坏面积，并根据其严重程度的换算系数，折合成实际破损面积。实际破损面积与路段总面积之比，即为路面综合破损率 *DR*。

2. 驶质量指数(*RQI*)

行驶质量指数 *RQI*=*l*1. 5-0. 75*IRI*，它反映了路面平整状况，是满足车辆快速、舒适行驶的质量指标。采用车载式颠簸累积仪或平整度仪进行测定。车辆以规定速度 80km/h 行驶，测量在一段距离内路表面产生的累积竖向位移量，即国际平整度指数 *IRI*(m/km)。

3. 路面抗滑系数(*SFC*)

以抗滑系数(如横向力系数 *SFC*=*P*/*SF*)来表征路面的抗滑能力。可以采用偏转轮拖车法进行测定。将两只标准实验轮胎安装在汽车上，并与车身偏转成20°角，汽车在潮湿路段上以规定速度 64. 4km/h 行驶，测定标准轮胎所受到的侧向摩阻力(*P*)与竖向荷载(*SF*)，两者之比，即为横向力系数 SFC。

4. 路面强度系数(SSI)

路面强度系数 SSI=路面设计弯沉值/路段代表弯沉值，它反映路面结构的整体强度。采用贝克曼弯沉梁或自动弯沉仪进行测定。路面结构受到行车荷载的作用，其破坏形式可能是由于过量的竖向变形所造成，也可能是由于某一结构层所产生的拉应力超过其材料的疲劳强度而断裂。因此，可以用最大弯沉值或路表弯沉盆的曲率半径来衡量路面结构的承载能力。

以上四项检测指标客观、科学地反映了路面病害的总体情况。当评价指标低于中等水平时，应迅速进行处理，如表面清除、重新覆盖或从路基到路面的整修。如果延误维修，未来短期内道路的服务质量将急剧下降，维修成本将更高，甚至是 4~5 倍。

二、高速公路养护技术

根据路况调查结果，对病害进行分类处理。一般来说，对于结构破坏，要整修到结构层甚至基本；对于功能性损坏，可以进行找平修复。

1. 热沥青填缝修补工艺

热沥青接缝修补技术主要用于防止漏水。当路面出现裂缝但无明显错台(5mm 以内)时，无啃咬现象，可采用热填沥青的方法进行防水处理。施工工艺为：清理裂缝(使用吹风机和铁钩消除接缝中的杂物)→将热沥青加热至 130℃(流动性好)使用灌溉缝纫机，依次缓慢地向接缝处灌注，冷却至沥青处于塑性状态(约 60℃左右)，用铁铲清除多余的表面沥青，防止道路污染。该工艺适用于强度足够、表面裂缝(如温度应力裂缝)较少的路基和路面基层。有两种情况：①当接缝宽度小于或等于 0.5cm 时，用吹风机或空压机清理缝隙杂质；将改性沥青加热至 185℃，并用尖头罐将热沥青填充在间隙中。当沥青冷却至 60℃后仍处于塑性状态时，将顶面刮成约 5cm 宽、0.3cm 高的梯形，然后堵塞。②当接缝宽度≥0.5cm时，建议用空气压缩机清除松散颗粒和碎屑；然后倒入约 1/4 接缝的高沥青，填充、捣细热拌沥青混凝土；薄薄覆盖，撒石粉，冷却 1h 后通车。

2. 乳化沥青稀浆封层工艺

稀浆封层是骨料、填料、乳化沥青、水、添加剂和其他原材料的适当级配，根据混合比例，由均匀的稀浆混合料制成，并根据道路上所需的铺筑厚度和宽度。稀浆封层施工方法，无论是低等级公路还是高等级公路，无论是城市道路还是郊区道路，都能产生显著的经济效益和社会效益。稀浆封层可使磨损、老化、开裂、光滑、松散等病害得到修复，具有快速修复、防水、防滑、光滑、耐磨等功能。该工艺适用于具有足够强度和大量表面裂缝的路基和路面基层。应注意面层的修整、浆封层混合料的合理配制和分水养护成型等关键工序。

3. 沥青表面局部修补

局部修补是修复沥青路面局部损坏最常用的方法。坑洞、松动修补是最常见的局部修补工作。由于面积小、点多、分布广、战线长，维修要求灵活、快速高效、安全性好，因此局部坑槽和松动的维修应尽可能机械化。同时，由于局部维修工作量小，机械设备进场频繁，单位面积维修成本高，因此，应尽可能减少设备和人员的数量，以提高维护操作的效率。严格来说，目前我国道路坑洼、松动的修补还没有全面机械化作业，还有一些工序(如摊铺、整平)需要人工完成。

4. *局部挖掘和填充过程*

该技术适用于路基和路面基层强度足够、表层只有少量裂缝、凹坑和沉降的情况。其操作过程如下：①划定维修范围。根据“圆形坑填充”的原则，首先在损坏周围扩展约10cm，并绘制与道路中心线平行或垂直的工作轮廓。②切割和清除疾病。沿操作轮廓垂直切割至坚实稳定的底部，深度大于3cm，挖掘并修整凹坑。③凹坑涂有黏性油。在清洁的底部和槽壁上刷胶层油。④分层填充和压实。热拌沥青混合料由外围向中心人工摊铺，每层厚度小于6cm，松散系数为1.3~1.4。用小型平板振动夯或铁夯，压实度要求在95以上，并与原路面齐平。如果由于条件限制而使用冷铺砂型沥青混合料，松铺系数应为1.5。这主要是由于冷填坑槽很难一次夯实，因此松铺系数增加，初始夯实成型比原始路面高出约0.5cm，作为未来车辆行驶和分级压实的凹陷。如果有修路王设备，成品冷库沥青提前4h加热，那么现场维修一个坑只需0.5h左右，工作效率高，加热效果好。

5. *机械铣削和摊铺过程*

目前，我国采用的方法有两种：冷铣热铺和原位冷(热)再生施工技术。适用于路基和基层强度足够、表层有较大裂缝、坑槽、沉陷、车辙和桥梁跳车严重的路段。其操作过程如下：①确定维修范围。为了提高处理质量，必须进行边坡调整设计。在纵断面中，超车车道和行车道的车道分隔线用作高程测量断面和牵引坡设计。根据技术标准和保证最小修复结构层厚度3cm的要求，考虑纵、横坡线形，合理确定维修长度。一般情况下，道路开裂、坑洼、沉陷的最小养护长度为30m，桥头跳车距离台后20m，车辙的养护长度根据实际情况确定。②铣削和修整。用铣床去除整个表面层，表面铣削深度必须根据铣削后下一层的实际情况确定，即不能出现松动、剥落现象，并且清洁必须干净彻底。在涂抹机油之前，用吹风机再次吹风，并保持路面干燥。平整深度应为3~4cm，以确保路面的最小结构厚度。但如果铣削后发现底面变软，则应加深至坚实稳定的层；用切割机修整横向边缘，以去除松散的破碎颗粒或凿毛，并用混合材料填充和夯实局部低洼区域。③喷洒黏合层油。使用沥青摊铺机喷洒黏合层油，用量为0.3~0.6kg/m。④摊铺和碾压。路面的摊铺应保证一定的连续性，施工前需要对各种机械进行保养，保证车站的生产能力和车辆的运输能力，并制定施工组织计划。根据维修范围估算材料消耗，根据规范混合热沥青混合料。在施工现场钻孔(间距约5m)，并根据松铺系数1.15~1.30(粗粒型取下限，细粒型取上限)挂线，层厚10cm以上应分层施工；用小型摊铺机以3~5m/min的速度均匀摊铺混合料，平整度控制在5mm以内，摊铺温度控制在120~140℃，然后用压路机按先边后中，先横后纵的顺序碾压6~8遍，使新旧路面结合良好，标高均匀。⑤恢复标记线。冷却后，标线车用于重新绘制线路并开放交通。

6. *路基或基层固体处理措施*

对于路基，基层结构因裂缝、凹坑、车辙或沉降等病害造成的破坏或强度不足，应首先处理土质基层和基层，如采用压水注浆固结路基、重做水泥碎石基层、用沥青碎石或细粒沥青混凝土填充等措施。达到原始设计强度后，分层填充路面结构层。

第二节 公路养护水平

公路工程建设作为一项基础服务工程，具有资金投入大、技术要求高、占地面积广的特点。它不可能在一夜之间完成，也不可能每天都改变。一旦建成，它将被使用多年。但下降的自然环境和人为因素的参与使得道路的质量无法保持不变的良好状态，加上近年来由于维修、保养的方式疏忽造成了重大交通事故，造成了大量的财产损失和人员伤亡，高速公路竣工后的养护管理工作日益引起人们的重视。因此，如何提高公路养护管理水平，提供一个安全、快捷、舒适的交通环境，显得十分关键和重要。养护管理是公路运营管理的重要组成部分，是保证公路优质服务水平的主要手段之一。提高公路养护管理水平，及时发现不同程度公路的损坏情况，做好养护工作，有利于保持公路原有的标准和技术状态，延长公路和设施的使用寿命，降低运营管理成本；有利于保持公路良好的使用状态和服务水平，为使用者提供安全、快速、舒适的驾驶环境，减少或避免因道路和设施维护不当造成的财产损失和人身伤害，最终提高公路的经济效益和社会效益。

一、公路养护管理中存在的问题

自然环境的入侵和人为因素的参与，使公路质量不可能保持高标准的技术，保证公路的安全畅通，除了加强勘察设计，提高施工质量外，最重要的是做好公路养护管理工作。但在当前环境下，公路养护管理仍存在一些问题，主要体现在以下几个方面：

（一）维修管理系统不够先进

第一，“重建设、轻维护”的思想仍然存在。虽然一些职能部门和工作人员在公路工程施工过程中可以严格把关，保质保量，但竣工后容易瘫痪，忽视管理，不能及时有效地养护公路损坏，养护工作不到位，缺乏应有的管理监督和法律约束；二是缺乏竞争和活力机制。在许多地区，公路养护管理仍然走财政拨款和企业管理的老路，对科技进步重视不够，不仅效率低下，而且与市场经济体制改革的矛盾不断深化，在具体的管理过程中，与现代公路管理体制还有很大差距。

（二）维修机械化水平不高

一是缺乏维修机械化设备。由于养护资金紧张，许多先进的养护机械设备无法购置和使用，无法实现大规模的综合养护，影响了公路养护的效率和质量。二是维修机械利用率不足。虽然一些地方正在引进国外先进的公路养护机械，但这些设备往往不能完全适应我国现有的公路养护管理，甚至出现设备闲置浪费现象，工人们仍然采用传统的养护方法，对先进设备的使用并不充分，这严重影响了机械化管理工作的水平。

（三）维修管理人员参差不齐

一是高层次专业技术人才短缺。由于我国公路建设发展过快，人才队伍建设没有跟上步伐，缺乏公路养护管理人才，尤其是高级人才，现有的管理人员大多依靠实践经验，没有专业背景和国外先进新技术的培训管理体系，新的人才只有极少数有足够的知识；二是现有公路养护管理人员业务水平较差。由于维修工作重复劳动性强，涉及面广，年轻力量难以挽留，人员年龄结构大，维修工人的学习能力、工作能力普遍较低，既熟练操作维修机械，又使用计算机软件办公的人数仍较少，这很难适应现代道路的养护管理，也严重影响了养护技术水平的提高和管理机制的创新。

二、公路养护管理建议措施

俗话说“三分养，七分管，只管养，等于白养”，养护管理必须作为交通运输的重要内容来把握，我们需要从各个方面下功夫。为提高公路养护管理水平，建议采取以下措施：

（一）改进立法和机构

法制是提高养护管理水平、保障道路交通安全的前提。立法部门应完善交通运输行业的法律法规，特别是道路养护管理领域的法律法规，以确保在公路项目的养护、养护质量检查和管理评估中有法律可循和证据可查。职能部门要做好各项管理制度的修订和完善，统一领导，统一管理，明确权责，提高工作效率。国家法律法规和行业管理法规不仅要统一、协调、易懂，而且要全面、有针对性，贴近公路养护管理的实际，使管理和养护人员能够充分理解和掌握。

（二）加强人才队伍建设

人才队伍是提高养护管理水平、确保道路交通安全的基础。要培养一支懂业务、懂技术、懂管理的人才队伍，就要加强高素质的公路管理人才队伍建设，把一批经验丰富、能干的人才充实到养护管理人才队伍中，以弥补养护不足的漏洞。二是制定各部门、各岗位的用人标准，从最优秀的人才中择优选拔，实行责任免除制和一票否决制，将责任部门的维护状况纳入年终考核；为了提高现有维修管理人员的专业水平和工作效率，在高校举办各种继续教育培训课程和线上学习。

（三）提高机械化维修管理水平

机械化管理是提高养护管理水平、保障道路交通安全的关键。始终提供安全、畅通的道路条件是公路养护管理部门的重要职责。以往的人工养护模式已远远不能满足现代公路的管理需要，必须培养一支反应迅速、技术熟练、配套设备齐全的机械化养护队伍，确保养护的及时性和快速性。一是加大资金投入，购置国外先进的综合设备，并要求熟练工人反复操作，全面掌握，第一时间应对道路上的问题；二是要制定严格的管理制度，各职能部门、机构和组织分工明确，各负其责，既要做到工作交叉，又能保持同一目标，同时做好机械化维修的质量检查和监督，决不放过任何细节。

（四）日常检查与定期测试相结合

路面检测是提高养护管理水平、保障道路交通安全的环节。随着使用寿命的延长和交通流量的增加，路面的技术指标会下降，因此有必要加强日常检查，并定期对路面进行检测。首先，通过日常检查和检测，检查道路损坏程度并评估安全系数，掌握具体道路技术数据，及时向上级单位报告，建立道路系统数据库，为公路养护提供科学依据；其次，定期开展路面检测工作，了解路面弯曲性能、平整度、车辙和结构深度（摩擦系数）等指标，对路面实施动态跟踪管理，确保道路安全畅通。

（五）积极应用道路养护新知识和新技术

知识和技术是提高养护管理水平、保障道路交通安全的突破口。知识经济时代知识不断更新，技术日新月异，如道路维修车间采用冬季冷拌技术，使用常温路面裂缝封层材料，使用冬季融雪材料等技术，养护管理人员必须在传统养护管理知识的基础上，学习国外先进技术经验，随时掌握最新知识，大胆采用新技术并不断创新，同时在日常维护中不断改进和完善。养护管理水平是影响公路运输质量的重要因素。如何做好公路养护管理工作，是摆在公路管理部门和企业面前的一项长期而艰巨的任务。

提高养护管理水平，促进经济发展是我们研究和探索的根本目的。在今后的工作和实践过程中，必须从公路可持续发展战略的高度，研究现代公路养护管理对策，不断探索、不断完善、不断创新、不断总结，走出一条适合我国公路事业不断前进的新路。

第三节　公路养护水平对汽车使用性能的影响

目前，公路上搭载砂、钢、木等车辆明显增加，但大部分车辆很少考虑车辆的载重极限，超载现象日益严重。长期以来，超限运输车辆的载重已超过我国公路所能承受的重量，这也加剧了公路的磨损。从长远来看，它将对公路造成巨大破坏。此外，重型卡车由于自身货物捆绑不牢，导致高重力和破坏性材料掉落到道路上，这也会对道路造成损坏。此外，推土机、挖掘机、压路机等大型施工机械在高速公路上行驶，也会对路面造成更大的破坏。同时，少数人为了自己的私利，在公路上肆意挖沟埋管，大肆破坏公路，对公路的正常通车造成了严重影响。也有一些过路人，为了故意横穿街道，故意破坏道路的波形护栏，在护栏中间消除缝隙，并横穿道路，也对高速公路的性能有一定的影响。此外，在一些路段的施工中，道路上没有铺设路肩墙，因为一些人的随意挖掘、逐年侵占，对路基的稳定性造成了破坏，从而影响了公路交通安全和原有性能。

一、缺乏公路养护的思想意识

基础设施建设最能体现地方领导干部的政绩。施工周期相对较短，可以在较短的时间内生效。因此，地方建设已成为大多数领导干部展示政绩的基本举措，但很少有人组织和承担道路养护工程，周期长，见效慢，政绩不明显。领导干部公路养护意识淡薄、态度消极是各地公路养护措施不力、管理不善的主要原因。此外，广大群众爱护公路的意识不高，缺乏热情，严重造成道路正常使用障碍或损坏。例如，任意倾倒垃圾、液体污染路面构成蚕蚀、任意挖掘埋地管道、方便自己、损害公共财产等现象广泛存在，不仅无助于公路的养护，甚至对公路的正常性能构成一定威胁。

二、组织管理体制有待完善

在一些地区，公路设施遭到严重破坏，其主要原因是管理部门力量不足和管理机制不健全。公路养护管理部门，不能有效地执行有效的管理制度，对破坏公路不能承担责任的人员不予以处罚，不追究事故责任，此外，管理部门无法合理分配道路养护和道路保护项目，并且没有具体的标准化制度，这使得道路养护不能统筹规划，导致道路养护盲目、没有方向。例如，无法对道路养护进行适当的资金投入，无法引进先进的技术和措施，因此养护方法和技术仅限于传统方式，效率低，质量差。无法建立规范的管理制度，使维修人员无法纠正工作态度，操作粗心。

三、加强公路养护管理的措施

由于目前公路养护、公路保护形势不容乐观，建设好的公路设施不能及时优质养护，使公路的使用寿命逐渐下降，部分地区甚至构成交通障碍。它对经济发展、社会进步、人民生活水平的提高产生了非常消极的影响，关系到一个地方乃至整个社会的进步。因此，加强公路养护和公路保护管理势在必行。具体管理措施如下：

（一）加强爱路护路的教育宣传

就目前情况而言，无论是普通老百姓还是养路人员和领导干部，都对养路保路工作中存在的缺陷有较大程度的认识。因此，要加强公路养护管理，必须全民行动，人人都有爱护公路的公德，人人都有保护公路的意识，只有团结一致，才能更好地开展公路养护管理工作。因此，养路领导应经常组织职工进行集体学习教育，播放相关宣传视频，使职工认识到养路的重要性和自己的责任；经常组织员工进行沟通，员工对不关心道路和养护道路的失职现象进行交流和讨论，提醒自己，不断提高自我意识和责任心。此外，领导层还应高度重视对群众的宣传教育，发放一些道路文化宣传海报，或积极接触媒体，播放公益广告等，让大家深刻认识到维护公路，并能从我做起，积极爱护公路，防止公路被毁，让人走上爱路的道路，走上护路的道路。

（二）完善管理机制和标准体系

忽视公路养护领导是公路养护工作缺乏的一个重要原因。管理和养护工作的领导不能提出具体的管理规范，不能对养护道路进行具体管理，不能严格要求道路工作人员的行为，不能保证工作人员的态度和道路养护质量。因此，有必要制定有效的管理规范。管理层领导应根据当地实际情况和道路保护员工的具体情况，制定具体的管理规定，明确员工的具体职责。员工可以分为几个小组，在内部员工中选拔有相对较好素质和能力的员工成为团队的队长，每一位员工都细化自己的劳动任务，并在小组之间进行比较，建立良好的奖惩制度，对团队成绩优异的员工给予奖励，对表现较差的团队给予鼓励，对于那些没有工作表现，甚至恶意破坏、影响道路养护工作正常运行的人员进行严厉处罚。这将调动员工的积极性，并能方便公路养护项目的管理。同时，还要完善管理机制，制定多种管理和护理高速公路方法，并切实实施。例如，我们应该加强控制和监督机制，优化评估管理机制，实施奖惩机制。在公路养护管理中，各级领导责任明确，互不干涉，以提高管理效率，加强公路养护和公路保护管理，有效保证公路的基本性能，造福各方人民。

（三）引进先进技术实现公路养护科学化

目前，我国公路养护和公路保护工作相对滞后的原因，不仅限于缺乏管理模式和管理阶层的实力，还在于没有引进科学的公路养护先进技术。因此，要加强公路养护工作流程，还应不断创新，在公路养护工作中积极使用新材料、新技术、新工艺、新方法，组织人员参加相关技术培训和学习，学习使用新材料和新技术的方法，增强其综合能力，提高养护道路的能力。目前，公路在我国交通设施中占有很大比例，特别是在经济欠发达的边缘地区。公路是对外开放和各种经济文化交流的主要手段。公路设施的建设促进了区域经济的暂时发展，而公路的长期养护是区域经济可持续发展的保障。因此，必须加强公路的保护、养护工作，充分保证公路的基本使用性能，为区域经济发展和国家的共同繁荣贡献力量。

第四节　高速公路养护性能评价

随着经济的发展，大型和重型汽车的不断出现，高速公路成为高速、安全、畅通的现代化基础设施，所以高速公路路面养护问题非常重要，好的高速公路路面能给国民经济的持续发展带来较大的经济与社会效益。

一、关于高速公路沥青路面主要病害及预防措施

（一）沥青路面的使用性能

沥青路面的使用性能包括功能性能和结构性能，在高速公路上，行车安全一般指公路的抗滑、溅水、夜间亮度、反光等，车辆在路面上行驶的舒适性与其平整度相关。沥青面层的抗滑性能主要取决于表面层，路面的平整度受到很多因素的影响，随着行车的不断磨耗作用，必须保证各层平整度满足要求，才能保证车辆在路上行驶的运行经济性。道路交通噪声是环境噪声污染的主要来源，因此要尽量保证它对环境不要产生不良影响；在沥青路面的使用性能上，反映路面结构在行车荷载和自然因素上的作用，包括路面结构的承载能力、路面结构的损坏状况。而结构承载能力同损坏状况存在着内在关系，路面损坏状况程度随时间变化而发展。路面具备优良使用性能的条件应该能在设计使用期间的行车荷载作用下，尽可能地最大程度保证足够的承载力。保证路面结构的抗永久变形能力强，保证面层表面无明显泛油现象，保证无明显的水损害现象，保证没有明显的台背和路基沉陷，保证基层质量好，形成一个完整的整体，避免早期纵向裂缝，减少横向温度裂缝。

（二）沥青路面主要病害

沥青路面的损坏所表现出的形式和特征多种多样，可分为裂缝类、松散类、变形类及其他类，其中沥青路面的裂缝包括：裂缝与路面中线近于垂直的横向裂缝，路基压实度不足而产生的纵向裂缝，相互交错的疲劳裂缝，即龟裂；沥青路面表面沿轮迹的纵向凹陷；集料和沥青逐渐脱开并散失而造成的沥青路面的松散；沥青路面的水损害使路表面产生的坑槽；路基上层积聚的水分引起路面胀起并开裂造成的冻胀和翻浆；路面出现沉陷主要是由于路基变形引起，沥青路面的表面层直接承受车辆荷载，桥面铺装的破坏。

（三）沥青路面病害原因及预防措施

沥青路面建成后，都会产生各种形式的裂缝。沥青面层上的非荷载型裂缝主要是温度裂缝，荷载型裂缝即主要由于行车荷载作用而产生的裂缝。影响沥青路面非荷载型裂缝的因素包括沥青混合料的组成、沥青品种和品质、面层的厚度、基层材料的收缩性、土基和气温。减轻非荷载型裂缝的措施需要从设计和施工开始。车辙是沥青路面病害的主要问题，

其中包括结构性车辙，这种车辙的宽度较大。流动性车辙一般是两侧隆起形成横断面。由于荷载作用超过路面各层的强度，车辙的形成主要是由于车辆渠道化行驶引起的。影响沥青路面车辙深度的内因是由于天然砂用量越多，对沥青混合料强度的不利影响越大。沥青用量过多，会降低混合料的黏结力。沥青路面的车辙与路面结构类型密切相关。影响车辙深度的外因包括交通条件和气候条件。防止车辙的主要措施：用聚合物能改善沥青混凝土的使用性能，使用温度稳定性好的沥青，提高不同级配类型的沥青混合料的高温稳定性，减少黏滞变形，改善沥青混凝土的柔性，使混合料有较高的密实度，形成骨架密实结构，矿料混合料的级配和油石比应该在合理的范围内。

沥青路面的水损害，主要特点是破坏发生在雨季，破坏之前一般先有小块的网裂，一般在透水或排水不畅的部位出现，行车道破坏比较严重，水损害的出现主要是防止车辙，它影响了沥青与集料的黏附性；预防水损害的关键是提高沥青与集料的黏附性，增强集料之间的黏结力，防止或减少水分进入沥青混合料内部，提高压实标准，减小空隙率，路面结构设置排水层或结构层，提高沥青混合料的水稳性。

二、路面使用性能评价指标与标准

随着现代高速公路的发展，了解和掌握路面使用性能的变化，使路面性能的内容得到了进一步的丰富。路面平整度测试技术经历了近 50 年的发展，现在已建立的反映路面平整度状况的指标较多，在统一的平整度指标 IRI 的基础上，路面行驶质量采用行驶质量指数评定。路面结构承载能力是保持自身状况完好的能力，对路面结构承载能力进行评价，通过计算机控制和分析大量的实测数据，路面强度评定采用无破损实验为主；路面结构的破损状况反映了路面结构保持完整或完好的程度，在评价路面破损状况时需综合考虑路面结构保持完整或完好的程度，必须全面、科学，每种破坏规定其明确的定义。各路段损坏状况需要采用一项综合评价指标。为了保证路面行车安全，提高运输效率，应加强路面的抗滑性能。要求路面具有一定的粗糙度，满足各种气候条件下安全行车的需要，防止在不利条件下产生滑溜行车事故。路面的抗滑性能由路面的两种表面构造提供，路面抗滑性能的测试方法从微观构造和宏观构造出发，分为测定摩擦系数等参数的直接法和测定路面微观构造与宏观构造的间接法。车辙是道路行车道轮迹带上产生的永久变形，对路面车辙的量测目前以人工实地测量为主。养护策略中车辙作为重要的控制指标，以各断面最大车辙深度的平均值表示。当车辙深度达到 20mm 时，即路面已完全破坏，对高速公路容许车辙深度取 10~15mm。

路面使用性能常用评价模型：国外常用的路面评价模型包括路面服务性能指数 PSI、养护管理指数 MCI、路面状况指数 PCI；国内常用的路面评价模型建立了一般公路路面使用性能评价模型，它为 CPMS 路面性能模型的建立提供了依据。路面使用性能综合评价模型包括基于回归模型法的路面使用性能评价方法、基于系统分析法的路面使用性能评价方法、基于灰色理论的路面使用性能评价方法。

三、高速公路路面养护

一般等级公路强调的是路面结构性能，在制定公路沥青路面养护维修对策时，要注意路面结构承载能力、路面破损情况、路面行驶质量、路面抗滑、路面车辙深度和专家经验。沥青路面养护对策要根据综合评价结果确定。确定整个规划期内的最优养护计划，净效益最大化是应用最广的目标，达到某一道路服务水平需要的最少资源，给定资源确定达到的最高服务水平。进行预防性养护，采用科学的方法与检测手段，使公路养护形成良性循环，促进公路养护现代化。保证乳化沥青养护稀浆封层技术，应用乳化沥青及时清除路面病害，增强路面的柔韧性和弹性，它对于路面沥青再生及持久性很重要。

第五节　高速公路养护管理系统

互联网和现代信息技术的飞速发展为高速公路管理注入了新的活力，使高速公路管理朝着信息化、网络化、智能化方向发展。尽管目前高速公路管理普遍采用了计算机进行管理，但这种计算机管理仅仅是取代了过去手工完成的简单作业，部门之间的数据不能及时有效共享。同时，在实际工作中，还存在以下问题：

（1）管理滞后。目前的管理模式基于传统或单机辅助管理，作为管理部门不能及时了解高速公路全线路面病害情况与路面养护状况，因为大量的巡检数据不能及时刷新，故无法及时、真实地了解工程的质量、进度等信息。

（2）工程管理较为复杂。路面信息的及时反映及汇总，修复信息的改变，管理方案、历史数据的存储、查询，管理计划及费用预算、实施等，以及规范统一的各种类型的统计报表、随机的信息汇总等，只有用现代计算机及其网络技术构成先进的管理系统和工作流程才能建立在大量的数据收集、统计、分析的基础上实现。

（3）养护决策缺乏支持手段。高速公路养护工程投资需求巨大，如何合理分配有限的养护资金，确定最佳养护对策和实施时间是高速公路养护管理的重要内容，而传统的养护决策是：依照养护作业人员的个人经验来判断，缺乏有效的决策支持手段，从而造成了养护资金浪费、公路质量下降及使用者费用上升。因此，如何合理进行高速公路业务数据采集、评价和科学养护决策，并有效地实施高速公路运营管理，及时了解和掌握其运营状态，已成为各级公路管理部门迫切要解决的问题。

一、系统目标

为了实现养护现代化，进一步提高高速公路运营、实现养护管理的信息化和智能化，特研制此系统。

系统功能包括高速公路养护数据报表的日常管理、项目工程管理、数据查询、养护任务管理、业务数据的GIS分析、系统管理等几大模块。在数据管理模块，采用PDA导入和人工键入两种方式，对录入系统的数据，实现分类管理；在项目工程管理模块，对维修中的工程数据管理，包括合同、监理的管理和养护经费的概算；数据查询模块，管理人员可以对整个养护任务实施的状况和各项工程数据进行查询，随时掌控高速公路运营状态。

二、系统的部分模块设计

报表管理子系统中对工程数据的管理分为小修类工程、大中修类工程、专项工程三大类，各类又分路面、路基、桥涵、绿化、交安和其他共六项来对病害数据进行定义。项目工程管理子系统分养护计划管理、工程合同档案管理、工程质量管理、工程费用管理和工程进度管理五个模块。各个模块都能够实现以键盘输入数据和以 EXCEL 表格导入数据的形式来进行数据的录入。报表打印输出统一为 A4 幅面，其中每份报表由日期生成报表编号，可通过该编号对报表进行查询。

数据查询子系统分为分类查询和组合查询两个模块。这两个模块实现的功能如下：①按照养护类别查询：小修类、大中修类、专项类，可得到相应的养护数据。②按照工程类型查询：查询内容为某工程类型所有记录，可得到同种工程的养护数据。③按照工程记录汇总表查询：查询内容为所有工程汇总。对某一段路、某一时间段发生的全部工程进行统计。

三、利用 Struts 框架实现部分系统

登陆的视图包括两个组件。一个是 JSP 文件：logon. jsp。是用 JSP 编写的，在 JSP 页面中使用客户化标签，可以把 Java 程序代码和 JSP 页面分离，使 JSP 页面侧重遇生成动态网页，而不涉及应用逻辑。系统使用了 Struts HTML、Bean 和 Logic 标签库中的标签。此外还自定义了一个 ValidateSesstionTag 标签，用于会话验证。当用户访问应用中的主菜单，以及执行新增、修改和删除记录的操作时，要求用户已经通过安全验证，处于有效的 Http Session 中，否则把用户请求转到 logon. jsp，提示用户重新登录。另一个是 ActionForm Bean：Logon Form。用于在视图组件和控制器组件之间传递 HTML 表单数据，通常每个 HTML 表单对应一个 ActionForm Bean，HTML 表单中的字段和 ActionForm Bean 中的属性一一对应。此外，ActionForm 的 validate( )方法用于对用户输入的数据进行合法性验证。由于 ActionForm 工作于试图组件和控制器组件之间，不会访问模型组件，因此，validate( )方法通常不涉及对数据的业务逻辑验证，只是完成简单的数据格式和语法检查。控制器组件 Action 负责单个事件的流程控制。系统的登陆包括登入和登出两个事件，分别是 LogonAction 和 LogoffAction。当用户提交登入表单后，SU-uts 框架就会把用户请求转发给 LogonAction 组件。LogoffAction 执行安全验证任务，如果验证成功，就把请求转发给 mmnMenujsp 主菜单视图，否则把请求转发给 logon. Jsp，并显示验证失败信息。LogonAction 在进行安全验证时，先从当前 servletconteXt 中取出存放用户信息的 Hashtable 对象，然后检查用户输入的用户名和密码是否在 Hashtable 对象中存在，其部分代码如下：当用户在 main-Menujsp 网页上选择登出时，Struts 框架就会把用户请求转发给 LogoffAction 组件，LogoffAction 从当前 HTTP Session 中删除用户信息，然后使 HTTP Session 无效。

第六节　高速公路机械化养护

交通的顺畅是社会发展的必然条件，在我国的社会发展过程中，交通系统发挥出了非常重要作用，同时我国政府部门对交通系统也非常重视，尤其是在当前的社会背景下，交通的建设以及养护，已经成为了一项紧要工作。高速公路是我国交通系统中的重要组成部分，如何才能实现高效的高速公路养护，是当前交通部门首要解决的问题，这关系到了高

速公路的顺畅性。如果高速公路出现问题，轻者会影响到交通运输以及人们的出行，严重的会引发一些交通事故，而且高速公路中，车辆的运行速度非常快，如果出现问题，往往要比一般的公路更加严重，所以，加强高速公路的养护工作是非常有必要的。

高速公路项目的建设，有效地完善了我国的交通系统，具有非常重要的意义。在高速公路项目建设完成以后，会受到车辆的长期碾压以及自然环境的影响，很容易出现各种病害，比如路面裂缝、路面破损等，这些问题如果不能得到有效的处理，很容易引发严重的后果。高速公路的养护一直是我国交通部门的重要工作内容，为了提升高速公路养护的效果，各种技术也在不断应用其中，现阶段，我国的高速公路已经初步实现了机械化养护，这种新型的高速公路养护方式，有效地提升了养护的效果，高速公路的质量以及养护工作的速度都得到了不同程度的提升。近年来，随着我国机械工程领域的发展，新型的机械设备不断地出现，如何选择最优的高速公路机械养护方案，实现更加高效的高速公路养护，是我国交通部门的重点工作内容。下面对此进行简要的阐述。

一、我国高速公路机械化养护的现状

（一）养护机械化程度偏低

高速公路机械化养护是一个必然的趋势，但是就我国当前的形势来看，在高速公路养护的过程中，机械化程度严重不足，这种情况的存在，严重限制了高速公路养护的质量以及效率。在许多养护项目中，都还没有实现机械化，大多数的工作都是以人力为主，这种养护的方法存在许多的弊端，不仅会浪费大量的时间以及人力资源，而且还会增加人为因素对高速公路养护效果的影响，引发各种道路问题。而且由于理念以及经济的问题，机械化的高速公路养护还没有实现大规模的普及，机械设备的数量以及先进程度与一些发达国家相比都略有不及，这种情况的存在，对我国交通建设事业的发展会产生非常不利的影响。

（二）养护管理水平不足

高速公路机械化养护工作，需要高效的管理工作来进行监督，管理工作在养护的过程中是非常必要的，通过管理工作的开展，可以对养护人员进行限制，他们的行动会受到直接的影响，有利于各种养护技术的落实。人为因素是高速公路养护过程中的重要影响因素，养护中的各项工作，都需要依靠工作人员来完成，即使是机械化的养护，设备的操作也需要由工作人员来进行，如果管理工作不到位，就会缺乏对工作人员的限制，人工操作的失误概率就会升高，直接地影响到高速公路养护的效果。这种情况在我国当前的养护工作中非常常见，如果管理工作不能到位，就会对高速公路的养护工作造成直接的影响。

（三）人员素养不足

高速公路的养护工作中包含了许多的技术，这些技术的应用效果，会受到人为因素的影响。工作人员作为高速公路养护工作的直接执行者，其个人素养如果不足，对各种高速公路养护技术缺乏深入的了解，不知道如何去进行养护施工，就会给养护工作带来严重的影响，带来各种质量隐患。工作人员素养不足的问题，在我国的高速公路养护工作中非常常见，已经成为了一个通病，这种问题如果不能得到有效的处理，高速公路养护机械化程度就会停滞不前。

二、养护技术

高速公路的养护工作是一项技术型工作，随着我国社会的发展，各种先进的养护技术也在不断出现，养护的工艺与材料与之前都存在很大的区别，当然使用这些新工艺和新材料，养护的效果也更加的显著，下面介绍几种应用比较广泛的技术。

（一）柔性基层养护技术

在传统的高速公路养护工作中，通常需要先确定道路破损的位置，然后把存在病害的基层挖出，这种高速公路养护的方式工程量非常大，而且会对交通造成非常不利的影响，高速公路养护的效果也不能得到保证。柔性基层养护技术的应用，可以有效地减少这些问题的发生，在高速公路中增加柔性基层，然后把破损位置的肥料进行利用，加入一些添加物质进行回填，高速公路的稳定性可以得到明显的提升。柔性基层养护技术也是一种新型的技术，可以有效地满足高速公路的养护需求。

（二）常温低温混合料修补坑槽技术

高速公路在运行过程中，很容易出现路面破损，产生各种坑槽，这个时候就需要使用相应的养护技术，常温低温混合料修补坑槽技术可以有效地对这种路面破损进行修补。在我国当前的高速公路养护过程中，这种技术应用的比较广泛，使用的修补原材料通常为热拌铺沥青混合料、常温沥青混合料和低温沥青混合料。其中不同的材料有相应的应用条件，热拌铺沥青混合料在当前的路面修补中已经不太常见，仅仅在传统的路面修补中应用。常温沥青混合料是当前的一种常用材料，这种材料属于混合材料，是矿料与乳化沥青，按照一定的比例配制而成，这种材料通常在温度适宜的环境下应用，可以起到非常好的应用效果。低温沥青混合料主要是在低温的环境下应用，这种材料常用于冬季的高速公路路面养护。

三、高速公路机械化养护

高速公路养护工作包含了大量的工作内容，工作量非常大，传统的高速公路养护工作通常都是由人工劳动力来完成，这种高速公路养护的方式，不仅会消耗大量的人力资源，养护的效果也不能得到保证。高速公路机械化养护是指通过一定的管理方式，在高速公路养护的过程中，使用大量的机械设备，代替传统的人工养护方式，通过养护模式的改变，来提升高速公路的养护效果，保证公路的畅通性，同时，还能减少在这项工作中的资金投入，达到经济的养护效果，工作效率可以得到明显的提升。这种养护模式的改变，体现出了我国交通系统的发展，是实现产业化养护的一种有效手段，保证高速公路可以保持畅通的运行状态，充分发挥出高速公路的作用，推动我国社会的发展。高速公路的养护工作量大，技术性强，施工频繁，对质量以及工作的安全性都有非常严格的要求，尤其是在当前的社会背景下，各种新型工艺和材料的应用，进一步提升了高速公路养护工作的难度。从这一点上看，高速公路养护工作的机械化，具有一定的必然性，是时代提出的要求，只有通过机械化的养护方式，才能达到这样的养护效果，实现产业化的高速公路养护。

四、高速公路常见的病害类型

（一）路面裂缝

在现阶段的高速公路中，路面的材料大多数都是以沥青混凝土为主，在路面使用的过程中，经常会发生路面裂缝，这种病害是高速公路中最常见的一种，同时，也是危害很大的一种病害。路面裂缝有多种类型，包括横向裂缝、竖向裂缝等。路面裂缝的发生会对道路工程的质量和寿命产生严重的影响，雨水会顺着裂缝进入到路基中，对道路工程的内部造成侵蚀，加速道路工程的老化，也是路面沉降形成的一个重要原因。裂缝发生的原因有很多，比如在道路工程建设过程中，路面材料的质量不合格，采用了一些劣质的材料进行施工，路面的承载力不能达到实际的应用标准，在车辆的碾压下，出现了大量的裂缝。此外，如果路面所处环境的温度变化过大，在温差的作用下，也会引发裂缝的出现。裂缝发生以后必须对其进行及时的处理，避免影响交通的运行。

（二）路面形变

高速公路在长期的使用过程中，会受到大量的车辆碾压，如果路面强度不足，就非常容易产生形变，严重地影响高速公路的正常使用，这种情况在高速公路中非常常见，属于高速公路的一种通病。造成高速公路路面形变的主要原因，是在高速公路的建设过程中，路面材料的配比存在不合理的情况，或者路基施工的过程中，没有进行有效的夯实处理，路基承载力不足，在车辆的碾压下，出现了局部下沉，引发路面形变。另外，在高速公路的使用过程中，经常会出现一些大型的货车，载重量非常大，超出了高速公路路面的承载能力，尤其是在高温的天气，沥青在温度的作用下，会变得非常松软，在压力的作用下，会产生永久性的形变，形成非常明显的车辙。

五、提升高速公路机械化养护效果的建议

高速公路养护工作的机械化，是高速公路养护现代化的一种重要体现形式，通过这种养护方式的开展，可以有效提升高速公路养护的效果，具有非常重要的意义。在我国当前的高速公路机械化养护过程中，还存在许多的问题，受到这些因素的影响，机械化的重要作用不能得到有效的发挥，相关部门必须采取合理的措施，减少这些问题造成的不良影响，真正发挥出机械化的重要作用，提升高速公路养护的效果，保证高速公路的正常使用，推动我国社会的发展。可以从以下几个方面来开展相关工作：

（一）实现养护施工组织与机械组合的最优化

高速公路机械化养护的优势，就在于各种机械设备的应用，改善传统的养护模式，提升高速公路养护的效果与效率，以最少的资金和最短的时间，达到最优质的养护目的。在高速公路建设完成以后，随着车辆的碾压以及自然环境的侵蚀，高速公路的性能会逐渐衰退，为了保证高速公路的正常使用，就必须根据实际的情况，使用相应的养护技术。机械化的养护具有复杂性的特点，在这种模式开展之前，必须制定一个完善的计划，实现养护施工与机械组合的最优，计划的制定目的，是为了减少养护的时间，充分发挥出机械设备的重要作用。在计划的制定过程中，必须保证信息收集的全面性，把各种交通信息进行收

集，包括高速公路自身的信息，比如高速公路的宽度、路段的长度等，同时，需要包括交通环境信息、车流量、平均载重量等，根据这些信息的分析，制定出一个合理的机械化养护规划。为了提升养护工作的经济性，必须对各种资源的价格进行分析，包括人力资源的消耗、设备资金以及材料资金等，不断地对这个规划进行优化。要选择最优的机械组合，根据当前的高速公路破损情况，选定合理的施工工艺，通过各种机械设备的应用，实现更加高效的高速公路养护，解决高速公路中存在的各种问题。

（二）制定一个完善的养护机械管理制度

完善的制度是高速公路养护机械化的基础，在高速公路养护的过程中，要想充分发挥出机械设备的重要作用，就需要在制度上入手，通过完善的养护管理制度，实现高效的高速公路养护。部门要根据当前的机械设备配置情况以及现有的各种工艺技术，不断地对制度进行调整，管理人员在对养护工作进行管理的时候，要严格按照制度来进行，保证各种技术都可以得到有效的落实。管理人员要以一个负责任的心态，对整个养护流程进行监督，必须保证人员的安全性以及养护工作的规范性。由于涉及各种养护机械设备，在施工的过程中存在一定的危险性，所以，管理人员要对设备的操作人员进行严格的规范，设备要由专人来负责操作，采用一人一机的方式，减少设备操作中存在的风险。设备操作人员必须取得相应的资格证书，同时，管理人员也要对设备操作人员进行考核，在确定工作人员能力水平可以达到实际操作标准的前提下，才能正式地让工作人员进行机械设备的操作，如果在养护的过程中发现了私自操作设备的情况，要对工作人员进行严肃的处理。管理人员要有针对性地对机械设备的操作人员进行培训，提升设备操作人员的专业能力，而且要在培训的过程中，加入大量的设备养护知识，增强工作人员对各种机械设备的了解，在设备发生故障的时候可以及时地处理，保证高速公路养护工作开展的效率。管理工作必须贯穿高速公路机械化养护的整个环节，实现全过程的养护管理，为了提升管理的效果，保证各种养护技术可以得到有效的落实，管理人员可以在现场制定相应的警示牌，在上面记载各种施工过程中需要注意的内容。利用完善的管理制度，保证高速公路养护机械化的顺利进行，提升高速公路的顺畅性。

（三）合理地使用路面中、大修机械设备

在高速公路养护过程中，路面养护是其中的主要工作，根据路面破损程度的不同，需要使用相应的路面养护机械设备。在我国现阶段的高速公路养护过程中，中、大型路面养护机械设备有许多种，沥青路面再生设备就是其中一种，这种机械设备在我国当前的高速公路养护过程中得到了广泛的应用，并且发挥出了非常重要的作用，适用于各种路面问题的养护，包括路面车辙、路面裂缝等，这种机械设备的应用原理，是对已经发生破损的位置进行深度加工，在原有的材料中加入一些添加物，恢复路面材料的性能，形成新的路面，实现高速公路的养护。就地热再生的施工方法主要有复拌再生法和重铺再生法两种。复拌再生法主要用在需要改善旧混合料质量的路段上，包括加热、翻松、新旧混合料拌和、摊铺、碾压等工序；重铺再生法主要用在不要求改善旧混合料质量的路段上，包括加热、翻松、摊铺，并在其铺层上重新铺上一层新的沥青混合料，在这项工作过完成以后，使用机械设备对其进行碾压处理，恢复路面的性能，完成养护工作。

（四）高速公路养护工作的特点

（1）养护工作的经常性、及时性。由于我国高速公路既是国家基础设施又具有收费的特性，因此，必须经常保持高速公路的完整状态，及时修复损坏部分，保证行车安全、畅通、舒适，以提高运营经济效益和社会效益。对养护工作的任何懈怠和疏忽，不仅会对道路及其设施本身造成潜在危害，也会对高速行车的驾乘人员构成严重生命威胁。

（2）高速公路行车密度大、车速快，养护作用具有较大的危险性。

（3）养护对象的广泛性。高速公路的养护对象除道路、桥涵、隧道及其沿线附属设施之外，还应当包括交通工程设施，监控、通信、照明设施，绿化、环保、园林设施，棚亭建筑设施，以及各种生活服务设施等。这些设施的养护和管理几乎涵盖了道桥、建筑、园林、机电、光电、机械、计算机等多种专业，形成了一个内容广泛、互有联系、缺一不可的综合养护体系。

（4）养护的高成本性、复杂性及科技性。高速公路养护标准较高、机械规模及使用比例较大，成本较高。同时施工工序复杂，并应不断探索和推行新材料、新设备、新工艺和新技术。

第七节　我国高速公路养护管理目前存在的主要问题

同国外发达国家相比，我国高速公路建设起步较晚，尽管近几年来我国高速公路建设取得了突飞猛进的发展，但高速公路养护大部分仍处于传统养护方式，仍受计划经济和小生产的严重影响，存在着诸多的问题和不足。

一、我国高速公路维护工作存在的问题

（一）机构设置不尽合理

目前我国高速公路养护管理仍沿用普通公路管理模式，机构设置形式多为高速公路管理局(公司)、线路管理处(公司)、管理所三级管理体制。机构臃肿，人员庞大，业务繁杂，铁饭碗大锅饭思想严重，职工积极性不高，责任心不强，缺乏竞争意识。生产效率低下，养护成本高，浪费大，经济效益十分低下。严重影响养护管理的专业性、规范性、科学化的进程，阻碍新技术、新工艺的应用。

（二）养护机械化进程缓慢

面对新的公路养护要求，以人工为主的传统养护作业方式已不能适应现代交通运输的需求，必须采用先进的养护机械设备、不断改进技术及提高养护作业方式和施工工艺。我国由于养护体制的僵化和养护经费的不足，使高速公路养护机械化程度远低于社会总体发展水平，目前，除了部分沥青路面养护实行机械化施工外，其他养护作业大多是人工操作，工作效率低，质量不高，安全隐患多，严重影响高速公路的使用性能。

（三）公路管理与养护作业不分，缺乏专业化养护队伍

由于我国高速公路管理和养护作业不分，所有养护作业由内部单位行政管理，所以养

护生产单位小而全，业务繁杂，最终形成每个管理所都有养护作业队伍，但每支队伍都是技术水平低下，缺乏较强的专业性。

（四）管理手段相对滞后，科技含量较低

目前我国还没有一套科学的、权威的、有推广价值的路面养护管理系统，这主要是由于目前我国不论是从路面检测，还是从数据采集、计算机处理水平等方面，还处于初级阶段，各方面数据积累的不够，检测手段精度和效率不够高，费用大，效率低。从而在指导养护管理上还处于必然王国，主观倾向大，管理相对滞后。同时养护维修的材料、工艺、设备等综合研究还较弱，一些新材料、新工艺、新技术应用十分缓慢，比如废旧沥青再生这一得到发达国家认可的技术，在我国应用还是很缓慢的。

（五）预防性养护工作开展得不够，“重建设、轻养护”的现象仍然存在

由于我国高速公路仍处于建设的高峰期，大量资金投向公路建设，所以人们对公路养护的关注还没有被调动起来，估计这种现象随着高等级公路建设的逐步完成和养护工作量的加大会得到改善。有系统地实行预防性养护是延长公路寿命，减少寿命周期费用行之有效的方法，在这方面还做得不够。

二、提高我国高速公路养护管理的对策

（一）实行管养分离

为实现养护市场化运作，实行管养分离，例如，兴安盟公路养护管理公司对养护中心进行市场化运作，使其逐渐适应市场化管理，并逐步将其从公司剥离出去，完全推向市场，最终实现管养分离。工程资产部、工程资产科转化为单纯行使公共管理职能的管理机构，其主要职责定位为养护计划管理、核定养护工程量，确定投资额度，进行招投标工作和合同管理、路产管理以及统筹规划、掌握政策、信息引导、提供服务、检查监督、指标考核等。各管理处作为公司的派出机构主要行使对公路路产的管理和维护管理，对公路路况、交通量自然灾害造成公路毁损情况的调查统计，而公路的具体养护工作则由具有相应资质的养护企业实施，初期可以重点培育养护中心的市场化管理适应能力。

（二）加强专业化养护队伍建设

高速公路养护工程的特点是技术性强、人员素质全面、机械化程度高、维修反应迅速、安全措施严格，因此需要养护队伍要做到人员精干、技术全面、训练有素、机械配套、安全措施完备，才能完成高速公路各种常规养护和应付各种突发事故的抢修工作。为此，需加强对养护队员的培训，提高他们的素质，使他们胜任本职工作。

（三）加强政府行业监管力度

由于高速公路的养护和维修对公众安全具有重大影响，因此必须对其进行规范，并体现养护的强制性。经营公司只有在依法履行了养护、维修义务和责任的前提下，才具有合法的收费、经营的权利。养护的强制性是通过政府交通主管部门来实施或委托实施的，所以加强监管非常必要。

（四）加快养护作业手段机械化进程

高速公路车速快、交通量大，昼夜不间断，应避免因道路养护工作而造成交通阻塞，

这是实行养护机械化的主要原因。此外维修质量、作业安全、劳动效率等方面的要求也是实现机械化的重要因素。养护机械化是确保高速公路具有良好、快速和安全运行的必要条件，充分发挥经济效益和社会效益的重要保障。高速公路的养护作业处于全封闭、大交通量、高车速的环境下，作业时间越长，对交通的影响和干扰越大，养护作业人员和过往车辆的不安全因素就越大，只有实现了机械化作业，合理科学安排施工工序、流水作业，才能实现高效、安全、畅通的基本要求。养护机械化是公路养护走向专业化、社会化的重要条件，是公路养护现代化的必由之路。

（五）提高养护质量评价标准和评定方法

养护管理目标和养护质量评定方法对高速公路养护管理组织方法、实施措施、装备配置都会有明显的导向作用，评价标准中所采用的方法、各项指标涵盖的内容及在指标体系中所占的权重也将会对养护组织、装备配置和资金的投向具有导向作用。高速公路养护的目标应是最大限度地满足用户的需求，提供优质的服务，除了路况评价之外，还应包括安全、经济、舒适、快捷四个方面的内容，是由公路线形、道路断面、路面性能、安全设施、养护组织、综合服务等多方面内容组成的综合指标。

第八节 高速公路工程日常养护原则

高速公路近年来的发展令人瞩目，而且跨行业、跨部门、耗资大、占地多。一条高速公路从勘查、设计，建设到交付使用经历时间比较长。因它是线性构造物，暴露在大气之中，每时每刻都在经受着风、雨、雪等自然灾害的侵袭，运行车辆不断磨损，意外事故导致路产损坏，再加之人为破坏，要保证设计使用年限和交工验收时的原状，除在勘查、设计、建设过程中加强管理，严格把关，提高质量外，更重要的是加强运营过程中的养护和管理工作，使之经常处于完好状态，保障高速公路完好、安全、快捷、畅通。

一、必须建立完善的高速公路养护管理制度

制度是规范各项工作和人们行为的准则，一套好的规章制度，能使各部门工作正常衔接，避免互相扯皮、推诿和工作遗漏，可收到事半功倍的效果。一个单位就像一部运转的机器，每个人就是机器中的每个部件，要想整部机器运转正常，就必须保证每个部件运转正常。纵观国内外知名企业，无不根据自己企业的特点，制定了一系列切合实际，操作可行的规章制度。俗话说“无规矩不成方圆”，就充分说明了这一点。到底要建立哪些制度，本人认为应从以下几个方面来考虑。其一，涵盖工作范围的每项工作、每个步骤，每一个岗位。其二，便于操作执行，言简意赅。其三，一切从实际出发。我们认为目前应抓紧制定《高速公路维修工程定额及编制办法》《高速公路养护质量检查评定标准》《高速公路养护管理工作检查评比办法及标准》，编制《高速公路养护管理手册》，并制定详细的日常性原始记录，如公路巡视日记、养护工作日记、异常天气记录、路产损坏记录、维修工程日记及技术调查记录，还有路况调查记录、桥梁定期检查记录，交通情况调查记录、桥涵淤积

(冲刷)情况观测记录、路面纵横缝观测记录、桥梁伸缩缝观测记录等等。制定这些原始记录的目的是将公路及与公路有关的情况及时准确记录下来，进行分析、归纳，找出规律，以便“对症下药”，为做到“预防养护”打好基础，最终达到早发现、早预防、少支出、效果好的目的，把病害消灭在萌芽状态，以较少的投入获得最大效益。

二、高速公路机械化施工

高速公路本身固有性质决定了高速公路损坏后必须及时进行修补，尤其是路面部分损坏极易造成交通事故。时刻为道路使用者提供良好的路况，是公路养护管理部门的一项重要职责。以往养护用人工，运输靠四轮，管理凭经验的做法已远远不能适应高速公路养护管理的需要，因此必须培养一支反应快速、技术熟练、设备配套的机械化养护队伍，才能保证养护的及时性、快捷性。一般适应养护工程里程 40~50km，项目部最好位于所养路段的中心离高速入口较近处，呈放射状最好。项目部下设小修保养专业队，主要负责路基、路面、桥涵、交通设施等维护与抢修，并保证出现事故后及时进行清理现场，保证道路畅通。养护项目部内设工程技术部：负责下达生产任务、质量检查、工程量审核。计划财务部负责月度计划制定与资金支出控制。内业综合部负责日常办公、内业资料、劳资等工作。在机械配备上，必须以专用机械为主，如路面坑槽修补机、打桩机、灌缝机等，非专用机械如自卸车等可采取雇佣社会车辆方式解决，据了解目前社会车辆过剩，随时可以雇到，以减少投入过大资金，并减少管理费用和难度。最终达到：路面坑槽修补不过夜，防撞护栏维修不过天。听到命令就能迅速出动、圆满完成维修任务，使高速公路封路率为“零”。项目部与小修保养专业队的关系为：工作交叉，目标一致，各管理处负责公路日常维修保养工作，并将专项的工程调查上报，制定维修方案，对小修队维修工程进行质量检查监督，月公里养护质量评定，并根据每个队员的工作完成量及完成质量分配工资，从而大大地调动小修队员的工作积极性和主动性。

三、路政与养护密切配合是搞好公路养护的根本

大家都知道：三分养、七分管，只养不管，等于白养，所以路政管理工作是养护管理工作的保障。从几年来路损情况来看，有很大一部分为人为故意损坏(或称破坏)所致，无意(即机械事故)损坏的只有一小部分，如隔离栅、轮廓标损坏，路面千斤顶坑。这不仅增大了养护工程量，而且造成国家财产极大损失，尤其是公路绿化受到严重威胁，隔离栅损坏后，牲畜进入啃死树木，踩坏了边坡，还有的牲畜跑到路上，为躲避牲畜有的车辆还可能发生交通事故，造成人民生命财产重大损失。为此，要进一步加强路政宣传工作，提高公民爱路护路意识，在全社会树立起“爱路光荣，毁路可耻”的思想观念。除加大公路巡查频率，及时发现，及时制止外，还应加大对故意损坏路产者的处罚力度，使损路者望而生畏更为重要。一方面，公路路政管理人员要加强管理，分析路损情况，研究对策。另一方面，需要国家从法律法规上，赋予路政管理人员强有力的管理手段。

四、提高养护管理人员业务水平

养护工作就好像“保健医生”一样，它是一项技术性、理论性、知识性比较强的工作，所以养护人员必须具有较高业务水平，做出准确治理方案，防止“误诊”现象发生。要迅速准确诊断病情，应有一支懂业务、懂技术、懂管理的职工队伍，针对目前情况要达到这一点必须采取多种形式，多种渠道来提高职工业务水平。如制定各部门、各岗位用人标准，在符合标准的人员中优中选优，竞争上岗，对在本岗位工作多年仍未达标的人员可选送出去脱产培训，参加各类继续教育培训班等。“打铁还靠自身硬”“磨刀不误砍柴工”，大家都是比较清楚的。养护工作比较苦，越是恶劣天气的时候，越是工作的繁重阶段，夏冒酷暑，冬顶严寒，养护事情繁多，重复性大，连续性强，涉及面广，必须培养造就一批既能当“指挥员”，也能当“战斗员”，即具有“一专多能”的人才。随着知识经济的到来，养护技术日新月异，必须随时掌握最新的知识，推广应用于公路养护工作。

第八章　高速公路施工与养护管理成功案例——以广佛肇高速总承包项目 B 段为例

第一节　工程简介

广佛肇高速公路总承包 B 合同段起于 K39+600 端州互通，在大冲与 G321 线相接，在肇庆学院附近设隧道穿越北岭山，于端州区睦岗街道兰龙村附近出隧道，下穿南广铁路、经蛇尾村、三家村、西江柴油机厂附近，路线由东向西布设，经高要笋围镇北侧，在禄步镇设置互通立交与 S264 线相接，穿过禄步镇规划区后与汕湛高速公路设置西角互通立交(预留)，穿过禄步岭，在德庆县播植新合村罗仔山隧道出口 K80+375 处为本标段路线终点，路线全长约 40.1km，其中隧道占路线全长约 22%，桥梁占路线全长约 31%，路基占路线全长约 46%，总工期为 27 个月。本项目主线采用双向四车道高速公路标准，设计速度 100km/h、路基宽度 26m。

主要工程数量、桥梁统计如表 8-1、表 8-2 所示(此处不列隧道工程量)。

表 8-1　主要工程数量表

序号	部位、项目	单位	数量	备注
1	路基挖土、石方	万 m^3	722.5	其中土方 599.7 万 m^3，软石 57.8 万 m^3，硬石 65 万 m^3
2	路基填土、石方	万 m^3	748	其中土方 620.8 万 m^3，软石 59.8 万 m^3，硬石 67.3 万 m^3
3	排水防护	km	18.737	排水系统由排水沟、边沟、平台排水沟、截水沟、急流槽等组成；边坡防护类型主要采用植草防护、三维网植草防护、骨架植草防护、锚杆锚索框架防护等
4	主线桥梁	单幅 m/座	23847/26	上部构造：钢筋混凝土门式刚架、预应力混凝土现浇连续箱梁、预应力混凝土预制简支小箱梁、预应力混凝土连续 T 梁
5	匝道桥	单幅/座	700/4	上部构造：预应力混凝土现浇连续箱梁、预应力混凝土预制简支小箱梁
6	涵洞、通道	道	68	钢筋混凝土盖板涵、圆管涵
7	互通立交	处	3	端州互通、小湘互通、禄步互通

表 8-2　桥梁工程设置一览表

施工区	序号	桥名	中心桩号	上部构造	下部构造	基础工程	预制梁
综合一队	1	端州互通主线桥1号桥左幅桥	ZK40+999. 5	27+28+20 现浇连续箱梁	花瓶墩、肋板式台	桩基础；ϕ1. 4m4 根、ϕ1. 6m12 根	—
		端州互通主线桥1号桥右幅桥	YK40+999. 5	20+28+27 现浇连续箱梁	花瓶墩、肋板式台		
	2	端州互通主线桥2号桥左幅桥	ZK41+323	16×25 预应力混凝土简支小箱梁	圆柱式墩、桩柱台、肋板式台	桩基础；ϕ1. 5m64 根	120 片
		端州互通主线桥2号桥右幅桥	YK41+348	14×25 预应力混凝土简支小箱梁			
	3	坎脚分离式立交桥	K41+900	16m 钢筋混凝土门式刚架	圆柱式墩、肋板式台	桩基础；ϕ1. 2m4 根	—
	4	坎脚大桥	K42+372. 5	9×25 预应力混凝土简支小箱梁	圆柱式墩、桩柱台	桩基础；ϕ1. 5m40 根	72 片
	5	飞凤岭中桥	K42+835	2×25 预应力混凝土简支小箱梁	圆柱式墩、桩柱台	桩基础；ϕ1. 5m12 根	16 片
桥梁一队	6	三家村特大桥左线桥	ZK47+720	85×25 预应力混凝土简支小箱梁	圆柱式墩、桩柱台	桩基础；ϕ1. 5m344 根	680 片
		三家村特大桥右线桥	YK48+315. 5	85×25 预应力混凝土简支小箱梁			
	7	小湘互通主线1号桥	K49+590. 5	17×25 预应力混凝土简支小箱梁	圆柱式墩、桩柱台	桩基础；ϕ1. 5m72 根	136 片
	8	小湘互通主线2号桥	K49+949	1×25 预应力混凝土简支小箱梁	圆柱式墩、扶壁台	桩基础；ϕ1. 5m8 根	8 片
	9	白石大桥	K51+319	4×25 预应力混凝土简支小箱梁	柱式墩、柱式台	桩基础；ϕ1. 5m20 根	32 片
	10	柑树村大桥左线桥	ZK51+938	15×30 预应力混凝土简支小箱梁	柱式墩、柱式台、座板台	桩基础；ϕ1. 5m12 根，ϕ1. 8m54 根	112 片
		柑树村大桥右线桥	YK51+938	13×30 预应力混凝土简支小箱梁			
桥梁二队	11	爱村大桥左线桥	ZK55+024. 5	19×30 预应力混凝土简支小箱梁	柱式墩、柱式台	桩基础；ϕ1. 8m82 根	156 片
		爱村大桥右线桥	K55+010	20×30 预应力混凝土简支小箱梁			
	12	（杨梅塘大桥）屋头坑大桥	K58+340	11×30 预应力混凝土简支小箱梁	柱式墩、柱式台	桩基础；ϕ1. 8m48 根	88 片
	13	笋围 1 号大桥左幅桥	ZK58+911	17×20 预应力混凝土简支小箱梁	柱式墩、柱式台、肋式台	桩基础；ϕ1. 5m70 根	132 片
		笋围 1 号大桥右幅桥	YK58+921	16×20 预应力混凝土简支小箱梁			
	14	笋围 2 号大桥	K60+075	7×20 预应力混凝土简支小箱梁	柱式墩、柱式台	桩基础；ϕ1. 5m32 根	56 片

续表

施工区	序号	桥名	中心桩号	上部构造	下部构造	基础工程	预制梁
桥梁三队	15	天湖江大桥左幅桥	K62+960	30×25 预应力混凝土简支小箱梁	柱式墩、柱式台	桩基础；ϕ1.5m122 根	236 片
		天湖江大桥右幅桥	K62+947.5	29×25 预应力混凝土简支小箱梁			
	16	大迳河大桥左幅桥	K64+370.5	41×25 预应力混凝土简支小箱梁	柱式墩、柱式台、座板台	桩基础；ϕ1.5m166 根	324 片
		大迳河大桥右幅桥	K64+383	40×25 预应力混凝土简支小箱梁			
综合二队	17	省道 S264 跨线桥	K66+564.5	3×25+4×26.25+6×30+103×25 预应力混凝土简支小箱梁	柱式墩、柱式台	桩基础；ϕ1.5m444 根，ϕ1.6m24 根	928 片
	18	黄田堡大桥	K68+328	13×30 预应力混凝土简支小箱梁	柱式墩、柱式台	桩基础；ϕ1.6m60 根	104 片
桥梁四队	19	上升大桥	K70+404.5	15×25 预应力混凝土简支小箱梁	柱式墩、柱式台	桩基础；ϕ1.5m68 根	120 片
	20	（官双大桥）上塅大桥	K72+365	6×25 预应力混凝土简支小箱梁	柱式墩、柱式台、座板台	桩基础；ϕ1.5m32 根	48 片
	21	（大榕大桥）云任坑大桥	K73+382.5	11×25 预应力混凝土简支小箱梁	柱式墩、柱式台、座板台（左幅）	桩基础；ϕ1.5m52 根	88 片
	22	云英大桥	K73+991	7×30 预应力混凝土简支小箱梁	柱式墩、柱式台（右幅）、座板台	桩基础；ϕ1.8m36 根	56 片
	23	罗了大桥	K74+840	7×40 预应力混凝土连续 T 梁	柱式墩、柱式台	桩基础；ϕ2.0m36 根	70 片
	24	云英坑大桥/县道 X414 跨线桥	K75+432.5	11×40+25 预应力混凝土连续 T 梁、简支小箱梁	柱式墩、柱式台	桩基础；ϕ1.5m12 根，ϕ2.0m44 根	118 片
	25	（枫木坪大桥）斗坑大桥左幅桥	K76+777.5	3×25+4×40 预应力混凝土简支小箱梁、连续 T 梁	柱式墩、座板台、柱式台	桩基础；ϕ1.5m16 根，ϕ2.0m16 根	56 片
		（枫木坪大桥）斗坑大桥右幅桥	K76+802.5	25+4×40 预应力混凝土简支小箱梁、连续 T 梁			
	26	（乌榄大桥）玉结坑大桥右线桥	YK78+127.5	9×25 预应力混凝土简支小箱梁	柱式墩、柱式台	桩基础；ϕ1.5m22 根	36 片

二、总体施工组织布置及规划

项目经理部、工区驻地、施工作业场所严格按招标文件和标准化管理规定的相关要求建设，并结合项目的实际情况，本着“因地制宜，方便施工，便于管理”的原则进行场地规划。拟在本合同段布置17个施工作业工班，其中11个为路基、桥梁施工队，12座拌和站，1个钢筋集中加工场，6个预制梁场。

（一）项目机构设置

项目经理部由项目经理、项目书记、项目总工程师、项目副经理组成项目领导班子。建立项目经理负责制，实行以项目经理为核心，明确分工，责任到人，层层包保的管理体系。

1. 总体施工目标

以确保工期为核心，科学管理，合理安排，标准化管理，精细化施工，争创优质安全的样板工程。加强协调，减少干扰，以质量第一、安全生产为目标。充分运用工程特点，千方百计扩展工作面，尽量采用平行流水作业法施工；在确保总工期的目标前提下，按照“留有余地，倒排工期”的方法，以“确保工期，突出重点，安排好穿插，攻克难关”为中心内容的全面布置，整体推进按总体计划组织施工；实施动态管理、统一协调的措施，确保各项资源畅通无阻；以项目经理部为核心，做好各项工程的衔接和各分项工程的施工工序衔接的协调，各施工队保证令到即行。

（1）工期目标。本合同段计划工期为27个月，开工日期为2013年6月28日，完工日期为2015年9月30日（路基完工时间为2015年3月31日），同时满足业主关键节点工程的时间要求。

（2）质量目标。标段工程交工验收质量评定：合格，且业主评分90分以上；竣工验收的质量评定：90分以上，质量评定为优良。

（3）安全目标。合同履行期间不发生人身伤亡、重大交通和火灾等安全责任事故。

（4）环保、水保目标。施工过程中有完善的环境保护、水土保持措施。生产、生活用水达标排放；施工现场无明显扬尘；固体废弃物实现分类管理，可回收固体废弃物回收率75%以上，有毒有害废弃物处置率达到100%；噪声处理达标，泥浆采取外运，确保水源不受到污染。实现建设绿色工程目标。

（5）文明施工目标。强化文明施工管理意识，推行文明施工标准化样板工程理念，确保创建文明标准化工地。

2. 总体施工思路

以确保工期、质量为核心，充分利用和发挥现有技术资源和设备资源的优势，积极研讨推广应用成功的先进施工方法、施工工艺，以达到加快施工进度，确保质量、安全和节约投资的目的。

3. 项目经理部及临建标准化布置

（1）项目经理部营地建设

本标段处于重山区中，地形险要，施工场地狭窄，施工便道蜿蜒曲折且不能贯通，施工难度较大。结合项目的实际情况，项目经理部驻地设在高要市小湘镇，国道 G321 旁，租用当地房屋结合新建活动板房，四周用砖砌围墙围闭，占地面积约 8000m^2，办公面积不低于 3500m^2，确保有便利的交通条件和通电、通水、通信条件。

另外为加强对施工现场的管理，计划在高要市禄步镇云英坑村附近，县道 X414 旁设置项目部分部驻地，占地面积约 5000m^2，标准与项目经理部驻地一致。

(2) 项目工班驻地建设

工班驻地建设建议方案，具体要求如下：

① 选址要求：施工班生产及生活区根据总体平面布置图租用当地房屋或新建活动板房，选址必须经项目部、监理、业主同意后方可进行驻地建设。

② 总体要求：驻地建设前必须上报驻地建设平面布置图，结构尺寸图，在得到项目部批复后方可施工。场地必须硬化，铺 15cm 厚 C20 混凝土，场区道路下面尚需铺 10cm 厚碎石垫层，并设立完善的排水系统；工班的面积应满足生产、生活的要求；工班公共场所应设置功能分区平面示意图及指路导向牌；工班硬件设施必须满足会议室和"五小"(宿舍、食堂、厕所、淋浴室、办公活动室)要求；房屋之间的间距原则上不能少于 7m，条件有限时不能少于 5m；驻地生活、生产污水应做处理，符合排放标准后才能排入相邻水系，生活、生产垃圾要定点堆放，严禁乱扔乱弃；排水设施完善，庭院适当绿化，环境优美整洁；会议室要求：工班为院落式，室外有停车场地和活动场所，设置不少于 40m^{2}的会议室，施工区人均生活用房面积一般不小于 5m^2，人均办公用房面积一般不小于 8m^2。

③ 办公区、生活区及主要施工作业区(含拌和站、加工车间、库房等)应实行封闭式管理，周围设置封闭围墙，围墙应坚固、严密，高度不得低于 1.8m。围墙材质应使用砌块砌筑或专用金属定型材料、刺铁丝网隔离，但临近进出场道路等可能有碍观瞻的地段不得采用刺铁丝网隔离。围墙线条应顺适，墙面整洁，无乱涂、乱画、乱张贴等

④ 施工驻地要有明显的防火宣传标志。配备消防器材和消防用水，做到布局合理，并经常检查、维护、保养，保证灭火器材灵敏有效。

⑤ 施工驻地必须设置临时消防车道，并保证临时消防车道的畅通，禁止在临时消防车道上堆物、堆料或挤占临时消防车道。

⑥ 施工驻地使用的电气设备和用电必须符合防火要求。临时用电必须安装过载保护装置，电闸箱内不准使用易燃、可燃材料。严禁超负荷使用电气设备。

⑦ 办公区和生活区应设水冲式厕所，厕所墙壁屋顶严密，门窗齐全，地面应硬化，蹲位之间应设置隔板，化粪池应埋地，要有灭蝇措施，设专人负责定期保洁。

⑧ 所有驻地除满足上述要求外，还应无条件满足招标文件及业主、监理提出的标准化建设要求，并严格按《广东省高速公路建设标准化管理规定》要求建设。

(3) 拌和站建设

设置混凝土拌和站 12 座(其中 6 座为路基桥梁施工队伍使用)，每座配置 2 台产量为 100m^3/h(9#拌合站为 120m^3/h)的拌和机，采用四仓自动计量系统。搅拌站内划分拌和作业区、砂石料存放区、材料待检区等，设置沉淀池、蓄水池及排水系统，站外布置 1 台 300kW 发电机组备用。站内醒目位置设置工程标识牌、安全生产牌、消防责任牌、文明施工牌等明示标识。

拌和站用砖砌围墙围闭，材料堆放隔离挡墙采用混凝土结构，料仓采用桁架顶棚结构，场地严格按《广东省高速公路建设标准化管理规定》及业主相关要求建设，并安装视频监控系统。拌和站的所有场地进行混凝土硬化处理，铺 15cm 厚 C20 混凝土；站内道路下面铺 10cm 厚碎石垫层；场地设置完善的排水系统，排水沟底面采用 M7.5 砂浆进行抹面；拌和站界应用砖砌围墙封闭；分料仓采用 C20 混凝土浇筑 2.5m 高；上料斗设置雨棚加盖；储料斗在内的所有材料存放场地加设轻型蓝色钢结构顶棚，钢结构顶棚起拱线高度 7m，在搭设前应提供结构计算书。

每台混凝土搅拌机拟配置 100t 水泥罐两个，粉煤灰罐一个，水泥（或粉煤灰）罐必须安装避雷设施。操控台采用全自动化，各个料仓自动计量和具备数据打印功能；拌和楼上料斗需采取加高、加宽措施防止窜料，水泥存储罐应设置水泥温度监测设备和水泥降温措施；减水剂储存罐设置小水泵，在使用前将底部水剂不断泵到上面以达到充分搅拌均匀解决沉淀问题的效果。上料斗之间加设隔板，避免上料时混杂。

具体布置详见表 8-3、图 8-1。

表 8-3　拌和站设置表

拌和站名称	位置	供应施工点	生产能力	面积
1#拌和站	位于主线 K40+850 右侧端州互通范围内	综合一队	2 座 $100m^3/h$	$3500m^2$
4#拌和站	位于主线 K51+500 左侧养护工区	桥梁一队、路基一队	2 座 $100m^3/h$	$5000m^2$
7#拌和站	位于主线 K59+100 右侧旱地里	桥梁二队、路基二队	2 座 $100m^3/h$	$5000m^2$
8#拌和站	位于主线 K62+000 的右侧停车区	桥梁三队、路基三队	2 座 $100m^3/h$	$3500m^2$
9#拌和站	位于禄步互通养护工区	综合二队	2 座 $120m^3/h$	$5000m^2$
10#拌和站	位于主线 K74+000 左侧山坳处	桥梁四队、路基四队、路基五队	2 座 $100m^3/h$	$4000m^2$

注：表中仅列出桥梁、路基施工队用拌和站。

图 8-1　混凝土拌和站实体图

（4）钢筋加工厂建设

本合同段拟在主线 K48+000 附近（桥梁一队）设一处大型钢筋加工场。建设场地采用封闭式厂房结构，大型钢筋加工厂采用轻钢结构，屋顶采用蓝色彩钢瓦，高度不能低于 12m；四周应围闭；厂内地面用 15cm 厚 C20 混凝土进行硬化，加工场配备以下设备：一台数控钢筋弯箍机、一台数控制钢筋弯曲中心、一台数控钢筋笼成型机、2 台起吊能力为 10t 的龙门吊及钢筋挤压连接机、焊接等电气设备，加工厂设备按招标文件要求配备。场地严格按《广东省高速公路建设标准化管理规定》及业主相关要求建设，并安装视频监控系统，钢筋加工厂实体图见图 8-2。

图 8-2　钢筋加工厂实体图

其他各施工段以经济适用为原则设置简易钢筋加工场，负责加工本施工段钢筋。

（5）施工便道及场内运输道路

本标段全线线路较长，线路纵向跨度较大，便道基本上以 G321 及 X414 为主线，辅以地方乡道连接，局部进行施工便道拓宽、新建及硬化以进入道路主线范围，便道进入主线范围后，需要在红线内进行便道拉通以方便路基施工，详见表 8-4。

表 8-4　施工便道情况

便道编号	施工范围	便道概况	关联结构物
1#便道	综合一队	沿 G321 西行大冲处右转，沿技工学校外侧水泥路进入主线端州互通 K41+003 处	端州互通主线桥 1 号桥、2 号桥，互通匝道桥，坎脚分离式立交桥，及附近范围内的涵洞通道等小型结构物
2#便道	综合一队、北岭山隧道进口端	沿 G321 直行，至肇庆学院路口进入，沿着当地村道进入主线范围	北岭山隧道进口，飞凤岭中桥，坎脚大桥，及附近范围内的涵洞通道等小型结构物
3#便道	桥梁一队、路基一队、北岭山隧道出口端	沿 G321 直行，小湘收费站前右转进入村道，直行抵达大龙村，新修便道进入主线范围	北岭山隧道出口，三家村大桥，小湘互通主线桥 1 号桥、2 号桥及附近范围内的涵洞通道等小型结构物
4#便道	桥梁一队、路基一队、黎壁山隧道进口端	沿 G321 直行，右转进入柑树村路口，沿柑树村村道及村外新修便道进入主线范围	黎壁山隧道进口端，柑树村大桥，白石大桥及附近范围内的涵洞通道等小型结构物
5#便道	桥梁二队、路基二队、黎壁山隧道出口端	沿 G321 直行，进入大湘大道路口，直行抵达爱村，右则新修便道进入黎壁山隧道出口端	黎壁山隧道出口端，爱村大桥及附近范围内的涵洞通道等小型结构物

续表

便道编号	施工范围	便道概况	关联结构物
6#便道	桥梁二队和路基二队、路基三队	沿G321直行，至笋围进入142乡道，直行抵达太平围村，新修便道进入主线范围	杨梅塘大桥，笋围1号大桥、2号大桥，及附近范围内的涵洞通道等小型结构物
7#便道	桥梁三队和路基三队	沿G321直行，进入泾口路口进入天湖岗村，沿村外新建便道进入笋围停车区及天湖江大桥桥头，直达主线施工范围	天湖江大桥，及附近范围内的涵洞通道等小型结构物
8#便道	桥梁三队和路基三队	沿G321直行，从天湖江村村口进入，新修便道进入天湖江桥尾	天湖江大桥，大泾河大桥，及附近范围内的涵洞通道等小型结构物
9#便道	综合二队、路基四队	沿S264直行，至萨米特陶瓷厂左转，利用地方村道加宽、硬化，可进入S264跨线桥红线范围，在红线内新修便道可进入路基四队施工范围	省道S264跨线桥，黄田堡大桥，及附近范围内的涵洞通道等小型结构物
10#便道	综合二队、路基四队	路基四队范围存在大量高填高挖，最高5级填方，最高挖方5级，主线便道难以全线拉通，需新修部分线外便道进入各个施工点	黄田堡大桥，及路基四队范围内的涵洞通道等小型结构物
11#便道	桥梁四队、路基五队	从县道X414加宽、新修便道可至云英桥红线范围，新修部分主线便道可以进入路基五队施工红线	上升大桥、官双大桥，及附近范围内的涵洞通道等小型结构物
12#便道	桥梁四队(6#预制场)	从县道X414加宽、通过新修便道可至K74+500段红线范围	大榕大桥，云英大桥，及附近范围内的涵洞通道等小型结构物
13#便道	桥梁四队(罗了大桥)	从县道X414加宽、新修便道可至罗了大桥段红线范围	罗了大桥，县道X414跨线桥，及附近范围内的涵洞通道等小型结构物
14#便道	路基五队	由于路基五队范围存在大量高填高挖，最高5级填方，最高挖方6级，主线便道难以全线拉通，需新修部分线外便道进入各个施工点	路基五队范围内的涵洞通道等小型结构物
15#便道	桥梁四队、路基五队、罗仔山隧道进口端	沿X414直行，转入枫木坪村，新修约便道可达罗仔山隧道进口端	罗仔山隧道进口端，枫木坪大桥、乌榄大桥，及附近范围内的涵洞通道等小型结构物
16#便道	罗仔山隧道出口端	沿X414直行，转入新合大道，沿水泥路直行，新修便道进入罗仔山隧道出口端主线范围	罗仔山隧道出口端

便道建设严格按《广东省高速公路建设标准化管理规定》要求建设，便道实体图见图 8-3。

图 8-3 便道实体图

(6) 供水、供电方案

项目经理部、施工营地生活用水与拌和站生产用水采用就近取水的方式，现场沿线的施工用水采用就近抽取河水补给的方式，所有用水需经过化验合格后才能使用。变压器的布置结合业主将施工临时用电与永久用电相结合思路，配置情况见表 8-5。

表 8-5 施工用电配置情况

序号	安装地点	变压器容量	供电范围
1	K41+250 端州互通范围内	500kVA	供端州互通范围所有桥梁，坎脚分离式立交，1#预制场，1#拌和站，以及附近小型结构物施工用电
2	ZK(YK)42+500 坎脚大桥附近	630kVA	供坎脚大桥，以及附近小型结构物施工用电
3	北岭山隧道进口端 左右线之间	1，000kVA (2 台)	供飞凤岭桥，北岭山隧道进口端，2#拌和站，以及附近小型结构物施工用电，为永久用电
4	北岭山隧道出口端 左右线之间	1，000kVA (2 台)	供三家村大桥桥头，北岭山隧道出口端，3#拌和站施工用电，为永久用电
5	K48+200 三家村大桥附近	500kVA	供三家村大桥施工用电
6	K49+950 小湘互通范围	400kVA	供小湘互通范围所有桥梁，以及附近小型结构物施工用电
7	K51+700 左侧	630kVA	供 2#预制场、4#拌和站是施工用电，以及附近小型结构物施工用电
8	黎壁山隧道进口端 左右线之间	630kVA+800kVA	供柑树村大桥、黎壁山隧道进口端，5#拌和站施工用电，为永久用电
9	黎壁山隧道出口端 左右线之间	800kVA (2 台)	供爱村大桥、黎壁山隧道出口端，6#拌和站施工用电
10	K58+650 笋围 1 号 大桥附近	500kVA	供屋头坑大桥，笋围 1 号大桥，3#预制场，以及附近小型结构物施工用电

续表

序号	安装地点	变压器容量	供电范围
11	K59+100 右侧	500kVA	供笋围 2 号大桥，7#拌和站，以及附近小型结构物施工用电
12	K62+000 左侧停车区	630kVA	供天湖江大桥，8#拌和站，4#预制场，以及附近小型结构物施工用电
13	K64+300 大泾河大桥附近	400kVA	供大泾河大桥，以及附近小型结构物施工用电
14	禄步互通养护工区	500kVA	供禄步互通范围所有桥，9#拌和站，5#预制场，以及附近小型结构物施工用电
15	K65+700 和 K66+400 处	500kVA（各 1 台）	供省道 S264 跨线桥，黄田堡大桥施工用电
16	K72+400	500kVA	供官双大桥，罗了大桥，6#预制场，以及附近小型结构物施工用电
17	K73+400 云任坑大桥附近	630kVA	供县道 X414 跨线桥大桥，云英大桥，大榕大桥，10#拌和站，以及附近小型结构物施工用电
18	罗仔山隧道进口端左右线之间	800kVA（2 台）	供乌榄大桥，罗仔山隧道进口端，11#拌和站，以及附近小型结构物施工用电，为永久用电
19	罗仔山隧道出口端左右线之间	800kVA（2 台）	供罗仔山隧道出口端，12#拌和站施工用电，为永久用电
20	其他		上升大桥及枫木坪大桥施工用电接地方线

三、施工任务安排及配备人员

根据本合同段的工程规模及工程特点，为优质高效地完成本合同段的施工任务，以完成桥梁为重点，以路堑开挖和路堤填筑为突破点，充分考虑桥梁施工难度大、工艺要求高的特点。各项以机械化施工为主导，合理配置各项资源，保障本标段按期完工。

将本项目路基、桥梁施工段划分为 11 个施工作业中队，施工任务安排及配备人员见表 8-6。

表 8-6　桥梁、路基施工作业队人员配置情况

施工段里程桩号范围	施工队	配备人数	施工任务安排
K39+600 ~ K42+865	综合一队	依实际情况	负责 K39+600 ~ K42+865 段主线及端州互通范围内的路基土石方、特殊地基处理、防护、排水、高边坡、涵洞通道以及其他相关工程的全部施工；负责本端州互通主线桥 1 号、2 号桥、坎脚分离式立交、坎脚大桥、飞凤岭中桥及 2 座匝道桥的全桥施工；设 1#预制场，负责本施工段梁板预制与安装；自建 1#拌和站负责本队所有混凝土的供应
K47+253 ~ K52+133	桥梁一队	依实际情况	负责三家村特大桥、小湘互通主线桥 1 号桥、2 号桥、白石大桥、柑树村大桥及 2 座匝道桥的全桥施工；设 2#预制场，负责本施工段梁板预制与安装；自建 4#拌合站，负责本队及路基一队所有混凝土的供应

续表

施工段里程桩号范围	施工队	配备人数	施工任务安排
K49+810~K51+900	路基一队	依实际情况	负责 K49+810~K51+900 段主线及小湘互通范围内的路基土石方、特殊地基处理、防护、排水、高边坡、涵洞通道以及其他相关工程的全部施工
K55+318~K60+000	路基二队	依实际情况	负责 K55+318~K60+000 段主线范围内的路基土石方、特殊地基处理、防护、排水、高边坡、涵洞通道以及其他相关工程的全部施工
K54+710~K60+145	桥梁二队	依实际情况	负责爱村大桥、杨梅塘大桥、笋围 1 号大桥、笋围 2 号大桥 4 座桥梁的全桥施工；设 3#预制场，负责本施工段梁板预制与安装；自建 7#拌合站，负责本队及路基二队所有混凝土的供应
K60+145~K63+877	路基三队	依实际情况	负责 K60+145~K63+877 段及笋围停车区、管理中心范围内的路基土石方、特殊地基处理、防护、排水、高边坡、涵洞通道以及其他相关工程的全部施工
K62+585~K64+888	桥梁三队	依实际情况	负责天湖江大桥和大迳河大桥 2 座桥梁的全桥施工；设 4#预制场，负责本施工段梁板预制与安装；自建 8#拌合站，负责本队及路基三队所有混凝土的供应
K64+888~K68+431	综合二队	依实际情况	负责 K64+888~K68+431 段主线及禄步互通、西角枢纽互通（预留）范围内的路基土石方、特殊地基处理、防护、排水、高边坡、涵洞通道以及其他相关工程的全部施工；以及省道跨线桥、黄田堡大桥和禄步匝道桥的全桥施工；设 5#预制场，负责本施工段梁板预制与安装；自建 9#拌和站负责本队所有混凝土的供应
K68+431~K72+900	路基四队	依实际情况	负责 K68+431~K72+900 段及笋围停车区、管理中心范围内的路基土石方、特殊地基处理、防护、排水、高边坡、涵洞通道以及其他相关工程的全部施工
K70+217~K78+240	桥梁四队	依实际情况	负责上升、管双、大榕、云英、罗了、县道 X414 跨线桥、枫木坪、乌榄 8 座桥梁的全桥施工；设 6#预制场，负责本施工段梁板预制与安装；自建 10#拌合站，负责本队及路基四队和路基五队所有混凝土的供应
K72+900~K76+702	路基五队	依实际情况	负责 K72+900~K76+702 段及笋围停车区、管理中心范围内的路基土石方、特殊地基处理、防护、排水、高边坡、涵洞通道以及其他相关工程的全部施工

四、主要投入机械设备

施工机械设备、仪器按照本标段施工要求及业主“招标文件”对主要机械设备的要求进行配备、投入。施工设备、仪器按工期计划安排进场。

五、进度计划安排

本项目桥梁施工的关键线路是综合二队的省道S264跨线桥(全桥总长2935m)，路基施工的关键线路是路基四队填挖方(填方187万m^3，挖方209万m^3)。在确保工程质量和安全的前提下，为保证在规定的工期内完成施工任务，制定如下总体进度计划：

(1)组织经验丰富的施工团队、调配性能优良的机械设备进场。在10~11月份完成工区营地的四通一平等基本设施的建设，同时完成施工便道、拌和站、钢筋加工厂等临建设施的准备工作。

(2)2013年10月20日前进场施工，2015年12月31日前完成所有施工任务，同时完成交工验收。

(3)关键节点工程的施工计划详细安排见表8-7。

表8-7　主要工程项目施工工期计划表

序号	工程项目		开工时间	完工时间	施工周期/天
1	准备工作		2013-10-20	2013-11-19	30
2	路基工程	路基土石方工程	2013-11-20	2015-3-31	496
		通道、涵洞	2013-12-20	2015-1-30	406
		防护及排水	2013-11-20	2015-3-31	496
3	桥梁工程	桩基础	2013-11-20	2014-12-20	395
		系梁承台	2014-1-5	2015-2-15	406
		墩台工程	2014-1-20	2015-4-25	460
		墩帽/台帽	2014-2-15	2015-5-25	464
		梁板预制	2014-4-15	2015-8-5	477
		梁板安装	2014-5-10	2015-8-31	478
		桥面系	2014-6-1	2015-9-30	486

六、标准化建设管理

本合同段将按照《广东省高速公路建设标准化管理规定》及业主相关的标准化建设文件要求组织施工，实行标准化管理，精细化施工，争创样板工程及标杆工程。主要从临建工程、施工作业、首件工程、检测仪器配备等方面推行标准化管理，做到技术管理标准、质量控制标准化和平安工地建设标准化。

第二节　主要工程项目的施工方案、方法与技术措施

本合同段工程量大、线路长，桥梁结构物形式多样且量大。其中特大桥梁2座，大桥20座，中桥4座，桥梁单幅全长23847m(含20m、25m、30m、40m小箱梁和T梁，共计3824片)，占路线全长约31%，互通式立体交叉5处(2处预留)，高填深挖集中地段2段

(路基四队和路基五队)。为确保工程安全优质按期完成，针对各重难点工程制订了专门的施工方案和保障措施。

一、施工准备和重难点分析

(一) 施工准备工作

做好施工前的准备工作，这对整个施工过程具有深远的意义。针对本工程特点，施工准备主要从技术准备、现场准备、机具、材料、劳动力准备及地方协调五个方面入手。

1. 技术准备工作

(1) 由技术负责人组织主要人员进一步熟悉、会审施工图、设计资料、招标文件、施工验收规范，做好施工技术交底准备和编制详细施工组织设计。

(2) 进一步踏勘施工现场，熟悉地形、地貌和地质条件、设计勘察所定的里程与施工定位桩，测量定位，做好施工临设布置工作。制定工程建筑材料的抽样试验及不同标号砼级配试验计划及准备工作计划。

2. 物资准备

(1) 迅速落实临设搭建材料、水电配套设施。

(2) 落实工程施工机具及周转材料、工艺制备的计划。

(3) 落实需加工的结构配件计划。

3. 劳动力准备

(1) 以工程项目部为核心，建立精干专业施工队伍，组织劳动力进场。

(2) 向施工队、班组、主要工程技术人员进行施工技术交底。

(3) 迅速建立、健全各项管理制度，做好上墙、考核工作。

4. 施工现场准备

(1) 在施工总平面布置的基础上，迅速落实项目部、生活设施、用电设施等的生产设施。

(2) 首先做好施工现场的控制网测量及复核工作。

(3) 根据施工总平面布置，迅速搞好“三通一平”，保证路、水、电、通，场地平。

(4) 生活设施的搭建：根据施工现场条件及现场实际情况迅速落实项目部、生活设施的选址与搭建。

(5) 材料堆放地：在施工范围内迅速建设施工临设，设立材料堆场。各种材料按总进度计划要求，分批逐步进料。

5. 地方协调

我们在投标阶段已与当地村办进行了初步接触。以确保在中标后可以立即解决一系列的前期问题。在此基础上，进场后进一步和地方村办联系，做好借房、借地、用电、用水工作等前期协调工作。施工前期准备工作是保证工程顺利进行的关键工作，它有阶段性和连贯性，必须在项目部的组织下，在地方政府和施工区附近居民的配合下有计划、有步骤地进行。

（二）施工总平面布置

1. 施工总平面布置

进场前先确定临时施工场地、施工道路、工地临时供电、供水等。施工单位将严格按照标书有关文明施工管理的规定执行，并自觉接受有关部门监督和检查，由专人负责文明施工的日常管理工作。

（1）施工区域及临时设施区域。施工区域已由业主统一完成征地工作，基本上满足本工程施工所需。临时生活、办公设施用地已在投标阶段和当地村办取得了联系，得到他们的支持。拟租用附近村民房为临时生活、办公设施用房。区内设置项目部办公室及监理工程师用房，进场后实施规范管理。

（2）施工用电、施工用水由甲方提供接入点。另外，为保证工程的用电，现场自备2台发电机机组。

（3）现场排水。为确保工地环境整洁，达到文明、标准化的要求，在工地上建立有效的排水系统，并与指挥部在标段范围及整体工程的排水系统沟通。

（4）工地排水采用明沟排水系统，明沟沿施工便道外侧构筑，每隔30m左右设一口集水井。

（5）施工污水经过明沟集流、沉淀以后，间接排入地区的排水系统。

2. 通信

施工队管理班子成员和项经部业务主管员以上管理人员配移动电话，人手一机。

（三）重难点工程分析

根据勘察设计文件及施工现场实际情况，本合同段存在15个重点难点分项工程。为满足工程施工质量和进度要求，合理安排施工队伍和机械设备，同时根据公司现有的技术水平，遵循经济实用、文明环保、科学合理的原则，制定本方案，具体情况见表8-8。

表8-8 施工中存在的重难点及处理措施表

序号	施工队	所属桥梁/路基	施工难点重点	处理措施
1	综合一队	端州互通A匝道桥	跨越三茂铁路，铁路路基宽24m；办理施工手续复杂、增加费用较多	桩基、下构施工时增加安全监控措施；上构施工时搭设全封闭式防坠落防护棚，尺寸为10m高，25m宽
		坎脚大桥	第2~4孔跨越较大鱼塘，共4跨约100m，鱼塘面积约8000m²，中线离最近岸侧约17m。第2#~4#共3个桥墩落于水中，水深平均约为4m	搭设钢便桥，跨径12m、宽度6m，共搭设9跨108m；搭设3个施工平台，平台尺寸为7.5m×27.5m；钢护筒平均高约10m
2	桥梁一队	三家村大桥	左线1#、3#~6#、17#~23#桥墩、右线17#~23#，37#~39#桥墩落于鱼塘中，跨较大鱼塘，面积约7000m²，跨距约190m；第1~3孔下穿南广铁路（在建）；跨越七条村道	跨鱼塘处采用筑岛围堰施工，鱼塘抽水，填筑施工平台；铁路桥桥墩两侧加刚性防护；跨村道处搭设防坠落的防护棚
		小湘互通主线1号桥	第9~17孔跨过较大鱼塘，面积约15000m²，其中9#~16#桥墩落于鱼塘中，跨距约160m；途经军事管理区	采用筑岛围堰施工，鱼塘抽水，填筑施工平台；军事管理区附近桩基采用冲孔灌注桩施工

续表

序号	施工队	所属桥梁/路基	施工难点重点	处理措施
3	桥梁二队	爱村大桥	第 10 孔跨越大湘大道；第 15、16 孔跨越河流，河面宽 16~24m，其中第 15# 桥墩落于水中，离岸最远距离约 18m	跨地方路处，上构施工时搭设防坠落的防护棚；跨越河流处，搭设 3 跨共 36m 长钢便桥，搭设 1 个施工平台，尺寸同坎脚大桥
		屋头坑大桥（杨梅塘大桥）	第 4~10 孔跨越 2 处较大鱼塘，鱼塘面积约 12000m^2，跨距约 100m，其中第 4#~8#桥墩落于水中	采用筑岛围堰施工，鱼塘抽水，填筑施工平台
		笋围 1 号桥	跨越 Y142 乡道，第 3~10 孔跨越鱼塘东北部，鱼塘面积约 22000m^2，跨距约 110m，其中第 4#~9#桥墩落于水中	跨地方路处，上构施工时搭设防坠落的防护棚；跨鱼塘处，采用筑岛围堰施工，鱼塘抽水，填筑施工平台
4	桥梁三队	天湖江大桥	第 12~17 孔跨越鱼塘，面积约 15700m^2，跨距约 118m，其中左幅 12#~16#桥墩、右幅 15#~17#桥墩落于水中	采用筑岛围堰施工，鱼塘抽水，填筑施工平台
		大迳河大桥	左幅 13#~18#、21#、22#、28#、29#，右幅 7#~16#桥墩落于鱼塘中，鱼塘面积共约 32000m^2，跨距约 250m；第 31~33 孔跨越大迳河，相交河面宽 21~28m，其中 31#桥墩落于河中，距河岸最远约 25m	跨鱼塘处采用筑岛围堰施工，鱼塘抽水，填筑施工平台；跨越河流处，搭设 3 跨共 36m 长钢便桥，搭设 1 个施工平台，便桥、平台尺寸同坎脚大桥
5	综合二队	省道 S264 跨线桥	灰岩地区，第 30 孔跨越省道 S264，第 41~60 孔跨越防洪渠，其中 42#~59#桥墩落于防洪渠中	桩基、下构施工时增加安全监控措施；上构施工时搭设高 5m、宽 20m 的防护棚；在防洪渠处搭设 6 个固定施工平台，循环利用
		禄步互通匝道桥	穿过河堤，河堤宽度窄，仅 2m 左右，上面覆盖河砂	加固加宽河堤，埋设超长桩基钢护筒穿过砂层
6	桥梁四队	罗了大桥、云英坑大桥（县道 X414 跨线桥）、斗坑大桥（枫木坪大桥）	山形陡峭、沟深墩高，部分墩高超过 30m，最大超过 40m；云英坑大桥第 8 孔跨县道 X414	采用重约 10t 的爬架施工，同时使用汽车吊配合，泵送混凝土浇筑；云英坑大桥上构施工时，搭设防坠落防护棚
7	路基四队	K68+431~K72+900 主线段路基	存在深挖高填段，且地势复杂、便道难修	超过五级以上挖方边坡制定专项方案，开挖防护同步
8	路基五队	K72+900~K76+702 主线段路基	存在深挖高填段，且地势复杂、便道难修	超过五级以上挖方边坡制定专项方案，开挖防护同步

二、主要工程项目施工方法的选择

主要工程项目施工方法的选择如表 8-9 所示。

表 8–9　主要工程施工方案

工程项目			施工方案
路路基工程	填方	土方	采用挖掘机取土，自卸车运输，推土机整平、平地机精平，大吨位振动压路机分层压实的方法，每层填筑宽度比设计宽 80cm
		石方	采用挖掘机装料，自卸车运输，大型推土机和人工配合整平，大吨位振动压路机分层压实的方法。
	挖方	土方	采用挖掘机开挖，自卸汽车配合运输的方法。本桩利用方采用推土机推至利用位置的方式，远运利用方采用挖掘机开挖自卸汽车运输的方式
		石方	对于风化层和软石，采用推土机和挖掘机直接开挖，对于次坚石、坚石、采用空压机配钻孔机钻孔，石方量较小地段采用浅孔爆破，石方量集中地段采用深孔多排微差爆破，边坡采用预裂法或光面爆破法清刷，路床顶面采用密集小型排炮施工，挖掘机配合自卸车运输方法进行
软基处理			清淤后回填透水性材料，要求超过正常水位 50cm，然后用合格土料分层填筑压实
桥桥梁工程	桩基础		采用冲击钻或人工挖孔成孔，拌合站集中拌制混凝土，搅拌车运输，导管法灌注水下(或干灌)混凝土的方法
	系梁		水中系梁采用吊架作为承重结构平台，模板采用定型钢模，后进行钢筋混凝土施工；旱地系梁主要利用原地面作为底模，模板采用定型钢模，后进行钢筋混凝土施工
	立柱、门式墩		立柱采用钢管搭设工作平台，定型钢模进行立模，拌合站集中拌制混凝土，搅拌车运输，泵送混凝土或汽车吊运的浇注方法。 对低于 30m 的墩身采用钢管搭设施工平台，组合型钢作为承重结构，模板用定型钢模，手拉葫芦、卷扬机、汽车吊作为吊装动力，泵送混凝土，分节振捣密实。 对超过 30m 的墩身，采用提升托架结合翻转模板的方法浇注各节段的混凝土，汽车吊配合施工
	帽梁、盖梁		帽梁及盖梁施工一般采用满堂式支架，对高墩台拟在墩身上采用钢抱箍或钢销作为支撑，贝雷梁作为钢横梁，采用大块钢模，泵送混凝土施工
	梁板预制、吊装		预制场拌合站集中拌制混凝土，混凝土运输车运输，龙门吊配合吊斗浇筑混凝土，后张法张拉预应力梁，成品由龙门吊吊运至存梁区，场外采用运梁车或平板车运输，预应力小箱梁采用架桥机安装，空心板视情况采用汽车吊或架桥机安装
	现浇预应力小箱梁		采用满堂支架施工方法，模板均采用大块钢模，在等载预压后按设计分段采用泵送浇筑混凝土，待混凝土达到规定强度后进行预应力张拉与注浆
涵洞、通道		圆管涵	采用人工配合挖掘机开挖基坑，拌合站集中拌制混凝土，搅拌车运输，人工或汽车台吊浇筑的方法，施工管接基础，管节外购，利用汽车吊装成型
		盖板涵	采用人工配合挖掘机开挖基坑，大块钢模进行立模，拌合站集中拌制混凝土，搅拌车运输，人工或汽车台吊浇筑的方法
防护工程		锚杆、锚索	用钢管搭设工作平台，先施工锚杆(锚索)，待其水泥砂浆强度达到设计强度后再进行锚索张拉，最后进行格子梁施工
		桩板档墙	抗滑桩采用人工挖孔方法，挡板采用集中预制，平板车运输至现场，汽车吊安装
		挡土墙	采用人工配合挖掘机开挖基坑，大块钢模进行立模，拌合站集中拌制混凝土，搅拌车运输，人工或汽车台吊浇筑的方法
		其他	采用人工配合小型挖掘机挖基，现场搅拌机或拌合站集中拌制砂浆，人工砌筑的方法

三、路基土石方施工

（一）路基工程

1. 路基开挖

1）开挖前准备

放样并定出开挖边线，用挖掘机沿线开挖界沟，做好现场的规划。

2）表层清理

用推土机将本工程区域内的树根、杂草、垃圾、废渣及监理人指明的其他有碍物干净，清理深度20cm，对于树根等推土机难以清除的杂物，采用人工配合挖掘机清除，清除范围为延伸至施工图所示最大开挖边线、填筑线。清除的杂物集中运至指定的场地堆放。清除过程中注意保护清理区域附近的天然植被。

3）开挖方式

（1）恢复定线，放出边线桩，对不同路段采取不同的施工方法。

（2）对较短的路段采用横挖方法，路段深度不大时，一次挖到设计标高；路段深度较大时，分成几个台阶进行开挖。

（3）对较长的路段采用纵挖法，其路段宽度、深度不大时，按横断面全宽纵向分层开挖；对宽度、深度较大的路段，采用通道式纵挖法开挖。

（4）对超长路段，采用分段纵挖法开挖。

（5）路基础方开挖采用机械化施工方法：土方运距在100m以内，选用推土机挖运；运距在100m以外，采用挖装机械配合自卸汽车施工。

（6）路基开工前，应考虑排水系统的布设，防止在施工中线路外的水流入线内，并将线路内的水(包括地面积水、雨水、地下渗水)迅速排出路基，保证施工顺利进行。

（7）对设计中拟定的纵横向排水系统，要随着路基的开挖，适时组织施工，保证雨季不积水，并及时安排边沟、边坡的修整和防护，确保边坡稳定。

（8）路槽达到设计标高后，用平地机整平，刮出路拱，并预留压实量，最后用压路压实，检查压实度。

2. 路基填筑

1）基底处理及清表

（1）基底处理。填筑前按招标文件技术规范要求，认真做好基底处理，根据基底土质、水文、植被情况及填土高度分别采取相应的处理措施。

（2）清表。施工便道打通之后，用推土机、平地机、挖掘机对路基填筑范围原地面上的树木、植物等进行清理，表土清除深度10~30cm，清除的表土杂物堆弃于施工便道对侧路基坡脚线与公路界碑之间。清表结束后，用平地机进行整平，用压路机对清表后的原地面进行碾压，压实度符合设计及规范的要求，清表质量、压实度、清表后高程及工程数量报监理工程师检验批准。

2）填料试验与压实试验

路基填筑前，选取200m具有代表性的路段，按规范规定的方法对填料进行颗粒分析、含水量与密实度、液限和塑限、有机质含量、承载比(CBR)和击实等试验。

3）填筑作业

(1) 施工放样。开工前，先进行导线、中线、水准点的复测，根据现场实际情况增设必要的导线、水准点。测量成果经监理工程师核准后，再按图纸放出路基中线、坡脚、边沟等位置。

(2) 填筑方式。路堤采用水平分层填筑，按照横断面全宽分成水平层次，逐层向上填筑。

(3) 摊铺。摊铺作业采用推土机、平地机进行，从路基最低处开始分层平行摊铺，松铺层的厚度按路堤试验段得出的数据确定。一般土方最大松铺厚度不大于300mm，最小为100mm。

(4) 碾压。土料摊铺平整后即开始碾压，先用推土机或轻型压路机对松铺层表面进行预压，然后再用大吨位振动压路机压实。填土路基填料强度及压实度要求见表8-10，路基施工四区域、八流程作业程序见图8-4。

表 8-10　路基填料强度、压实度要求

路基部位	路面底面以下深度/cm	填料最小 CBR 值/%	压实度/%	填料最大粒径/mm
上路床	0~30	8	≥96	100
下路床	30~80	5	≥96	100
上路堤	80~150	4	≥94	150
下路堤	150 以下	3	≥93	150
零填及土质类挖方路基路床	0~30	8	≥96	100
	30~80	5	≥96	100

注：表中压实度采用《公路土工试验规程》(JTJ 051—93)重型击实试验法求得的最大干密度对应的压实度。

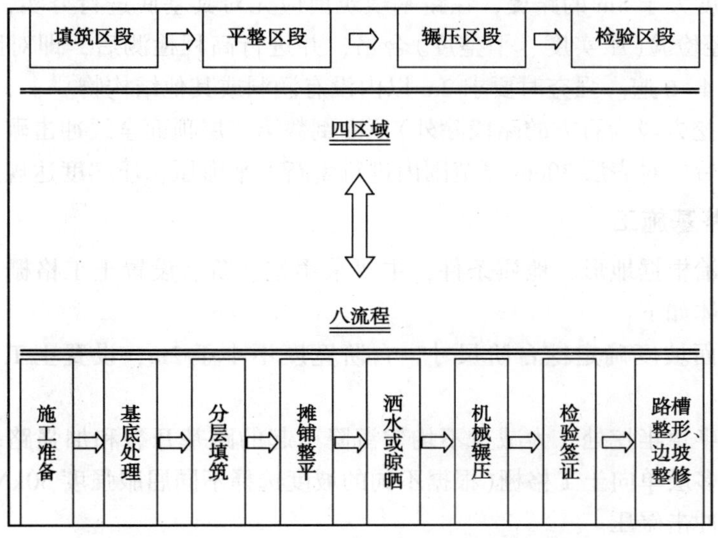

图 8-4　路基施工四区段、八流程作业程序图

（二）半填半挖及填挖交界处治

1. 填土高度不大于 16m 的陡坡路基、填土高度大于 16m 的稳定陡坡路基及半填半挖交界路基，应在填挖交界结合部进行处理，具体处理措施如下：

1）按设计要求开挖台阶并设置内倾横坡；

2）当横向填挖交界路基填方一侧顶宽小于半幅路基宽度时，路床超挖外边缘线应尽量设在中央分隔带处；当横向填挖交界路基填方一侧顶宽大于半幅路基宽度时，则对挖方侧路床全部超挖；

3）填挖交界路段布设土工格栅，拉紧后用 U 型钉固定，U 型钉采用 ϕ6mm 钢筋制作，正方形布置，间距 2m×2m。

2. 纵向填挖交界过渡段路基具体处理如下：

1）按设计要求开挖台阶并设置内倾横坡；

2）对于坡率大于 1∶2.5 的纵向填挖交界处设置两层双向土工格栅，分别设置于上下路床的底面；

3）对于填挖交界挖方侧 10m 范围内的超挖回填按低填浅挖路段处治原则考虑；

4）对地下水较丰富路段，沿填挖交界处设置 50cm×50cm 碎石盲沟或支撑渗沟把地下水引出路基，以保证路基强度与稳定。

（三）高填路基施工

针对本合同段高填路段较多，拟选定符合施工要求的冲击式压路机（最大瞬间冲击功率大于 25kJ，轮重 16t，动力大于 400 马力，行走时速不小于 10km/h）施工，优先进行高路堤的填筑施工，以便尽早为强夯施工提供工作面；加强对强夯施工技术人员的技术交底和技术培训，确保施工质量。

对于填土高度大于 8m 的路堤，在路基填筑前应先对其基底进行夯实，然后每填完 2m 土（填石为 3m）经检验（压实度、平整度）合格，并进行高程检测后，即对路基进行一次补充强夯，遍数为 4~6 遍。强夯时要求 2m 以内没有涵洞或其他结构物。

路基 96 区（挖方段为石方的路段除外）顶面倒数第二层顶面全线冲击碾压一次。对填土路基，冲击碾压后应对表层 30cm 厚范围内进行重新整平碾压，压实度达规定的要求。

（四）陡坡路基施工

陡坡路基处治根据地形、地质条件，主要采用挖台阶、设置土工格栅、挡土墙、护脚等综合措施，具体如下：

（1）根据地面坡度确定挖台阶尺寸，台阶宽度不小于 2m，设置土工格栅采用 4m 宽平台。

（2）在横向半填半挖处，为减少不均匀沉降引起的路基开裂和加强路基稳定系数，根据填土高度设置多层单向土工格栅（根据不同的坡度选择不同屈服强度 50kN/m、90kN/m），对填方部分采用冲击碾压。

（3）当挖方区为土质时，优先采用渗水性好的材料填筑，同时对挖方区路床 0.8m 范围内土体进行超挖回填碾压。

(4) 施工中根据地下水出露情况和岩土性质，设置完善的地下排水系统，除在边沟下设置纵向渗沟外，并在填挖之间设置横向或纵向盲沟，将地下水引至路基外排水系统。

(五) 特殊路基段施工

为了不遗漏可能存在的软土盲区，进场平整场地后在详勘的基础上进行补充勘察，以探明软土层的空间分布情况。

1. 软基换填

换填深度及换填材料按设计要求施工，换填采用机械振动碾压，并尽可能利用隧道弃渣和路堑边坡开挖土石方作为换填材料。换填彻底，不得留有软土或软弱土层。挖除的软土和泥炭土将用于绿化用土和复耕，闲置时弃于指定的临时弃土场，并做好防护。

2. 素混凝土桩

在每个工点施工前进行现场试桩试验，以确定合理的施工工艺，并检验桩的承载力。试桩按 5~8 根实施。

(1) 施工步骤：施工素混凝土桩→预压→施工桥台桩基(涵洞不需预压)。

(2) 施工顺序：打桩顺序综合考虑下列原则进行：一是从中间向四周施打；二是在桥台处时，由靠近桥台的一侧开始由近及远地施打；三是间隔跳打。

3. 预应力管桩

(1) 管桩施工采用静压法施工。

(2) 施工顺序：先外侧、后内侧逐一静压施打。

(3) 静压桩控制标准：静压桩采用终压值和桩长进行双控。当终压力值未能达到设计要求，而桩底标高已达到设计标高时，继续送桩，直至终压力满足设计要求。

4. 欠载、等载和超载预压

(1) 对于超载，根据监测资料来确定超载的时间，在预压 1 个月后方可超载。超载期间严格控制填土速度，并加大监测密度，以保证路堤的稳定性。

(2) 预压路堤顶面在卸载前的任何时候都不低于预压标高 30cm，也不高于预压标高 20cm。有沉降后要及时补填，一般情况下每 15 天回补一次。

5. 高液限土路基设计

本合同段土石方充足，高液限土均为弃方处理，弃方时做好弃土场的防护工作。

6. 低填浅挖路基处治

(1) 浅挖段路面结构层下换填 50cm 较好的级配碎石+30cm 非黏性土，以保证压实度，填料最大粒径应小于 10cm，其压实质量按压实沉降差法控制；

(2) 对于土质或全风化岩质地基，超挖至路面结构层底面 80cm，以下 30cm 碾压密实，以上 50cm 换填较好级配的碎石，以保证压实度。

(3) 对岩体破碎岩质地基，超挖至路面结构层底面 20cm，采用换填较好级配的碎石，以保证压实度。

(4) 对高液限土地基，超挖至路面结构层底面 80cm，采用较好级配的碎石，以保证压实度。

（六）高性能压路机的应用

在结构物台后、斜陡坡路堤、高填路基、填挖交界处、挡土墙的部分路段设计采用高性能压路机进行补压。高性能压路机压实是在达到要求的压实度基础上再进行压实增强，以减少工后沉降。高性能压路机采用冲击式压路机，最大夯击势能为25kJ，由两侧向路中心夯实。位于桥头位置时，由桥台方向向远离桥台方向的路基压实。高性能压路机应用前，需要进行现场试验，取得合适的施工参数和实验效果后方可大面积实施。

（七）路基排水施工

路基排水工程主要有边沟、截水沟、排水沟、涵洞进出口和急流槽等，各类结构的施工，尺寸必须符合设计及规范要求。施工时做好截水沟出水口、路基边，排水设施施工工艺流程如图 8-5 所示。

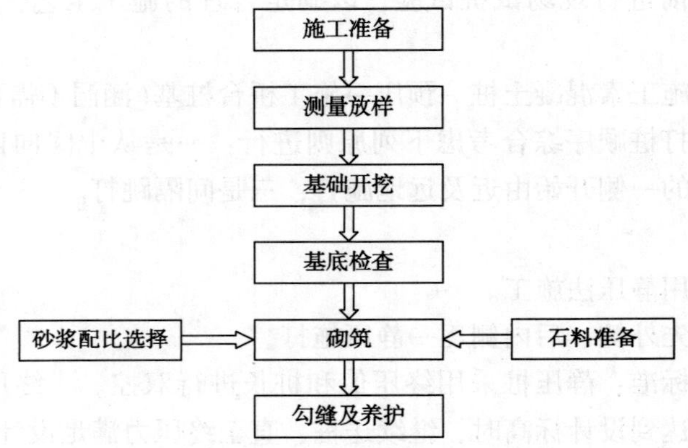

图 8-5　排水设施施工工艺流程图

（八）路基监控

路基监控量测项目主要有：①沉降观测；②水平位移观测；③孔隙水压力观测；④土压力观测，监控频率按设计要求进行。

四、路基防护施工

路基防护工程，根据路基主体施工进度及结构工序展开施工，原则上“路基完成一段、防护一段”，在路基本体完工后及时完成路基防护工程；完工后的取弃土场及时平整绿化，并做必要的防护，防止水土流失。

（一）浆砌片石

采用跳槽开挖基坑，分段砌筑施工，开挖后及时施工浆砌片石基础，砌筑采用坐浆法，砌筑上层时不振动下层，砌筑前对下层进行表面清理、湿润，砌筑后及时养生。

（二）混凝土挡土墙施工

基坑采用跳槽开挖施工，基坑开挖后，及时进行基底检测，当基底地基情况不能满足设计要求时，需处理合格后方可进行混凝土的施工，大块钢模，吊车配合浇筑混凝土。

(三) 喷播植生防护施工

喷混植生作业施工顺序为：截水沟施工→边坡开挖→人工刷坡→坡面锚杆施工→挂植生带→喷射第一层植生混合料→挂网→砌筑边坡平台、坡顶及下级平台填土→喷射第二层植生混合料→覆膜养护。

(四) 植草皮

按设计要求将边坡修整拍实，铺草皮前先用水将修整好的坡面洒湿，然后人工将选好的草皮铺好，用竹钉将草皮固定；铺好草皮后要及时洒水养护直至草皮成活。

(五) 锚杆格梁、锚索框梁等护坡施工

采用搭设钢管支架作为施工平台进行锚杆锚索施工。对开挖完成的坡面，人工进行清理，清除突出的、危险的岩石，使坡面平整。按设计制作、安装锚杆、锚索，高压注浆机灌注水泥浆或水泥砂浆。按设计开挖梁槽，绑扎钢筋、立模板，混凝土集中拌制，吊车配合浇筑混凝土，插入式振动器捣实、覆盖浇水养生。施工工艺流程如图 8-6 所示。

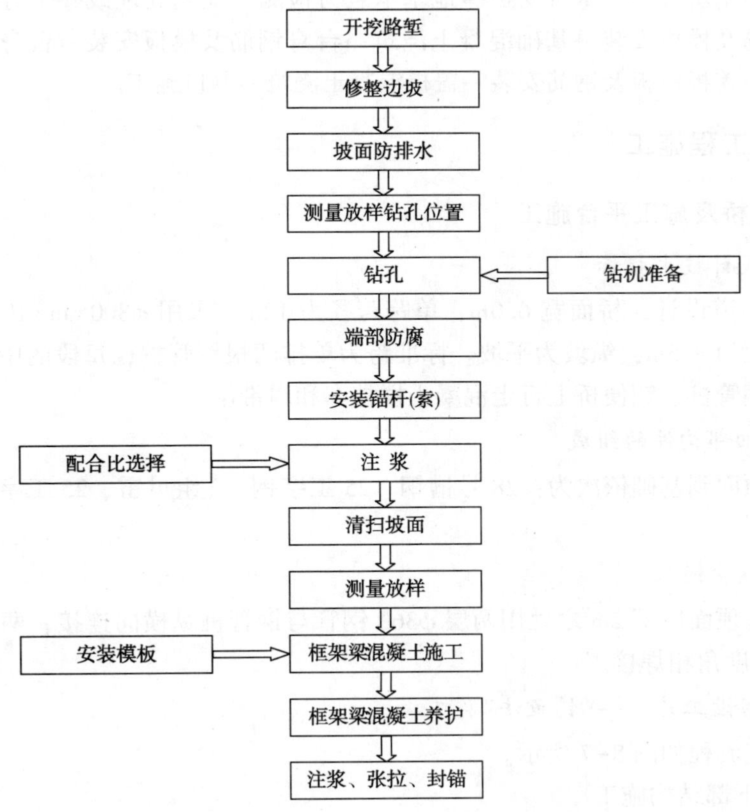

图 8-6　锚杆(索)框架梁施工工艺流程图

五、涵洞工程施工

（一）圆管涵施工

1. 工艺流程

测量放样→基坑开挖→基底整平→垫层施工→基础混凝土浇筑→圆管敷设→接缝处理→洞口砌筑→回填土方。

2. 管节预制安装

管涵由施工区段内预制场预制，并由使用队伍负责运输到现场。采用吊车进行管节安装，严防管节错位，安装时沉降缝设置同基础一致，并做好涵身防水措施；施工过程中，当洞顶覆土厚度小于 0.5m 时，严禁任何机械和车辆通过。

（二）盖板涵施工

混凝土集中拌制，钢筋集中制作，吊车配合浇筑混凝土；施工工艺流程如下：

测量放样→基坑开挖→基坑支护→地基承载力检测→地基处理或整平夯实→铺设砂砾垫层→基础钢筋及模板安装→基础混凝土浇筑→台身钢筋及模板安装→台身混凝土浇筑→盖板支架搭设→盖板模板及钢筋安装→盖板混凝土浇筑→洞口施工。

六、桥梁工程施工

（一）钢便桥及施工平台施工

1. 钢便桥设计技术指标

按单向行车道设计，桥面宽 6.0m，单跨跨径为 12m，采用 ϕ800mm×10mm 的钢管桩，钢管桩横向间距为 3.5m，纵坡为平坡。标准跨为单排两根钢管桩，每段的中间及末端设制动墩采用双排钢管桩。钢便桥上行走混凝土搅拌车和履带吊。

2. 钢便桥细部构件的组成

钢便桥从顶面到基础依次为：28 号槽钢、25 工字钢、2 组贝雷、25 工字钢、钢板、钢管桩等钢构件。

3. 钢便桥钢管横联

在离钢管桩顶面以下 2m 之处用两层 ϕ360 钢管与钢管桩纵横向连接，两层钢管之间用 10 号槽钢以 45 度角相焊接。

4. 钢便桥搭设工艺——“钓鱼法”施工

其施工工艺流程如图 8-7 所示。

1）钢便桥下部结构施工

（1）钢管桩的加工与制造。钢便桥钢管桩分节加工，每节长度一般为 12m，分节时避免接头处于局部冲刷线附近。

（2）钢管桩的运输。钢管桩构件运输最大长度 12.0m，构件单重为 2.35t，利用平板车运至施工现场。

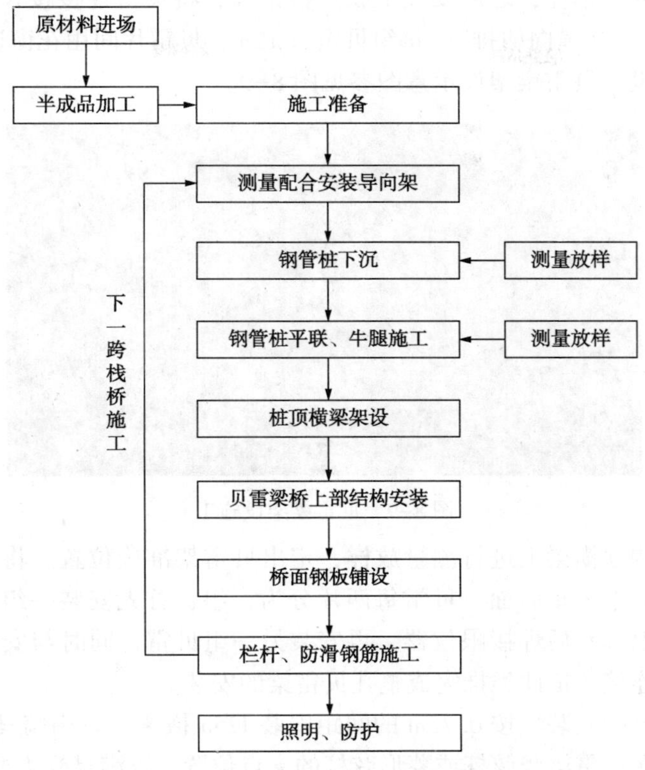

图 8-7　钢便桥施工工艺流程图

（3）钢管桩下沉施工。履带吊停放在已施工完成的钢便桥桥面，吊装悬臂导向支架，利用悬臂导向支架精确打入钢桥基础钢管桩，测量组确定桩位与桩的垂直度满足要求后，开动振桩锤振动，在振动过程中要不断地检测桩位与桩的垂直度，发现偏差要及时纠正。每根桩的下沉应一气呵成，中途不可有较长时间的停顿，以免桩周土扰动恢复造成沉桩困难。桩顶铺设好贝雷梁及面板后，履带吊前移，插打下一孔钢管桩。按此方法，逐孔向前施工，具体见图 8-8。

（4）钢管桩间剪刀撑、平联、桩顶分配梁施工。钢便桥一个墩位处钢管桩施工完成后，立即进行该墩钢管桩间剪刀撑、平联、牛腿、桩顶分配梁施工。在钢管桩上进行平联、牛腿位置的测量放样。技术员实测桩间平联长度并在后场下料，同步进行牛腿加工、焊接及剪刀撑、桩顶分配梁的加工。用履带吊悬吊平联、剪刀撑，到位后电焊工焊接平联、剪刀撑。焊缝均满足设计要求后，进行桩顶横梁架设。

图 8-8　履带吊振沉钢管桩施工图

2）钢便桥上部结构安装

（1）贝雷梁的拼装。贝雷在后场进行分组拼装。将拟安装的贝雷梁吊至已装好的贝雷梁前，并与其成一直线，下弦销孔对准后，插入销栓，之后安装上弦连接销栓，将贝雷连接接长。贝雷拼装按组进行，每次拼装一组贝雷(横向两排)，每组贝雷长12m，贝雷片间用花窗连接好。

(2) 贝雷梁架设。贝雷梁架设示意图参见图8-9。

图8-9　贝雷梁架设施工

在下部结构顶横梁上进行测量放样，定出贝雷架准确位置。将拼装好的一组贝雷主桁片装车并运至履带吊车后面。贝雷每两片分为一组，首先安装一组贝雷，准确就位后先牢固捆绑在横梁上，然后焊接限位器，再安装另一组贝雷，同时与安装好的一组贝雷用贝雷片剪刀撑进行连接。依此类推完成整孔贝雷梁的安装。

(3) 型钢分配梁的安装。按0.75m的间距安装I25a横梁，并用骑马螺栓固定好。I25a横梁的支点必须放在贝雷梁竖弦杆或菱形弦杆的支点位置，以满足受力要求。

3) 钢便桥面板及附属工程安装

单跨钢便桥分配梁安装完成后进行顶部面板安装，采用28槽钢，其口向下，按33cm间距排列在分配横梁上，槽钢与横梁接触点均要满焊，焊缝质量要满足要求。最后安装护栏立杆、护栏扶手。

(二) 钻孔灌注桩施工

本合同段桩基共有六种桩径，分别为：ϕ1.2m、ϕ1.4m、ϕ1.5m、ϕ1.6m、ϕ1.8m、ϕ2.0m六种，共2128根。桩基础拟采用冲击钻方法成孔，混凝土集中拌制，钢筋笼集中制作运输到场，导管法灌注水下混凝土。施工工艺流程如图8-10所示。

(三) 人工挖孔桩施工

桩径大于1.2m，长度小于25m，无地下水或少量地下水，覆盖层地质属于较密实的土层或风化岩层，且施工机械难以到达的施工点，考虑采用人工挖孔的方法施工。

施工时采用分节挖土法，每节开挖深度为1m。人工手持风镐或十字镐从上到下逐层挖掘，铁锹铲土装入活底吊桶，简易电动提升架提升，至地面后用手推车运至弃土场。当孔内岩石须爆破作业时，采用浅眼爆破法，炮眼深度在硬岩层不超过0.5m，软岩层不超过0.8m，药量不超过炮眼深度的三分之一。挖孔过程采用集中排水及机械通风。钢筋笼采用钢筋厂分段加工，现场拼装，吊车吊装入孔就位。混凝土采用减速串筒灌注，渗水量大时采用导管法灌注水下混凝土。施工工艺流程如图8-11所示。

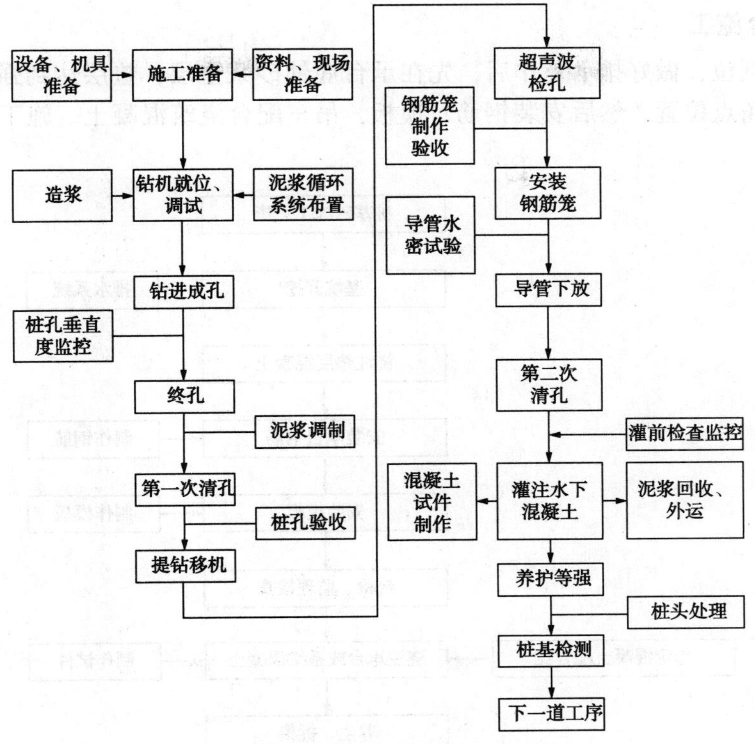

图 8-10 桩基施工工艺流程

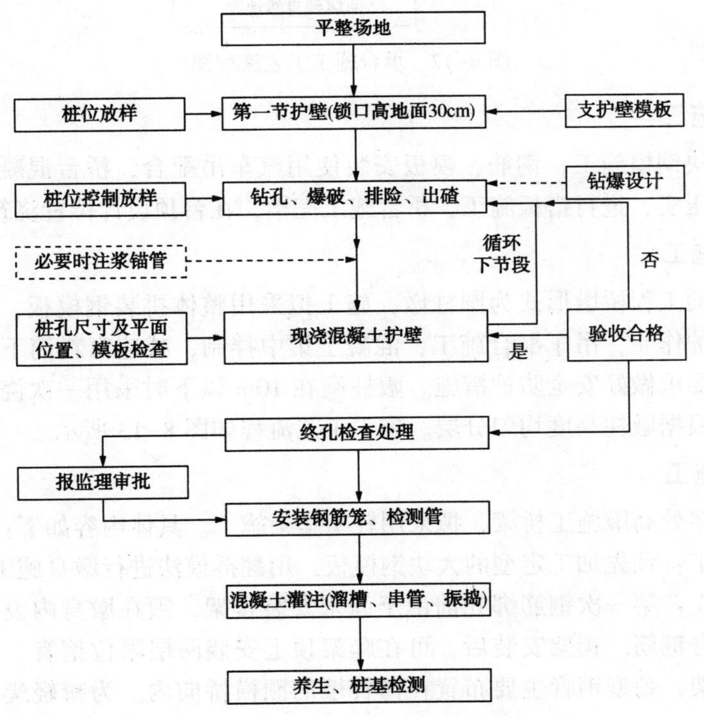

图 8-11 挖孔桩施工工艺流程

（四）承台施工

承台开挖到位，做好排水工作后，先在承台底铺砂浆垫层，垫层达到强度后，精确放样出承台各个角点位置，然后安装钢筋、模板，吊车配合浇筑混凝土。施工工艺流程如图8-12所示。

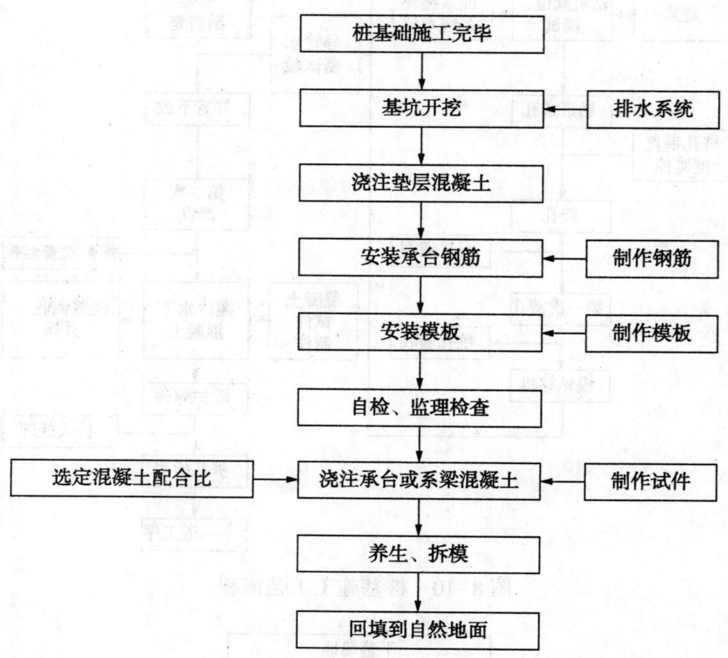

图 8-12　承台施工工艺流程图

（五）桥台施工

桥台采用大块钢模施工，钢筋、模板安装使用汽车吊配合，桥台混凝土分层浇筑。台身完成后回填，压实，进行搭板施工，桥台施工完毕，在台顶设计位置浇筑支座垫石。

（六）墩柱施工

本合同段桥梁工程桥墩形式为圆柱墩，施工拟采用整体拼装钢模板，螺栓联结，脚手架结合缆风绳围护作业，吊车配合施工，混凝土集中拌制，减速窜料筒下料浇筑；墩柱施工时按高空作业要求做好安全防护措施。墩柱高在10m以下时采用一次浇筑，在尽可能减少接缝的情况下根据墩柱高度均匀分层。施工工艺流程如图8-13所示。

（七）高墩施工

本标段存在多处高墩施工桥梁，拟采用轻型爬架施工。具体内容如下：

（1）模板施工：预先加工定型的大块钢模板，用翻拆模法进行墩身施工。

（2）钢筋施工：第一次钢筋绑扎前由于尚未安装爬架，须在墩身内设预埋件，安装劲性骨架以固定墩身钢筋。爬架安装后，可在爬架顶上安装两层限位钢管，作为固定墩身钢筋的临时劲型骨架，劲型钢管主要布置在薄臂墙的顺横桥向内。为减轻爬架的重量，主筋每次接长6m。

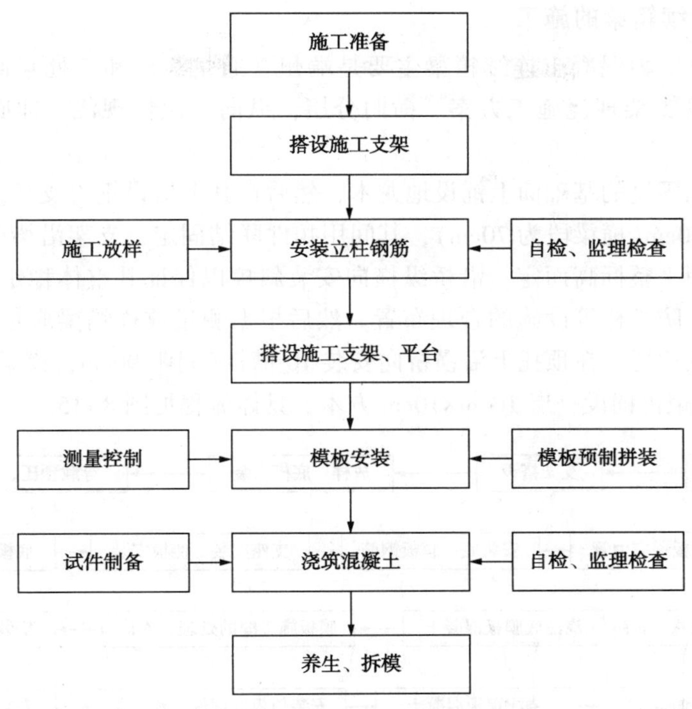

图 8-13　墩柱施工工艺流程图

(3) 混凝土施工：集中搅拌，输送泵输送或吊斗进行送料，不管采用何种运输方式，混凝土均在搭设的平台处通过溜槽和串管送至工作面，进行水平分层对称施工，混凝土采用插入式振捣棒振密。养生在未拆模之前考虑用水养生，拆模后改用养护剂。

(4) 施工平台：采用整体式轻型爬架作为施工平台。

(八) 盖梁施工

对于柱式墩盖梁施工，采用钢抱箍作为纵横梁的支承点，贝雷片为承重支撑梁，支架预压合格后安装盖梁模板，钢筋骨架采用钢筋加工场集中制作，平板车运输至现场，吊车配合安装及浇筑混凝土，浇注前注意检查支座预埋钢筋。双圆柱式盖梁施工示意如图 8-14 所示。

图 8-14　双圆柱式盖梁施工示意图

（九）现浇连续箱梁的施工

本标段现浇预应力混凝土连续箱梁主要是端州互通主线桥和三处互通立交的匝道桥，拟采用满堂式钢管支架现浇施工方案。横向分层，纵向一次性现浇，即底腹板同时浇筑，后再浇筑顶板。

首先在处理加固过的基础面上铺设地龙木，然后在其上搭设钢管支架。钢管支架纵向、横向排列间距为90cm(横梁段为70cm)，其间用扣件联结固定，支架沿梁中心线对称布置，高度根据实际地面平整标高而定。沿桥纵横向安装斜撑以保证其整体稳定性。同时注意安全设施如安全网、防护栏等设施的合理布置。然后根据测量放样箱梁底板位置，在钢管顶上安装脚手架可调顶托，在顶托上沿横桥向安装10槽钢(间距90cm，横梁段为70cm)，沿顺桥向按45cm间距再铺设一层10cm×10cm方木。具体流程见图8-15。

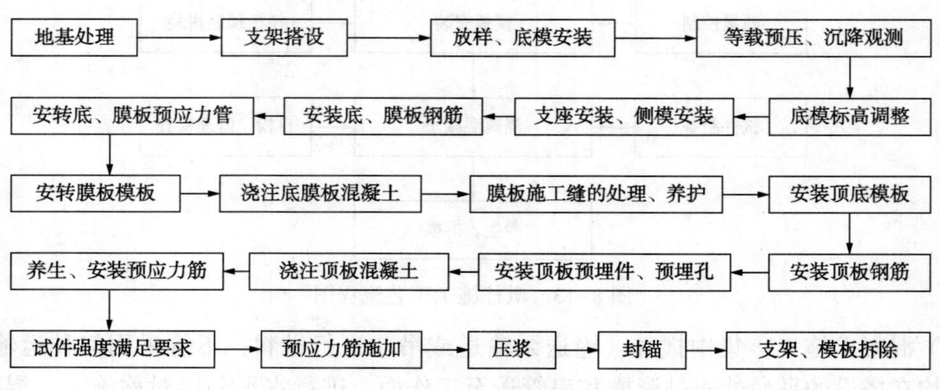

图8-15　满堂式钢管支架现浇施工流程图

支架安装完成后进行初步验收，然后对整个支架系统进行静载预压试验，预压荷载按设计图纸及施工技术规范要求。目的是检验支架设计的合理性和支架结构的可靠性及校验支架变形情况，同时消除支架的各种非弹性变形。预压方式可用土袋或沙袋预压，也可采用水箱滚动预压或用钢筋分段预压等。预压荷载的施加应根据支架的实际受力状况进行分层分级，一般分三级：50%、75%、100%。最后一级加载完毕需停置一段时间进行观察，每次实际加载及时间均要详细记录。

箱梁外露面采用大块钢模板，内侧模全部采用大块木制模板拼装加工，木制模板基本规格为100cm×200cm×2cm。在混凝土强度符合设计强度要求后，方可拆除模板。拆模时应遵循先支后拆、后支先拆的顺序进行，拆时严禁抛扔。

为减少施工工序间隔时间及保证质量，箱梁钢筋骨架均在钢筋加工场集中制作下料加工成半成品，并按钢筋半成品的储存规范进行堆放保管，安装时汽车运输至施工点，汽车吊至各工点。

混凝土采用集中拌和，运输车运到施工点，泵送混凝土入模进行施工。施工过程中，利用预先布置沉降观测点进行沉降观测，以控制施工，防止出现意外。混凝土施工前必须对满堂支架再次进行检查，特别应注意：钢管扣件是否满足受力要求，托架是否有过高或悬空状态，纵横向联系是否合理等；布置沉降观测点的位置与支架预压沉降观测点的布置可相同，在观测过程中，为防止阻碍施工，利用浇注前腹板侧模已经安装好的特点，采用在观测点位置上钉方木条的方法进行观测。

预应力钢绞线按设计图纸下料，并考虑工作长度；用砂轮机切割后编束缠好，以免松散。纵向波纹管用专用搭接套管连接而成，连接缝处用胶纸密封，直线段每延米一个定位筋，曲线段适当加密 0.5m 一个。张拉顺序：两端的底板束先张拉；依次往上逐排进行张拉；张拉时要求两端同步进行。张拉时以控制应力值和总伸长量作为双控，衡量张拉质量。延伸量超过±6%范围时，应停下检查，分析原因并处理完成后方可继续张拉。

压浆在张拉完毕并静停 12h 后开始，压浆宜在 24h 内进行，以免预应力钢绞线锈蚀或松弛。采用与梁体同标号水泥浆进行压浆，管道压浆须密实饱满。压浆前应用高压水清除管道内杂质，检查钢绞线有无断丝、滑丝，最后确认无误后压浆。压浆采用真空辅助压浆工艺。

（十）梁板预制安装

本合同段预制梁主要有 20m、25m、30m 的小箱梁和 40m 的 T 梁四种，共有 3824 片。根据其分布状况，拟设置六个预制场完成梁体的预制生产任务。梁体模板除满足强度刚度的要求外，采用贴不锈钢的方法满足梁体的光洁度。梁体养生统一采用循环淋喷的方法确保梁体的每个角落均能得到养生。存梁区的容量以满足一个月的产梁量。

1. 梁板预制施工顺序

预制场地建设→起重设备、底座安装→梁体底、腹横隔板钢筋制作、安装→预应力管道安装→模板安装→顶板钢筋安装→混凝土拌和、输送→混凝土浇筑→拆模、养生→预应力筋安装→压试件→张拉→压浆→封锚→移梁至存梁区→循环下一片梁生产。

2. 梁板安装施工顺序

施工准备→架桥机拼装、调试、内外验收→架桥机前移就位→运梁到喂梁区→架桥机吊梁前移→支座安装→横移、落梁→循环安装同一孔的梁体、湿接缝钢筋连接→架桥机前移下一孔。

（十一）桥面系施工

1. 支座施工

（1）支座垫石和支座垫板施工：在浇筑墩顶混凝土时准确预埋支座垫板，并注意预埋支座垫石钢筋，严格控制垫石顶面标高和平整度。在支座垫石施工中，注意预埋支座垫板水平状态及支座钢筋网片安装，并保证支座顶梁预埋钢板位置正确。

（2）支座安装：安装支座板，在支座四周用钢楔块调整支座水平，使支座底面高程、纵横中心位置都符合设计要求，安装好支座后抽出楔块。

2. 桥面混凝土现浇层施工

梁板安装完后进行现浇层施工，先清除桥面的杂物，凿除浮浆，安装垫层钢筋网，最后浇筑混凝土。浇筑完成后，及时进行表面拉毛和养护。

3. 防撞栏施工

防撞栏的施工主要采用定型大块钢模施工，施工时注意按要求设置沉降缝。主要控制以下几点：一是线形顺直；二是防撞栏的表面光滑、颜色一致；三是强度符合要求。

4. 伸缩缝施工

伸缩缝产品必须有合格证，并经验收合格后才能安装。伸缩缝的安装施工应严格按图纸和技术规范以及生产厂家要求的安装程序和工艺进行。安装时严格掌握安装温度，保证伸缩缝锚固牢靠，无松动、无阻塞、无渗漏、无变形、无开裂等现象，保证营运时行车平稳、顺畅。

第三节 工期保证体系及保证措施

一、本项目工期重要性的理解

广佛肇高速公路(肇庆段)工程项目是肇庆连接广佛和大西南的又一条高速公路，也是广东省委省政府以及肇庆市委市政府加快落实《规划纲要》，推动珠三角交通运输一体化战略的重大举措。广佛肇高速公路建成通车，能更好地构建珠三角 1h 城市圈，形成内联三市、外接大珠三角、泛珠三角的方式多样、功能互补的综合交通运输体系。为此，广东省交通运输厅将加快广东高速路网规划建设，强化珠三角中部都会区辐射力，进一步带动周边县(市)区经济腾飞。

B 合同段计划总工期为 27 个月，为实现 2016 年全线通车目标，施工任务紧迫，某公司充分发挥自身的技术和设备资源优势，根据工程计划组织施工，在人、财、物等资源上确保本工程保质保量完成施工任务。根据本标段特点，对工期控制重难点理解如下：

(1) 线路长，结构物多，施工任务重。本合同段线路总长约 41km，桥梁共 26 座(其中省道 S264 跨线桥全长 2935m，三家村特大桥全长 2125m)，如何合理地安排施工是保证规定工期内完成施工任务的重点和难点。

(2) 挖方及填方量大，高填深挖段落多，涵洞、通道结构物多，施工周期长。

(3) 施工点鱼塘农田多，地方关系复杂。桥涵施工点处于山间洼地、河流谷地，鱼塘、农田较集中，征拆和场地布置困难，需协调好地方关系，保证各工点顺利开工。

(4) 梁板类型多、数量大，预制安装施工任务重，施工进度较难控制。

(5) 端州互通匝道桥跨三茂铁路，三家村特大桥下穿南广铁路，施工过程中与铁路关系协调事宜多，现场关系协调难度较大。

(6) 线路跨越 S264 省道、X412 县道以及乡道等多条地方公路，途经军事管理区、防空洞、防洪渠、河堤等，施工中协调事宜多。

二、工期保证体系

成立以项目经理为组长的工期管理小组，从组织上保证总工期目标的实现，见图 8-16、图 8-17：

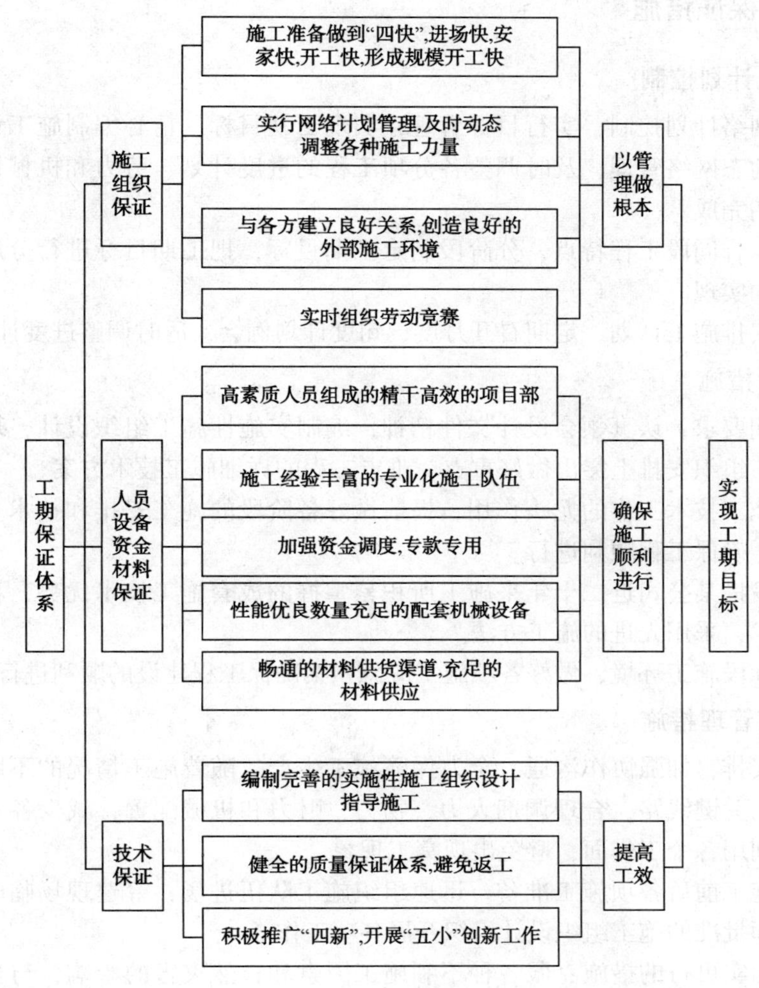

图 8-16　工期保证体系图

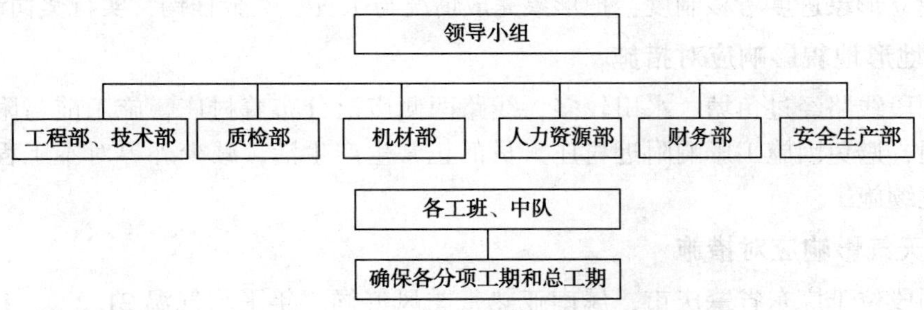

图 8-17　工期管理组织机构图

三、工期保证措施

(一) 施工计划控制

(1) 加强网络计划控制，实行目标管理，实现工期目标。精心编制施工计划，明确关键线路，实行动态网络管理，及时调整各分项工程的进度计划、劳力和机械设备安排，保证分项工程按期完成。

(2) 根据本合同段工程特点，分阶段制定工期目标，把工期目标进行分解后，狠抓具体的工期目标的实现。

(3) 合理安排施工计划，定期召开月度、旬度计划例会，适时调整进度计划。

(二) 技术措施

(1) 按工期要求，认真领会设计文件精神，编制实施性施工组织设计，理顺各工序内在关系，在施工组织安排上突出做好重点、难点工程的详细施工技术方案。

(2) 发挥施工技术工作的龙头作用，提前做好各阶段的施工安排和技术交底工作，实现信息化施工，确保工程顺利进行。

(3) 充分发挥某公司近二十年来施工所积累掌握的成套施工技术优势，积极改进施工工艺和施工技术，采用先进的施工方法。

(4) 针对标段施工环境，做好各项施工应急预案确保工程建设的顺利进行。

(三) 组织管理措施

科学组织安排，加强协作沟通，全力保障施工生产。随着施工情况的不断变化，及时分析控制工期的关键线路，合理调剂人力、物力、财力和机械配置，减少各道工序间的衔接时间，充分利用各个工作面，避免出现窝工现象。

(1) 做好施工前后各项施工准备。迅速组织施工队伍进场，筹建现场临时设施，及时按照监理工程师批准的施工组织设计组织开展各项工作。

(2) 采取切实可行的措施克服各种不利施工因素和自然灾害的影响，与当地气象部门密切联系，对各种不利气候提前预防，尽量做到遇灾不受害，节约工期。

(3) 建立形象进度考核制度，把形象完成情况与工资、奖金挂钩，实行奖罚制度。

(四) 地形地貌影响应对措施

本合同段线路经过鱼塘、水田较多，线路两侧广泛分布着村庄，施工前与附近居民做好充分沟通，避免因施工影响附近村庄人员的正常生产生活，减少外界对本工程施工的干扰，确保连续施工。

(五) 天气影响应对措施

本合同段位于广东省肇庆市，属南亚热带季风气候。年平均气温 21.2℃，1 月份平均气温约 12℃，7 月份平均气温约 28.7℃。年平均降雨量约 1650mm，主要集中在 4~9 月；早春多阴雨，夏秋受台风外围影响由于复杂的地形地貌，山区又具有明显的垂直气候特点，形成多样的小气候。

冬季、雨季施工措施如下：

1. 冬季施工措施

(1) 工程施工前，预先做好冬季施工准备工作。在气温低于5℃时，不安排进行砌体和混凝土工程施工。

(2) 采用蓄热法对冬季混凝土及砌体进行养生，根据具体工程采用加厚模板、双层模板、覆盖草帘、覆盖锯末等蓄热方法。

2. 雨季施工措施

(1) 雨季施工中，根据工程特点合理安排机具和劳动力，快速组织施工；主要安排受雨季影响较小的结构物施工，并注意保持施工主便道畅通，以免影响各种施工机具及材料的运输。

(2) 修建好临时排水措施，保持排水沟渠的畅通，保证土方施工场地及其作业场地不受水浸。

(六) 关键设备故障保证措施

为提高施工效率，本合同段拟在桥梁、路基工程施工中投入大量的机械设备以提高机械化作业程度，采取措施确保施工机械设备的完好率和使用率，主要措施有：

(1) 从机械设备数量方面保证，投入的设备数量完全满足生产需要。

(2) 路基、桥梁关键设备如平地机、压路机、装载机、空压机、混凝土输送泵等制定关键设备故障处理方案，按“一机一方案”制定。

(3) 成立专门的机械设备管理小组，对机械设备进行操作及维护，由机材部负责，配足机械设备的零配件，一旦机械设备出现故障，应及时进行抢修，以保证施工的需要。

(七) 与其他各方协调措施

工程施工期间紧密联系业主、监理和设计单位，做好沟通协调工作；服从业主的安排，配合好征拆工作和监理的监督工作，处理好设计变更及工程索赔等各项工作。

(八) 社会环境影响应对措施

本合同段沿线经过肇庆市端州区、小湘镇、禄步镇，路线经过村庄较多，协调事务重。项目拟配置专职项目班子及经验丰富的专业协调人员进行项目与沿线当地政府相关部门和当地群众的协调工作，保证重要施工便道的通畅。主要措施有：

(1) 工程开工前做好地下管线的调查工作，并积极配合业主的拆迁工作，在施工过程中与管线的所属单位保持联系，避免由此导致不必要经济损失和影响工程正常施工进程。

(2) 与附近居民和管理者做好沟通工作，尽量避免工程施工影响其日常生活，石方爆破开挖、桥梁桩基施工采取合理的技术措施，减少对附近建筑物的震动。

(3) 本合同段路基土石方工程量较大，弃土方量大，涉及面较广，施工时积极同地方政府联系，争取沿线地方政府和居民的支持，做好取、弃土的工作，选择好临时堆放耕植土和淤泥的场所。

(九) 路基、桥梁重点工序保证措施

(1) 投入足够数量良好的施工机械和足够的机械操作人员，机械配套性能良好、效率高，以有效地保证施工生产的顺利进行。

(2) 根据桥梁施工的特点，开展桩、墩、台身、盖梁，多工序同步平行流水作业，加快桥梁施工进度，实行专业化施工。

(3) 路基工程充分利用旱季，加快施工进度，同时控制好涵洞通道的施工工期，避免填筑作业面不连贯。

(4) 雨季施工，在开挖前做好坡顶截水沟。开挖后两侧做好排水沟，备足抽水设备，将雨季的影响减小到最低。

第四节　安全生产管理体系及保证措施

一、对本项目安全控制的认识

(一) 本工程项目安全管理特点

(1) 本合同段存在多座跨线桥梁，特别是端州互通 A 匝道桥跨越三茂铁路，施工时安全管理难度大。

(2) 沿线桥梁施工地处村庄农田，居民楼房及相关设施较多，交通安全管理难度大。

(3) 沿线经过多处鱼塘、河流和防洪渠，雨季施工安全隐患大。

(4) 边坡及桥梁高处作用点多，安全隐患大。

(二) 危险源分析

(1) 起重吊装作业：本合同段起重吊装作业机械多，频繁进行交叉作业，并贯穿整个项目施工，容易发生起重伤害、倾覆或倒塌等事故。

(2) 高处作业：本合同段高边坡防护、墩柱、盖梁、现浇箱梁支架施工均属于高处作业，容易发生高处坠落或物体打击。

(3) 用电安全：施工过程中的用电设备数量和类型繁多，容易引起触电、火灾等事故。

(4) 爆破工程：石方路基开挖涉及爆破施工，危险大，易导致爆破工程事故。

二、安全保证体系

(一) 安全目标

以合同履行期间不发生人身伤亡、重大交通和火灾等安全责任事故为目标，安全控制以"预防为主"为原则，管生产必须管安全，做到安全、优质、高效地完成本项目工程。

(二) 施工安全保证体系图

施工安全保证体系图如图 8-18 所示。

三、安全生产管理制度

(1) 安全生产责任制：主要负责人、分管负责人、安全员、班组负责人、施工员责任。

(2) 安全生产会议制：安全生产专题会、调度会、班前班后安全生产会。

(3) 安全生产费用管理制。

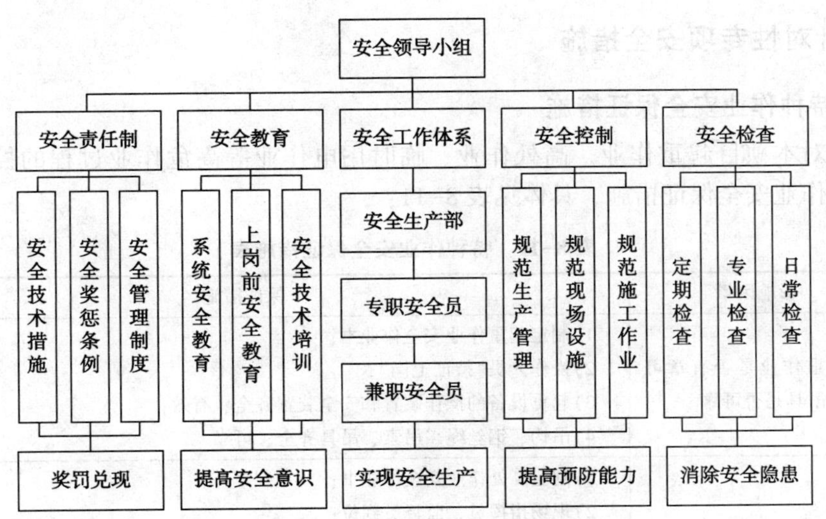

图 8-18　施工安全保证体系图

（4）安全生产检查及隐患排查制。

（5）安全生产技术交底制。

（6）重大危险源检测、监控、管理制。

（7）安全生产管理制度。

四、施工安全管理措施

为确保工程安全顺利进行，结合本项目特点及实际情况，本项目重大危险源和隐患是高空作业和桥梁工程水上施工。特为本项目制定如下安全管理措施：

（1）成立独立的安全生产管理部门，专职安全生产管理人员按要求配置。

（2）严格遵守和执行国家、省、行业主管部门以及业主的有关安全生产法律法规、管理规定。

（3）坚持“持证上岗”制度。

（4）加强对管理人员和作业人员的安全教育和安全训练，新进人员和作业人员转入新的岗位前，对其进行安全生产培训考核，合格后方可上岗。

（5）有针对性地展开应急预案的编制与演练，如塌方、高空坠落等应急预案。

（6）保证本合同段安全生产所需资金的投入。

（7）在危险性较大的分部分项工程施工点安装视频监控装置，加强对这些分项工程施工风险的监控和管理，及时掌握施工现场安全动态。

（8）所有工程开工前编制施工组织设计必须同时编制安全技术措施。

（9）按分项有针对性进行三级安全技术交底。

（10）施工现场临时用电编制施工组织设计或方案。

（11）建立安全检查制度，实施定期、季节性、专业性安全检查，以及每周每月的安全检查。

五、针对性专项安全措施

（一）特种作业安全保证措施

为加强对本项目起重作业、高处作业、临时用电作业等高危作业过程的控制与管理，制定各特种作业安全保证措施，具体见表 8-11：

表 8-11　特种作业安全保证措施表

序号	影响因素	保证措施
1	起重作业是否有章可循、吊具是否可靠	1）制定起重作业安全作业书； 2）操作人员“持证上岗”； 3）起重设备的操作装置和安全装置齐全、有效； 4）吊钩、钢丝绳、吊索、吊具齐全、可靠
2	高处作业人员是否做好保护措施	1）制定高处作业安全作业书； 2）现场指挥员、监督员到位； 3）现场作业人员需体检合格，劳保用品穿戴齐全； 4）搭设的脚手架、防护围栏、防护网符合安全规程； 5）高处作业人员配备工具袋，小型工具、材料放入袋内，较大的工具，必须拴好保险绳，不得随手乱放，防止堕落伤人，严禁从高空向下乱扔乱丢； 6）夜间进行高处作业时，必须有足够的照明设备； 7）六级（包括六级）以上大风，停止高处作业
3	临时用电是否由专业电工架设，是否满足规定	1）电工要求“持证上岗”； 2）临时用电线路架空高度满足要求，进线不得采用裸线、不得在脚手架上架设； 3）设备按“一机一箱一闸一漏”设置，临时电箱能锁闭并有防雨措施

（二）异常天气安全保证措施

异常气候条件下的安全保证措施见表 8-12。

表 8-12　异常气候条件下的安全保证措施

序号	影响因素	保证措施
1	是否做好雷雨、台风天气应急预防措施	1）建立以项目经理为首的防台防汛领导小组，组织成立抢险突击队，并与地方指挥部建立密切联系，统一指挥、协调、开展防汛防台工作； 2）与当地气象部门合作，接到预报信息后，调整施工安排，做好设备、人员撤离准备； 3）对现场防雷和接地设施进行排查，确保符合要求； 3）遇人员受雷击，要迅速采取正确的急救措施，并就近送医院治疗； 4）配备各种防汛机具、材料，以便随时使用； 5）加强生活、生产区的排水工作，保持道路畅通
2	是否做好高温天气应急预防措施	1）配备必要的防暑降温物品； 2）设置必要的防晒设施，现场储备应急医疗物品； 3）合理调整作业时间，避开高温时段； 4）加强施工通风

（三）高边坡施工安全保证措施

高边坡施工安全保证措施见表 8-13。

表 8-13　高边坡施工安全保证措施

序号	保证措施
1	必须自上而下顺序放坡进行，严禁采用挖空底脚。开挖一级防护一级。加强监控量测，实施信息化动态施工
2	应先排水，后开挖，挖工作应与装运作业面相互错开，严禁上、下双重作业
3	弃土下方和有滚石危及范围的道路，应设警告标志。作业时坡下严禁通行
4	滑坡地段的开挖，应从滑坡体两侧向中部自上而下进行，严禁全面拉槽开挖。施工中应设专人观察，严防坍方
5	施工中遇有土体不稳，发生坍塌危险，水位爆发，或在爆发，或在爆破警戒区内听到爆破信号时，应立即停工，人机撤至安全地点。当工作场地出现陷机或工作面不足以保证作业时，亦应暂停施工，待恢复正常后方可继续施工
6	机械挖运土方时应有专人指挥，挖掘机挖斗回转范围内严禁站人。机械在边坡、边沟作业时，应与边缘保持足够安全距离
7	开挖时，操作人员之间必须保持足够的安全距离，横向间距不小于 2m，纵向间距不小于 3m
8	清理路堑边坡上突出的石块和整修边坡时，应从上而下顺序进行，坡面上的松动土、石块必须及时清除。坡面上的操作人员需戴安全帽。严禁在危石下方作业、休息和存放机具。边坡上方有人工作时，边坡下方不准站人

（四）桥梁施工安全保证措施

（1）在搭设支架前先做地基处理（换填或硬化），并设置畅通的排水沟，确保地基不积水，支架使用前先进行验收，严格按设计进行搭设，搭设好后进行安全稳定性检查，有必要的进行支架预压工作。

（2）墩台施工时在脚手架上设置安全网；拆除模板时，按规定的程序进行，先拴牢吊具挂钩，再拆除模板；模板、材料、工具不得往下扔，施工人员与模板之间，应有一定的安全距离。

（3）预应力施工安全措施：千斤顶、管路、油泵等在张拉负荷时，不得撞击和拆接；高压油管及接头，使用前进行试压，并具足够的安全度；张拉时，千斤顶轴线方向不得站人并设置防爆挡板；张拉、压浆操作人员必须戴防护眼镜。

第五节　环境保护、水土保持保证体系及保证措施

项目部严格遵守《中华人民共和国环境保护法》《中华人民共和国水污染防治法》和《水土保持条例》等有关规定，争创节能环保示范工地。

一、施工期间污染源分析

本合同段施工区域分布较广，沿线布置有拌和站、钢筋加工场、项目驻地等。环境保

护和水土保证措施应特别注意以下几个方面：

1. 大气污染

（1）生产区砂石料场扬尘；二次扬尘；机动车尾气污染。

（2）混凝土拌和站粉尘。

2. 水环境污染源及污染物

本合同段线路长，沿线有鱼塘、河流、水田等，施工时应防止以下污染源对沿线水流、农田的污染：

（1）钻孔桩施工过程中的钻渣、泥浆。

（2）混凝土拌和站的废水及生活污水。

（3）施工机械的废油料及润滑油。

3. 噪声污染

（1）施工期间拌和站、钢筋加工场以及各类施工机械、运输车辆、空压机、发电机等产生的噪声。

（2）生产生活区产生的噪音对周围居民生活带来的影响。

4. 固体废弃物

施工中固体废弃物主要为施工废弃物，如砂石渣、建筑垃圾、钻渣、废弃钢筋与模板、建材废包装材料等，施工人员日常生活垃圾。

二、环境保护、水土保持保证体系

公司建立的一体化管理体系包含了环境保护管理体系（图 8-19），在本项目实施过程中将结合本工程的特点，严格执行 ISO 14001：2004 体系，确保达到我们为本项目预定的环保目标。

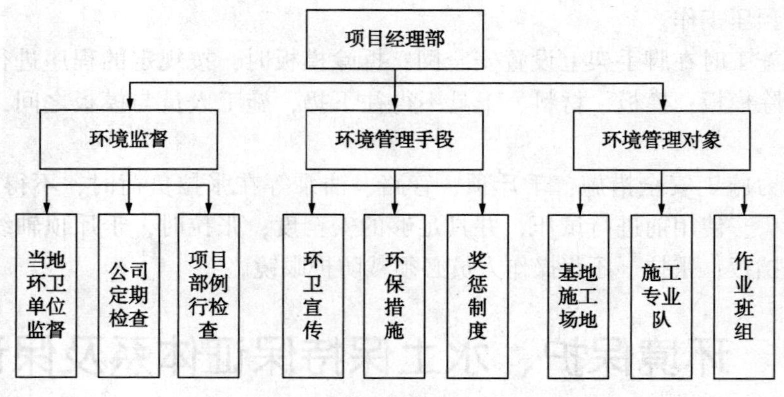

图 8-19　环境管理体系图

环保目标和指标：

（1）生产、生活用水达标排放。说明：排放标准具体执行施工项目部所在的地方标准，例如：广东省地方标准《水污染物排放限值》（DB44/26—2001）。

（2）固体废弃物实现分类管理，有毒有害废弃物处置率达到 100%。

(3) 施工现场目测无明显扬尘。

(4) 噪声达标排放。

三、环境保护、水土保持措施

(一) 大气污染

1. 控制大气污染

积极利用清洁能源，加装部分降污染设备，做到清洁排放。

2. 控制扬尘污染

(1) 取土场、弃土(渣)场、拌合站等扬尘较大的临建设施选位应考虑尽量远离居民区，并设置在居民区的下风向。

(2) 对易产生扬尘的砂石料，进行遮盖或适当洒水，淘汰落后工艺，降低粉尘排放。

(3) 生产、生活区道路要定期洒水降尘。同时对施工便道进行定期养护、清扫，保证其良好的路况。

(4) 土方、水泥等散装物料运输和临时存放，应采取防风遮挡措施，以减少起尘量。

(5) 根据施工场地整体规划，生产及生活区周边进行适当绿化。

3. 控制机动车尾气污染

选用符合国家卫生防护标准的施工机械设备和运输工具，确保其废气排放符合国家有关标准，保证上路行驶的机动车尾气完全达标。

4. 混凝土拌和站粉尘污染

混凝土拌和站配备除尘装置，采用封闭式除尘作业。

(二) 水污染的防治

(1) 桩基施工期间，为保证泥浆不排放到水库，设置大型泥浆池，储蓄多余的泥浆，及时外运排放。

(2) 养生用水控制：养生用水主要来源于结构物的养生，集中排放养生水至岸上过滤池处理。

(3) 施工沿线合理设置汇水池，对生产生活废水进行收集沉淀处理。

(4) 路基及便道施工过程中安排足够数量运输车及时清理土石方，以防止受雨水冲刷影响，土石方被流水冲入水库，造成水库水资源污染。

(5) 安排固定车辆及时清理生活垃圾和办公垃圾。

(6) 生产用油料必须严格保管，防止泄漏，污染水源。

(三) 噪声污染的防治

(1) 建立隔声屏障，根据施工现场情况，使用隔声材料或结构来阻挡噪声传播，如发电机采用隔声较好的减震垫隔离，减少噪声传播。

(2) 对于固体振动产生的噪声，采取隔振措施以减弱噪声。

(3) 运输车辆，采取禁(限)鸣措施，减少噪声污染。

(四) 固体、废弃物的处置措施

(1) 建立严格的固体、废弃物管理制度，废弃物设专用场地堆放，集中管理。

(2) 在生产、生活区设置若干垃圾桶，集中贮放生活垃圾，定期运至指定的垃圾场处理。

(3) 施工过程中的废弃物、边角料、包装袋等及时收集、清理，运至垃圾场掩埋。

(4) 对机械设备废弃物进行回收管理。

(五) 水土保持

(1) 在施工过程中最大限度地避免对用地界以外树木和其他植被的破坏。

(2) 在暴雨来临前不能实施永久性防护措施时，在动土点或其他易于发生水土流失的地点用草垫加以防护。

(3) 保持排水系统的通畅，保证其在任何时候都具有良好的工作状态，使水不会流失，以及使土体不被水流带走。

(4) 做好取土场及弃土场防护。

(六) 施工后期的场地恢复

(1) 施工便道的开辟要以尽量保护环境为原则，不为求近而大量破坏环境，施工完成后，将便道位置地貌恢复到原始状态。

(2) 桩基施工合理布置施工场地，尽量减少对地貌和水面的破坏。施工完成后，对施工场地进行原貌恢复。

第六节 文明施工、文物保护保证体系及保证措施

一、对本项目文明施工、文物保护的认识

鉴于本项目穿越村庄农田，施工过程中必须对外树立文明施工的形象，提升广佛肇高速公路项目施工的工地形象。

二、文明施工、文物保护保证体系

文明施工、文物保护保证体系如图 8-20 所示。

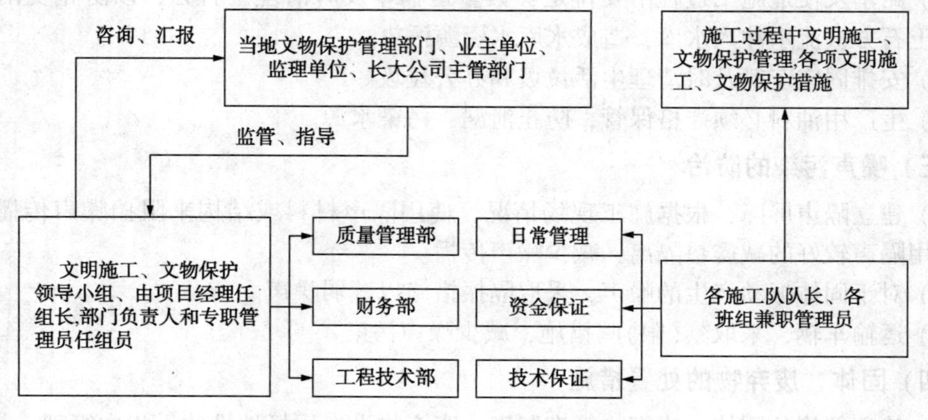

图 8-20 文明施工、文物保护体系

三、文明施工标准化

结合本项目招标文件规定，本项目现场文明施工进行标准化管理，统一设置标示标牌。

四、文明施工保证措施

在项目建设期间，施工实行标准化管理。通过全面实施标准化工地建设与管理，提升广佛肇高速公路项目工地形象，具体标准化管理按业主下发的有关标准化文件和广东省交通运输厅文件粤交基[2010]435号《关于印发〈广东省高速公路建设标准化管理规定(试行)〉的通知》要求执行。

(一) 施工现场措施

便道设置包含标志、护栏、警告、安全标牌等，并保证足够照明灯光。对各施工墩位施工前事先规划施工材料和机具临时堆放场地，保证施工现场整洁。严格按规范施工，施工便道经常洒水清扫，防止尘土飞扬。工程施工期间，配备人员对便道进行养护。

(二) 施工机具及材料堆放文明施工措施

(1) 施工机具：对现场所有施工机具建立保养制度，落实到人，保证所有施工机具外观整洁。施工前在施工现场适当位置设定每一类施工机具摆放地点并用标识牌标明，闲置施工机具必须统一在设定场所内摆放整齐。

(2) 施工材料堆放：对常用材料堆放场地做硬化处理，对临时材料堆放场地用枕木支垫并做好排水措施。进场材料必须严格按指定位置进行分类堆放并标识，严禁乱堆、乱放、混放。施工过程中始终保持现场整齐干净，所有多余材料和废料及时清除。

五、文物保护措施

成立文物保护领导小组，与当地和上级文物主管部门保持密切联系，在文物主管部门的指导下，开展文物保护工作。

配合文物管理部门做好必要的保护，并将对文物遗迹的各类现场保护情况及时书面报告建设单位。

结　语

高速公路养护与管理工作的开展要发挥其各项性能，提高其综合效益，尤其是能及时地找出高速公路在运行中存在的病害，这对于提高高速公路的使用寿命具有十分重要的意义。所以为了切实提高这一工作的成效，必须对其特点有一个基本的认识：一是具有较高的危险性，在养护与管理过程中，高速公路上行车的速度较快，且有很多车辆，这在一定程度上增加了养护的危险性；二是时效性较高，由于高速公路需要收费，所以为了提高其经济效益，必须确保其始终处于最佳的状态，因而必须在高速公路出现损坏的第一时间就应加强维护；三是维护的任务重，管理的难度较大，在养护与管理中，不仅需要对道路和桥隧以及周边附属设施进行维护，还需要在通信、照明、监控和绿化以及生活服务等方面强化对其的养护，尤其是车窗抛物等不文明行为的存在，极大地增加了养护与管理的难度。

鉴于传统养护与管理混为一谈的模式带来的诸多弊端，在今后的高速公路养护与管理工作中，我们有必要优化养护与管理模式，实行建管养一体化。由高速公路所属的养护与管理部门牵头，通过招投标的方式，向社会市场招聘组织机构健全、人员素质适应、机械配置合理、管理措施到位的专业化公路养护企业，参与到高速公路养护与管理工作中来，才能更好地在市场机制的作用下激发其工作的潜力，更好地提高养护与管理的成效。而养护与管理部门则负责对养护企业的监督指导，在市场优胜劣汰的竞争机制下，激励其更加主动积极地强化养护与管理工作的开展，尤其是做好各项养护工作，做好项目前期规划和勘察设计工作，严格控制施工质量，完善建设相关资料，并在养护与管理部门的指导下，双方精诚合作，势必会取得良好的养护与管理成效。在做好监督指导工作的同时，还应注重对高速公路路况的普查和检测以及评估，从而更好地掌握高速公路的运行状态，抽出更多的精力强化高速公路的运行管理，势必能推动高速公路养护与管理事业的发展。

高速公路养护与管理是一项系统而又复杂的工作。虽然公路行业正逐渐从建设为重转移到建养并重，但是在现行养护与管理体制下，为了更好地满足社会各界在公路服务水平提升方面的要求，我们只有紧密结合实际，切实注重高速公路的养护，认真分析和总结导致养护与管理问题的根源，才能更好地实现对症下药。并在此基础上着力提高养护与管理服务水平，在资金、制度、人才、技术、机械等方面提供全方位的保障，才能更好地适应未来高速公路养护与管理工作的需要，所以在今后还有很长的路要走。我们必须不懈地努力和奋斗，认真贯彻落实中央“五大发展”理念，深化体制机制改革，加强公路行业监督管理，加快提高公路安全生产应急保障能力，加快提升高速公路的信息化智能化管理水平，加快构建新时期的高速公路运营发展管理体系，加快推进公路行业公共服务网络建设，推进高速公路管理事业科学发展。

参 考 文 献

[1] 白雪，贾秦龙．高速公路沥青路面病害分析及处治维修[J]．筑路机械与施工机械化，2016(9)：76-79.

[2] 陈克鸿．基于路况绩效合同的养护管理模式[C].2007.

[3] 陈楠．基于高等级公路养护质量评价体系研究[J]．科技经济导刊．2017，(30).

[4] 陈思迪．基于多目标粒子群优化算法的路面预防性养护决策模型研究[D].2019.

[5] 邓卫明．高等级公路交通安全养护评价指标及方法[J]．公路交通科技(应用技术版).2010，(11).232-234.

[6] 刁光雷．公路路面养护质量检测技术的初步探讨[J]．科学技术创新.2018，(10).113-114.

[7] 丁立亚．基于动稳定度的沥青路面车辙预测模型研究[J]．公路交通科技，2016(8)：12-17.

[8] 付杰．全面质量管理在高速公路养护中的应用[J]．科技资讯.2017，(28).72.

[9] 金传生．国省道公路沥青路面养护质量评价方法研究[J]．黑龙江交通科技.2014，(6).188-188.

[10] 李明，陈谦应，彭克刚，等．路面管理系统发展综述[J]．重庆交通学院学报.2005，(3).69-73，76.

[11] 刘丰军，陆键，张国强，等．高速公路路基养护评价方法研究[J]．公路交通科技.2006，(5).39-42.

[12] 刘思峰，邓聚龙.GM(1，1)模型的适用范围[J]．系统工程理论与实践，2000(5)：121-124.

[13] 刘文成．公路养护商业化管理的总体构思与架构[J]．交通财会.2007，(12).4-9.

[14] 刘兴增，孙英利．国家公路网规划发布[J]．综合运输.2013，(7).94.

[15] 卢远芳，任慧欣，李福，等．浅谈高等级公路养护评价指标[J]．交通科技与经济.2000，(2).11-12.

[16] 秦志斌，钱国平，马文彬．基于熵权的沥青路面使用性能多目标综合评价[J]．中南大学学报(自然科学版).2013，(8).3474-3478.

[17] 渠元闯，程子悦，康睿杰，等．某市政雨水管漏水引起路面沉陷的分析和处理[J]．中国给水排水，2017(14)：132-134.

[18] 史纪村．可持续发展的国省干线公路养护管理及预防性养护技术相容性研究[D].2019.

[19] 宋国森，陆键，邵军．基于灰色理论的高等级公路养护质量综合评价模型研究[J]．交通信息与安全.2011，(2).32-35.

[20] 苏卫国，李绍杰．应用灰色马尔科夫模型预测路面使用性能[J]．筑路机械与施工机械化，2017(4)：113-117.

[21] 王芳，苏小军，胡兴华．高速公路养护及服务质量评价指标体系研究[J]．重庆交通大学学报(自然科学版).2009，(3).600-603.

[22] 王金山．高速公路道路养护工作中的要点分析[J]．科技创新与应用.2016，(21).256-256.

[23] 王永顺．鹤壁市普通干线公路小修保养绩效评价指标体系的研究[J]．科技创新与应用.2016，(24).241-241，242.

[24] 颜可珍，张邹．高等级公路养护质量评价方法[J]．广西大学学报(自然科学版).2012，(4).731-736.

[25] 杨国峰，王浩仰，潘玉利．基于混合效应模型的沥青路面使用性能预测[J]．公路交通科技，2018(8)：19-27.

[26] 杨文安，胡立美，熊艳．高速公路项目养护市场化效果评价指标体系构建[J]．项目管理技术.2012，(11).28-32.

[27] 袁敏杰．浅谈路面管理系统[J]．黑龙江科技信息．2014，(14)．223.

[28] 张建强，时岩，冯海峰．基于 BP 神经网络模糊 PID 的主动悬架控制研究[J]．制造业自动化，2019(2)：58-61，76.

[29] 张苛，谢玲儿，张争奇．沥青路面现场施工质量检测与评价方法探讨[J]．材料科学与工程学报，2019(4)：604-611.

[30] 张敏江，高双．农村公路沥青路面病害分析及典型结构推荐[J]．沈阳建筑大学学报(自然科学版)，2017(6)：1048-1054.

[31] 赵吉广，陆键，项乔君，等．高等级公路养护质量评价体系研究[J]．公路交通科技．2006，(4)．1-6.

[32] 赵静，吴旺杰，王选仓，等．基于等维灰数递补模型的路面性能预测方法[J]．深圳大学学报(理工版)，2019(6)：628-634.

[33] 赵倩倩．基于 MEPDG 的季冻区水泥混凝土路面养护管理系统的研究[D]．2019.

[34] 郑小燕，EASA Said，季韬，等．路面养护方案生命周期环境影响评价的不确定性分析[J]．福州大学学报(自然科学版)，2019(5)：689-694.

[35] 周则程，胡万欣，刘玉露，等．群多级可拓理论的高速公路养护质量评估[J]．交通科学与工程．2015，(2)．102-108.

[36] 朱孝笑，田莉梅．某国道水泥混凝土路面病害分析及加铺方案比选研究[J]．公路工程，2019(3)：138-142.

[37] 庄春香．浅谈公路养护现代评价指标体系[J]．黑龙江交通科技．2013，(4)．196.

[38] Douglas J. Gabauer，Hampton C. Gabler. Evaluation Of Current Repair Criteria For Longitudinal Barrierwith Crash Damage[J]. Journal of Transportation Engineering. 2009，135(4). 225~234.

[39] Jojo France-Mensah，William J. O' Brien，Nabeel Khwaja，等．GIS-based visualization of integrated highway maintenance and construction planning：a case study of Fort Worth，Texas[J]. Visualization in Engineering. 2017，5(1).

[40] M. Gunaratne，N. Bandara. Current and Future Pavement Maintenance Prioritization Based on Rapid Visual Condition Evaluation[J]. Journal of Transportation Engineering. 2001，

[41] Mehran Mazari，aniel D. Rodriguez. Prediction of pavement roughness using a hybrid gene expression programming-neural network technique[J].

[42] Panagiotis Ch. Anastasopoulos，Bob G. McCullouch，Konstantina Gkritza，等．Cost Savings Analysis of Performance-Based Contracts for Highway Maintenance Operations[J]. Journal of infrastructure systems. 2010，16(4). 251~263.

[43] Srinivas S. Pulugurtha，Vincent Ogunro，Miguel A. Pando，等．Preliminary Results towards Developing Thresholds for Pavement Condition Maintenance：Safety Perspective[J]. Procedia - Social & Behavioral Sciences. 2013，104(1). 302-311.